国家出版基金项目
NATIONAL PUBLICATION FOUNDATION

陈晋——主编

书山有路

毛泽东的学用之道

SHUSHAN YOU LU

MAO ZEDONG DE XUE YONG ZHI DAO

广西人民出版社

图书在版编目（CIP）数据

书山有路：毛泽东的学用之道 / 陈晋主编 . — 南宁：广西人民出版社，2022.1（2025.9 重印）

ISBN 978-7-219-11268-7

Ⅰ．①书… Ⅱ．①陈… Ⅲ．①毛泽东著作研究—读书笔记 Ⅳ．① A841

中国版本图书馆 CIP 数据核字（2021）第 183551 号

责任编辑　覃结玲
责任校对　周月华　覃丽婷
封面设计　刘瑞锋

出版发行　广西人民出版社
社　　址　广西南宁市桂春路 6 号
邮　　编　530021
印　　刷　广西民族印刷包装集团有限公司
开　　本　889mm×1230mm　1 / 32
印　　张　11.5
字　　数　248 千字
版　　次　2022 年 1 月　第 1 版
印　　次　2025 年 9 月　第 3 次印刷
书　　号　ISBN 978-7-219-11268-7
定　　价　68.00 元

怎样把书读活

——毛泽东的读书方法

（代序）

陈　晋

把书本读活，是很多人的追求。

所谓读"活"，就是把书本知识转化为认识，把认识转化为智慧，把智慧转化为能力，把能力转化为实践，进而在实践中有所创造。概括地说，就是读有所得，得而能用，用而生巧。

从掌握知识到实践创造，体现了从认识世界到改造世界的实现逻辑。贯不通这根逻辑链条，很可能就是教条主义。因为人们在实践活动中进行复杂判断和困难选择时无法直接套用书本知识。同一部兵书，马谡的做法是背本本，诸葛亮的做法就不是。王明和毛泽东都读马列著作，王明读的甚至更多，但他是教条主义，毛泽东则强调实事求是。可见，读书效果的好坏，关键在于读法和用法，在于是不是拥有从书本到实践、从主观到客观进出自如、出神入化的本事。

毛泽东拥有这样一种大本事。他能够把书读活，得益于他别具一格的读书方法。他的读书方法，概括起来有以下几点。

把读书学习当作一种调查研究

人们的知识和本领，来自三个方面：向实践学习，向群众学习，向书本学习。这三个学习，不是割裂的，更非对立。它们有交叉，有贯通。这当中，书本是前人或别人的思考成果，终究来自实践，来自对人民群众创造的各种经验的概括和提升。毛泽东读《徐霞客游记》和郦道元的《水经注》，就关注到两位作者是通过大量的调查研究，才能写出有所发现的"科学作品"；读蒲松龄的《聊斋志异》，也说蒲松龄"很注意调查研究"，否则他哪有那么多稀奇古怪的故事。

书本知识来自调查研究，读书，自然也间接参与了作者的调查研究。调查研究有多种形式，如蹲点察看、座谈了解、听人汇报，也包括阅读相关报告、材料和书籍。毛泽东1961年3月23日在广州召开的中央工作会议上举例说："马克思、恩格斯提出的那些原理原则是经过调查得出的结论。如果没有伦敦图书馆，马克思就写不出《资本论》。列宁的《帝国主义论》，现在印出来是一个薄薄的本子，他研究的原始材料，比这本书不知厚多少倍。列宁的哲学著作《唯物主义和经验批判主义》，是他用好几年时间研究哲学史才写出来的。"

毛泽东酷爱读书，同时又提出"反对本本主义"，看起来矛盾，实则反映出他提倡的一种读书理念，即不是为读而读，而是向前人或别人的实践经验作调查研究。怀着调查研究之心来读，就是要"本本"，不要"本本主义"。有了此心，翻开书页，你才会觉得是在与一个生动丰富而又未知的世界打交道，由此才会有所收获。

读书要到"底"，经典的和重要的书反复读

毛泽东把读书学习叫"攻书"。要"攻"，就不能半途而废、浅尝辄止，必须到"底"。所以他1939年5月20日在中央干部教育部召开的学习运动动员大会上说："学习一定要学到底，学习的最大敌人是不到'底'。自己懂了一点，就以为满足了……"1945年5月31日，毛泽东在中共七大总结讲话中向大家推荐五本马列著作，形象地说明了何谓读书到"底"："我们可以把这五本书装在干粮袋里，打完仗后，就读他一遍或者看他一两句，没有味道就放起来，有味道就多看几句，七看八看就看出味道来了。一年看不通看两年，如果两年看一遍，十年就可以看五遍，每看一遍在后面记上日子，某年某月某日看的。"

这是毛泽东的经验之谈，他也是这样做的。在他留存的一些书籍上，便写有某年某月"起读""再读"这样的字迹。在延安，他对曾志说到自己读《共产党宣言》的情况："我看了不下一百遍，遇到问题，我就翻阅马克思的《共产党宣言》，有时只阅读一两段，有时全篇都读，每阅读一次，我都有新的启发。我写《新民主主义论》时，《共产党宣言》就翻阅过多次。读马克思主义理论就在于应用，要应用就要经常读，重点读，读些马列主义经典著作。"对喜欢的文史哲经典，毛泽东同样经常读。20世纪50年代，他对人

说自己已经读了五遍《红楼梦》，此后，他又十五次索要过《红楼梦》，这在工作人员的记录中有明确记载。

反复阅读经典书籍，因每次阅读背景不同、需求不同、心境不同、年龄不同，总是会有新的理解和发现，这样，书中的价值内容也就得到最大限度的发掘。

相同题材内容的书，要把不同的甚至是观点相反的著述对照起来读

毛泽东想读关于美国历史的书，就让人到北京图书馆、北大图书馆去借，专门写条子说，不光是马克思主义学者写的，也要有资产阶级学者写的。关于研究拿破仑的书，他同时找来苏联、法国和英国学者写的《拿破仑传》和有关著述对照起来读。关于《楚辞》，他在1957年12月一次就要了五十余种古今对《楚辞》有价值的注释和研究书籍。关于研究《老子》的著作，他在1959年10月23日外出时带走的书籍中，就有"关于《老子》的书十几种"。

与此相关，毛泽东还一直强调，要阅读一些和自己的观点相反的书，包括反面的书。1957年，他对领导干部讲：要读蒋介石的书这些反面的东西。我们有些共产党员、共产党的知识分子的缺点，恰恰是对于反面的东西知道得太少。读了几本马克思的书，就那么照着讲，比较单调。讲话、写文章，缺乏说服力。1965年初，他让中宣部编辑出版蒋介石的全集，中宣部根据这个意见编辑了《蒋介石言论集》系列，准备每本印五千册。毛泽东批示："五千册太少，应出一万册。"20世纪60年代，毛泽东多次讲，不读唯心主义和形而

上学的书，就不能真正懂得唯物主义和辩证法，并说："这是我的经验，也是列宁的经验，也是马克思的经验。"

读书不仅要做到传统的"四到"，还要注重讨论

古人强调读书要"眼到""口到""手到""心到"。"眼到"好理解。毛泽东的"口到"，不光是自己吟诵，还经常在一些场合，给人讲书，直接宣达自己的阅读体会和收获。所谓"手到"，就是动手写笔记，写批注，由此体现"心到"。目前编辑出版的毛泽东读书批注，就有《毛泽东哲学批注集》，收了他读十本哲学书的批注和一篇读书摘录；《毛泽东读文史古籍批语集》，收了他读三十九部文史古籍和范仲淹两首词的批语；《毛泽东评点二十四史》（评文全本），共五卷，收了他在二十四史中的一些书里作的圈画和批注；《毛泽东手书古诗词选》《毛泽东手书历代诗词曲赋典藏》等，则反映了他读古代文学作品时随手书录的情况；十三册《建国以来毛泽东文稿》，收了他读各种书刊和文章的批示、批注和批语，数量很多。

毛泽东读书，还有一个"耳到"，即组织读书小组由人念，大家听，再一起讨论，由此相互启发，碰撞出思维的火花。比如：青年时代，他组织过读书小组；延安时他组织过关于克劳塞维茨《战争论》的读书小组；1959年底又组织读书小组到杭州等地研读苏联的《政治经济学（教科书）》。他晚年眼睛不好，就请人读书给他听，边听边议。

读书的时候要善于当"联系员"

读书要当"联系员"，是毛泽东1958年11月同山西省委

书记陶鲁笳等人谈话时提出来的。只有当"联系员",才能对所读之书有所比较和分析,进而见人之未见。

所谓"联系员",有两层含义。

一是把书中写到的观点主张、人物事件,同与这些观点主张、人物事件有关的或对立的另一个侧面,联系起来思考和理解。例如,毛泽东读《史记·高祖本纪》,不仅关注刘邦的内容,还联系书中有关刘邦的对立面项羽的描写,来作比较,进而加深理解,由此得出"项王非政治家,汉王则为一位高明的政治家"的结论。又如,毛泽东读日本学者坂田昌一谈基本粒子还可以再往下分的《关于量子力学理论的解释问题》,就联系《庄子》里说的"一尺之棰,日取其半,万世不竭"的观点来理解,认为坂田昌一说的"是对的"。

二是善于跳出书本,联系现实来理解和发挥。毛泽东1958年读斯大林《苏联社会主义经济问题》时写的批语中,表达出这种读法的好处,他说,把书中的"'我国'(指苏联——引注)两字改为'中国'来读,就十分有味道"。他针对现实工作中存在分散主义、本位主义和有禁不止的情况,要求党的领导干部读《史记》时,要体会秦始皇在统一六国的战争中,善于调动各方面的力量集中到主攻方向上来的领导方法。读苏联的《简明哲学辞典》时,毛泽东就抓住其"同一性"条目只强调矛盾的对立、否定矛盾转化这个形而上学观点,把它同斯大林时期苏联不善于处理人民内部矛盾,不做敌我矛盾转化的情况,联系起来理解,进而认为,这个条目反映了斯大林晚年政治上犯错误在思想方法上的根源。

读书的时候要善于当“评论员”

这也是毛泽东1958年11月同陶鲁笳等人谈话时提出的观点。所谓“评论员”，就是对书中内容要有自己的看法，要有所评论，不是跟在书本后面亦步亦趋，而是从自己的知识背景和实践需要出发，对书本知识进行创造性的发挥，进而达到学以致用的目的。

毛泽东的读书笔记和谈话，常常体现出政治家的敏锐和见识。《通鉴纪事本末·石勒寇河朔》叙述石勒拿不定主意是否攻取幽州，问计于谋士张宾，张宾详细分析了王浚、刘琨和乌桓几方面的情况，帮助他下决心攻取幽州，毛泽东从中读到的是“分析方法是极重要的”。毛泽东读《汉书·赵充国传》，认为赵充国建议汉宣帝实行屯田的奏折，由于分析得当，才取得了对公卿们“说服力强之效”；读《老子》，说其中的“祸兮福所倚，福兮祸所伏”一句是告诫人们分析问题“不但要看到事物的正面，也要看到它的反面”；读《不怕鬼的故事》，认为《宋定伯捉鬼》一篇对“新鬼大，旧鬼小”的描述，说明对具体事物“要具体分析”。从这些评论，可以看出毛泽东是如何注重并善于从书本中读出认识和改造客观世界的方法论的。

当“评论员”的读书方法，使毛泽东常常在书中见识到一般读书人所难见到的精妙，发一般读书人所难发的评论。诸如：他认为过去被看作荒淫无度的商纣王，其实是一个很有本事、能文能武的人；宋玉的《登徒子好色赋》有辩证法，歌颂了一个模范丈夫；枚乘的大赋《七发》，是批判保守主义的；贾谊的《治安策》是最好的政论；《水浒传》里的"三打祝家庄"，反映了搞统一战线的重要性；《红楼梦》写的是封建社会历史；等等。这些评论，往往成为前人和今人所未曾言到的一家之言。

以上读书之法，彰显了理论联系实际的学风，反映了毛泽东的读书活动同客观实践的深刻关联。这种关联，激活了书本，让一些"闲"书有用，"死"书变活；也激活了毛泽东的思考，使他常有新的思想收获，进而在实践中有新的运用和发挥。比如，他细读苏联威廉斯的《土壤学》，就推荐给党内领导干部，说"那里面有许多农作物生长的道理"。他随后提出"农业八字宪法"（土、肥、水、种、密、保、管、工），不能说与这本书讲的"道理"没有关联。毛泽东1964年读了竺可桢的论文《论我国气候的几个特点及其与粮食作物生产的关系》后，又有新的收获，当面对竺可桢说他的文章写得好，"农业八字宪法"尚有缺点，还应该加上光和气（日光和气候），"农业八字宪法"只管地，他的文章管了天。

毛泽东的读书理念和把书读"活"的本事，为党内领导层推崇。朱德1943年10月在中央政治局扩大会议上发言时说，毛泽东读的书也不比别人少，但他读得通，能使理论与实际合一。刘少奇1958年3月在成都中央工作会议上发言时讲道：对主席的思想、观点、方法，认真地切实地学习，是可以学到的；但有些是不可及的，例如看那么多书，记忆力那么强，有那么丰富的理论和经验，特别是那么丰富的历史知识，这些在我们党内是没有一个人能及的。

目录

文
学
情
怀

政／治／战／略

喆四面分兵攻城以潘美知幽州行府事契丹鐵林廂
主李札盧存以所部來降癸酉移幸城北督諸將進兵
獲馬三百幽州神武廳直并鄉兵四百人來降乙亥范
陽民以牛酒犒師丁丑帝乘輦督攻城秋七月庚辰契
丹建雄軍節度使知順州劉廷素來降壬午知薊州劉
守恩來降癸未帝督諸軍及契丹大戰于高梁河敗績
甲申班師庚寅命孟玄喆屯定州崔彥進屯關南乙巳
帝至自范陽八月壬子西京留守石守信坐從征失律
販崇信軍節度使甲寅彰信軍節度使劉遇販宿州觀

宗天宗嘗言……用兵……

敵輒則知其強弱虛以吾弱當其強強當其弱彼

乘吾弱奔逐不過數百步吾衆共致必出其軍後

及而擊之無不潰敗蓋用孫子之術也。○宋高宗

問吳璘以勝敵之術璘曰弱者出戰強者繼之。高

宗亦曰此孫臏馴馬之法。

魏伐趙趙急請救于齊齊威王欲將孫臏臏以刑餘

辟乃將田忌而孫子為師居輜車中坐為計謀田忌

《盛世危言》：把西方的东西引进中国

咏昌先生：

　　书十一本，内《盛世危言》失布匣，《新民丛报》损去首叶，抱歉之至，尚希原谅。

　　　　　　　　　　　　　　泽东敬白

　　　　　　　　　　　　　　正月十一日

　　——摘自毛泽东致文运昌的信（1915年2月24日）

　　我读了一本叫做《盛世危言》的书，我当时非常喜欢这本书。作者是老的改良主义学者，认为中国之所以弱，在于缺乏西洋的装备——铁路、电话、电报、轮船，所以想把这些东西引进中国。我父亲认为读这些书是浪费时间。他要我读一些像经书那样"有用的"东西，可以帮助他打赢官司……

　　《盛世危言》激起我想要恢复学业的愿望。

　　——摘自毛泽东1936年在保安同美国记者埃德加·斯诺的谈话

从毛泽东后来的回忆看，郑观应写的《盛世危言》，很可能是启蒙他的现代政治意识，影响他青少年时期政治轨迹的第一本书。

今天，我们在韶山毛泽东纪念馆还能看到毛泽东的手迹，是1915年2月24日他写给表兄文运昌（字咏昌）的一张还书便条，里面说"书十一本，内《盛世危言》失布匣，《新民丛报》损去首叶"。看得出，《盛世危言》和梁启超主办的《新民丛报》，是毛泽东在同一时间段里读到的。

据毛泽东回忆，他第一次读到《盛世危言》，应该是在1908年至1909年期间。他1915年写这张还书便条的时候，早已是湖南省立第一师范学校的学生，毛泽东在长沙的图书馆里，已经读过不少直接翻译过来的西方学者们写的哲学、政治、法律、经济方面的著作。那么，毛泽东所还的这本《盛世危言》是不是6年前从表兄文运昌那里借的呢？有两种可能：一是6年前借的，读后一直放存在韶山老家，1915年放假回韶山过春节时整理出来还给文运昌；二是新近从文运昌那里借来，重新读过。无论是哪种可能，这本书在毛泽东早年阅读史上的重要性，是不言而喻的。

14至15岁时，毛泽东离开私塾，辍学在家，开始在地里干农活，给父亲请来的雇工们当帮手，晚上则替经营粮谷生意的父亲记些账目。父亲希望他读点传统的经书，他却贪婪地阅读他能够找到的除经书外的一切"新书"。郑观应的《盛世危言》，就是这个时候读到的。

郑观应是中国近代早期主张社会改良的思想家。他先后与李鸿章、左宗棠、张之洞等一同办过洋务，自己也曾经营过贸易、金融、航运、工矿等企业，是一位熟悉中外贸易的官商，位列晚清"四大买办"之一。

这样的经历，让郑观应对近代西方的政治制度和科学文化，有比较真切的了解和比较多的思考。1894年，他出版《盛世危言》，随即轰动社会，光绪皇帝读后命总理衙门印刷2000册发给属臣阅读。全国各省书坊翻刻印售的竟达10多万册，这在当时，大概是最为畅销的书。

郑观应在《自序》中提出，"治乱之源，富强之本，不尽在船坚炮利"，"西人立国具有本末，虽礼乐教化远逊中华，然其驯致富强亦具有体用。育才于学堂，论政于议院，君民一体，上下同心，务实而戒虚，谋定而后动，此其体也。轮船火炮，洋枪水雷，铁路电线，此其用也"。郑观应在书中还提出了在上海举办世博会的设想，他写道："故欲富华民，必兴商务，欲兴商务，必开会场。欲筹赛会之区，必自上海始。"这个设想，在100多年后真的成为现实。

郑观应的改良主张，不同于魏源等人讲"师夷长技"，也不同于洋务派只重"船坚炮利"，它更接近康有为、梁启超的维新变法思想。到毛泽东阅读此书时，戊戌变法已经失败10年多了，历史早已宣告"此路不通"。

对于身处山村的少年毛泽东来说，这本在他出生第二年出版的书，的确起到让他"睁眼看世界"的作用。对君主立宪和发展资本主义经济的主张，他仍然感到十分新鲜，进而茅塞顿开，意识到中国绝不能守着祖宗的老样子不变。他希望能够把在韶山看不到的西方文明引进到中国来，这在少年毛泽东心目中，仍不失为一条发展中国的政治路径。

唤起少年毛泽东爱国精神和政治意识的，除了《盛世危言》，还有他同时期阅读的一本小册子——《列强瓜分之危险》。这本书介绍了日本占领朝鲜和我国台湾地区的经过，以及清政府丧失越南、缅甸宗主权的情景。他1936年对斯诺回忆说："甚至现在我还记得这本小册子的开头一句：'呜呼，中国其将亡矣！'""我读了以后，对国家的前途感到沮丧。我开始认识到，国家兴亡，匹夫有责。""这个时期，我也开始有了一定的政治觉悟。""政治觉悟"，即政治意识的启蒙。看得出，忧国爱国，救国强国，是毛泽东那一代政治家和革命家的思想起点。

《盛世危言》等著作，展示了一种新的世界观和思想方法，开阔了毛泽东的眼界。他越来越清楚地认识到，天下、国家都处于大变化之中，自己不能守在韶山像父辈那样过一辈子，应该抓紧时间学习新知识。所以，他对斯诺说："《盛世危言》激起我想要恢复学业的愿望。"一年后，表兄文运昌告诉他，湘乡东山高等小学堂讲授新学，在那里可以学到不少在韶山冲里学不到的新东西。1910年秋天，毛泽东考入湘乡东山高等小学堂，从此走出了比较封闭的韶山冲。临行前，他抄送了一首诗给父亲道别。诗中写道："孩儿立志出乡关，学不成名誓不还。埋骨何须桑梓地，人生无处不青山。"

有趣的是，《盛世危言》作者郑观应的儿子郑景康，是一位摄影家，后来到延安参加革命，1942年在延安文艺座谈会上第一次见到了毛泽东。之后，他为毛泽东拍摄了多幅有名的照片，包括：1944年为毛泽东拍的第一张标准相；1945年8月28日，毛泽东前往重庆谈判，他在延安机场拍的《挥手之间》；1964年他为毛泽东拍摄的标准相——现在悬挂在北京天安门城楼正中的毛泽东画像根据该照片制作。

梁启超:"最有号召力的政论家"

我无心读古文。当时我正在读表兄送给我的两本书,讲的是康有为的变法运动。一本是《新民丛报》,是梁启超编的。这两本书我读了又读,直到可以背出来。我崇拜康有为和梁启超,也非常感谢我的表兄……

——摘自毛泽东1936年在保安同美国记者埃德加·斯诺的谈话

梁启超一生有点像虎头蛇尾。他最辉煌的时期是办《时务报》和《清议报》的几年。那时他同康有为力主维新变法。他写的《变法通议》在《时务报》上连载,立论锋利,条理分明,感情奔放,痛快淋漓,加上他的文章一反骈体、桐城、八股之弊,清新平易,传诵一时。他是当时最有号召力的政论家。

——摘自毛泽东1958年4月11日在武昌同吴冷西、田家英的谈话社会的进步，总是从改良开始的。当整个社会无可救药，改良之路走不通的时候，革命才会成为共识。所以，近代许多革命家早期大多喜欢阅读康有为和梁启超有关变法维新的著述。毛泽东就是一个典型的例子。

梁启超1890年起师事康有为，成为其政治上的主要助手，是维新变法运动的主要思想家、宣传家。他于1896年创办的《时务报》和1902年创办的《新民丛报》，是宣传维新变法的主要舆论阵地。

毛泽东对梁启超的才能和办报经验极为推崇。1958年4月，他对吴冷西等人说道："梁启超创办《时务报》开始确实很辛苦，他自己写评论，又要修改别人来稿，全部编排工作和复校工作都由他一个人承担。后来才增加到七八个人，其中三位主要助手也是广东人。现在我们的报社，动辄数百人、上千人，是不是太多了？"

梁启超当时的主要文章几乎都是在《时务报》《清议报》《新民丛报》上面发表的。他的文章，世称"以饱带感情之笔，写流利畅达之文，洋洋万言，雅俗共赏。读时则摄魂忘疲，读竟或怒发冲冠，或热泪湿纸"。他成为当时最有号召力的政论家，在中国近代启蒙运动的早期，影响了几代知识分子。从朱执信、柳亚子到胡适、蒋梦麟，从陈独秀到吴玉章、林伯渠，从鲁迅到郭沫若、邹韬奋，都受过梁启超的影响。毛泽东说他当时"崇拜康有为和梁启超"，并不奇怪。

毛泽东是在1910年下半年在湘乡东山高等小学堂读到《新民丛报》的，那时《新民丛报》已经停刊两年了，是他的表兄文运昌借给他的。虽然已经是几年前的旧报刊，但对于一个来自闭塞山村的少年来说，却有振聋发聩之感。

比如，他在《新民丛报》上读到梁启超《新民说·论国家思想》这篇文章，当即写了这样一段批注：

> 正式而成立者，立宪之国家，宪法为人民所制定，君主为人民所拥戴；不以正式而成立者，专制之国家，法令为君主所制定，君主非人民所心悦诚服者。前者，如现今之英、日诸国；后者，如中国数千年来盗窃得国之列朝也。

毛泽东到长沙读书后，又读到《时务报》。和《新民丛报》相比，《时务报》更加老旧，但却进一步加深了毛泽东对梁启超的崇拜。他曾说自己对梁启超的文章，"读了又读，直到可以背出来"。

可以说，梁启超的这两份报刊，推动了毛泽东沿袭读郑观应的《盛世危言》所受到的启发，继续思考中国的变革应该从何处入手。

毛泽东在1919年7月的一篇文章中回顾说："谭嗣同等在湖南倡南学会，招集梁启超、麦孟华诸名流，在长沙设时务学堂，发刊《湘报》《时务报》。一时风起云涌，颇有登高一呼之概。"为什么有这种气概？"彼时因几千年的大帝国，屡受打击于列强，怨痛愧悔，激而奋发。知道徒然长城渤海，挡不住别人的铁骑和无畏兵船。中国的老法，实在有些不够用。'变法自强'的呼声，一时透衡云澈云梦的大倡。"尽管1919年的中国早已不是《时务报》和《新民丛报》时期的中国，但毛泽东对那段历史思潮，仍然心心念念。

毛泽东受梁启超的影响，持续了相当长的时间。

1911年春，辛亥革命前夕，毛泽东到长沙湘乡驻省中学就读，依然对康有为、梁启超十分钦佩。在思想上，他还不清楚改良派与革命派之间的区别，于是写了篇文章贴在学校的墙上，把他当时崇拜的人物糅在一起，提出：推翻腐朽的清王朝，组建民国新政府，把孙中山从日本请回来当总统，康有为当总理，梁启超当外交部长。这是毛泽东第一次公开发表政见。

在进入省立高等中学的半年，以及在湖南省立第一师范学校五年半的学习中，毛泽东并没有完全忘记梁启超。在现在保存下来的毛泽东的读书批语、笔记和书信中，隐约都能看到梁启超对毛泽东的影响。

1915年6月25日，在给湘生的信中谈到自学的重要性时，毛泽东说："吾举两人闻君。其一康有为。康尝言：吾四十岁以前，学遍中国学问；四十年以后，又吸收西国学问之精华。其一梁启超。梁固早慧，观其自述，亦是先业词章，后治各科。……来日之中国，艰难百倍于昔，非有奇杰不足言救济。"康有为、梁启超在毛泽东的心中，是通过自学而有所造就进而成为"奇杰"的典范。同年9月6日，在给萧子升的信中，毛泽东说他曾想离开学校，"以就深山幽泉，读古坟籍，以建其础，效康氏、梁任公之所为，然后下山而涉其新"。

1915年4月，主张帝制的杨度发表《君宪救国论》，为袁世凯复辟帝制制造舆论。汤化龙、康有为、梁启超诸名流起而反对。梁启超在1915年8月22日的一封家信中说："实不忍坐视此辈鬼蜮出没，除非天夺吾笔，使不复能属文耳。"于是写《异哉所谓国体问题者》《上大总统书》等文，讥斥"筹安"诸君子，强烈反对帝制复辟。他后来参加蔡锷讨袁起义后，又连写《在军中敬告国人》《袁政府伪造民意密电书后》《袁世凯之解剖》

等文，笔力雄浑、锐利酣畅，社会影响很大。毛泽东在湖南省立第一师范学校读书，通过学友会，将汤化龙、康有为、梁启超三人有关反袁及对时局不满的文章编印成册，题为《汤康梁三先生之时局痛言》，广为散发。

梁启超号任公，毛泽东给自己取别名"子任"，对梁启超的仰慕程度可见一斑。梁启超在《新民丛报》曾发表过文章《新民说》，1918年，毛泽东和蔡和森、何叔衡等人组织的社团就叫"新民学会"，"以革新学术，砥砺品行，改良人心风俗"为宗旨，可以看出梁启超的"新民说"对毛泽东的明显影响。

1919年8月4日，毛泽东在他主办的《湘江评论》上发表题为《本会总记》的文章，阐述由他实际主持的湖南学生联合会及湖南学生运动的渊源由来，开篇便述及1897年由熊希龄在长沙创办的新式学堂时务学堂（梁启超时任该校中文总教习。翌年戊戌变法失败，学校遂被撤销）。毛泽东接着说："时务以短促的寿命，却养成了若干勇敢有为的青年……此时的学校，大都以鼓吹革命为校风。""时务虽倒，而明德方兴。"后来一些学堂的学生，在"案头的乱书堆中，或抽屉里面，常秘密置着两样东西，一样是梁启超等所做的《新民丛报》，一样是汪精卫、宋教仁等所做的《民报》"。

青年毛泽东始终把梁启超及其著述，看成清末领导思想界革新潮流的代表。直到20世纪60年代，他还对民主人士刘斐说当时自己"受到梁启超办的《新民丛报》的影响，觉得改良主义也不错，想向资本主义找出路"。1964年12月20日的一次谈话中，毛泽东又说：近代史也得看看，你得看《新民丛报》，你得看梁启超的《饮冰室合集》。事实上，毛泽东在这个时期还真索要过《饮冰室合集》来读呢！

《天演论》《物种起源》：
救亡图存的思想底色

《人类在自然界的位置》请找一本给我。《天演论》前半是唯物的，后半是唯心的。

——摘自毛泽东1970年12月29日在姚文元一个报告上的批语

毛泽东：达尔文，世界上很多人骂他。

希思：但我听说，主席很钦佩达尔文的著作。

毛泽东：嗯！我读过他的书。帮他辩护的，叫Huxley（赫胥黎）。

希思：他是十分杰出的科学家。

毛泽东：他自称是达尔文的咬狗（今译为"斗犬"）。

——摘自毛泽东1974年5月25日同英国前首相希思的谈话

达尔文的《物种起源》，尤其是严复翻译的赫胥黎的《天演论》，在20世纪初期，在相当程度上为包括毛泽东在内的中国先进人士走向革命救国之路，打下了思想底色。

1912年下半年，毛泽东在湖南全省高等中学校（后改名省立第一中学）只读了一个学期就退学了。他觉得，上学不如自己看书，于是订了一个自修计划，每天到定王台省立图书馆看书，历时半年。这期间，他集中阅读了严复翻译的西方近代资产阶级启蒙时期的政治、经济、法律和社会学书籍。其中便有《天演论》，在毛泽东的回忆中，还有达尔文的《物种起源》。应该说，这是青年毛泽东第一次大量地接触西方近代思想，对于他来说不啻是一次重要的西学启蒙。

1920年夏天，毛泽东在长沙创办文化书社，以特别交涉员的身份负责选进图书，马君武翻译的《物种起源》的中文全译本《达尔文物种原始》，即其中一种。这年10月，他向股东们提交的营业报告里说该书已销售10本。11月，他又在报上刊登售书广告，把《达尔文物种原始》列为"书之重要者"。

达尔文并没有将进化论运用到社会。最先把达尔文进化论运用到社会的是达尔文的好友、英国著名的生物学家赫胥黎，他是达尔文学说的积极支持者。马克思的夫人燕妮曾经聆听过赫胥黎在圣马丁教堂"星期日人民讲演会"的演说，称颂赫胥黎"给人民作启蒙的、真正充满自由思想的勇敢的演讲"。严复在1898年翻译出版的《天演论》，原名叫《进化论与伦理学》，是赫胥黎的一本讲演录。

庚子赔款的奇耻大辱，给了中国人一个当头棒喝，一个极大刺激。既然弱肉强食是普遍规律，中国如果不变"弱种"为

"强种"，就只有亡国灭种的下场。20世纪初期，"物竞天择，适者生存"成为先进人士处于核心地位的价值观，甚至很多人给孩子起名字，也用"竞争""竞存""适""天竞"等。

以孙中山为代表的资产阶级革命派，则用进化论论证民权代替君权、共和制代替专制的历史合理性。邹容写的《革命军》，甚至直接用进化论的观点来阐述"革命"的内涵。他说："革命者，天演之公例也；革命者，世界之公理也；革命者，争存争亡过渡时代之要义也；革命者，顺乎天而应乎人者也。"

进化论对青年毛泽东产生的影响，也具有思想上的革命性意义。主要体现在两个方面：一是接受了《天演论》中阐述的运动、变化、斗争、发展的自然观，即在斗争中求生存，在变化中求发展；二是强调对民族素质的提高和改造，以适应世界发展的竞争潮流，提出了"三育并重""文武兼备"的主张，力求"变化民质"，造就"身心并完"的一代新民，来挽救国家危亡。

此外，进化论还为毛泽东等人接受马克思主义学说打下了思想底色。毛泽东后来多次讲，自己在1920年读到《共产党宣言》，一下子抓住其中最核心的四个字——"阶级斗争"，就很可能与此前接受的进化论思想有关。事实上，鲁迅以及中共最早的创始人如李大钊、陈独秀，几乎都是先受到了进化论的熏陶，然后才接受马克思主义的。

新中国成立后，毛泽东还多次提到达尔文、赫胥黎和《天演论》，到晚年，还把《物种起源》印成大字本来阅读。

1974年5月，英国前首相希思来中国访问前，听说毛泽东喜欢读达尔文的书，便准备了一张达尔文的照片，上面有达尔文的亲笔签名和达尔文写的话："这是我的确十分喜欢的一张照片，同我其他的照片比，我最喜欢这一张。"还有达尔文的《人类原始及类择》的第一版，都是达尔文的后人提供的。前面引述的毛泽东和希思的对话，就发生在毛泽东接过这些礼物之后。对话中，毛泽东称赫胥黎是达尔文的"咬狗"，是指赫胥黎为捍卫达尔文学说，同攻击达尔文学说的人激烈辩论的故事。由此可见，毛泽东对进化论学说及其发展过程非常熟悉。

《物种起源》和《天演论》所创立和发挥的进化论学说，是揭示生物演变规律和人类起源规律的科学。毛泽东喜欢读这两本书，并时常谈到进化论，大致有以下三个原因：

第一，在毛泽东看来，进化论创立以来的遭遇，典型地反映了科学发现的传播规律：新的进步学说要让人们接受，不经过剧烈的争论，不进行有效的宣传、阐发和普及，大约是不可能的。毛泽东1957年在《关于正确处理人民内部矛盾的问题》中谈到"百家争鸣"之必要，举例说："哥白尼关于太阳系的学说，达尔文的进化论，都曾经被看作是错误的东西，都曾经经历艰苦的斗争。"1962年1月30日，毛泽东在七千人大会的讲话中再次谈到哥白尼等人的学说，并把其同中国共产党的发展联系起来："历史上的自然科学家，例如哥白尼、伽利略、达尔文，他们的学说曾经在一个长时间内不被多数人承认，反而被看作错误的东西，当时他们是少数。我们党在一九二一年成立的时候，只有几十个党员，也是少数人，可是这几十个人代表了真理，代表了中国的命运。"

第二，毛泽东服膺进化论，与他的个性及经历有关。敢于斗争，在矛盾和风浪面前迎难而上，在斗争中求生存、求发展，是他的鲜明个性。毛泽东起起伏伏的革命生涯，所经历的血雨腥风和复杂多变的斗争，特别是中国革命从几度危机中发展起来的事实，与严复在《天演论》中宣传的"物竞""天择""以人持天，与天争胜""世道必进，后胜于今"等理念吻合。进化论在20世纪初的中国能够产生那样大的影响，说明人们把自然科学成果运用到社会发展领域，甚至把自然科学成果当作社会科学成果，是可能和必然的。

第三，毛泽东成为马克思主义者之后，对社会演变规律的认识远远超越了达尔文的进化论思想，终其一生强调一个政党、一个国家、一个民族必须通过奋斗才能立足，进而由弱到强，而且始终注意和强调阶级斗争。达尔文和赫胥黎是与马克思同时代的人，一个比马克思大9岁，一个比马克思小7岁。恩格斯把进化论、细胞学说和能量守恒定律，称为19世纪中叶自然科学中具有决定意义的三大发现。马克思主义的自然辩证法和唯物史观，在相当程度上受到进化论学说的启发。马克思1861年1月16日给斐迪南·拉萨尔的信中，便明确说过："达尔文著作非常有意义，这本书我可以用来当作历史上的阶级斗争的自然科学依据。"恩格斯在1888年英文版《共产党宣言》序言中甚至表示，《共产党宣言》的基本思想，"对历史学必定会起到像达尔文学说对生物学所起的那样的作用"。这些，都反映出马克思主义的唯物史观和达尔文进化论之间的潜在关联。毛泽东看重《天演论》和进化论学说，也就在情理之中。

○ 陈独秀：思想界的明星

　　我们对于陈君，认他为思想界的明星。陈君所说的话，头脑稍为清楚的听得，莫不人人各如其意中所欲出。

　　——摘自毛泽东《陈独秀之被捕及营救》（1919年7月14日）

　　这些团体的大多数，或多或少是在《新青年》影响之下建立的。《新青年》是有名的新文化运动的杂志，由陈独秀主编。我在师范学校上学的时候，就开始读这个杂志了。我当时非常佩服胡适和陈独秀的文章。有一段时期他们代替了梁启超和康有为，成为我的楷模。我早已抛弃康、梁二人了。

　　——摘自毛泽东1936年在保安同美国记者埃德加·斯诺的谈话

陈独秀主办的《新青年》，是毛泽东早年的阅读生活中，打开的一间阳光最为充足的"思想房间"。正是在陈独秀、李大钊的影响下，毛泽东从吸收比较各种理论思潮，转向了确定的政治路径。

1915年9月，陈独秀创办《青年杂志》。第二卷起《青年杂志》改名为《新青年》。李大钊、胡适、鲁迅等都是这个杂志的主要撰稿人，轮流负责编辑。无论怎样评估聚集在《新青年》周围的一代知识分子对现代中国的影响，似乎都不过分，因为这个杂志及其撰稿人的著述铸就了一代青年人的信仰和品格。

《新青年》一开始就高举科学与民主两面旗帜：提倡民主，反对专制；宣传科学，反对封建迷信、盲从和武断；提倡新文学，反对旧文学。它的创刊，标志着新文化运动的开始。俄国十月革命后，《新青年》开始宣传马克思主义，五四运动后，逐渐转为以宣传马克思主义为中心内容，把新文化运动推向新的发展阶段。中国共产党成立后，《新青年》继续出版，1922年7月休刊。1923年6月，《新青年》改成季刊，成为中共中央理论性的机关刊物。1926年7月停刊。

在《新青年》众多热心读者和追随者中，青年毛泽东是十分突出的一个。据他当时的同学周世钊回忆说："毛主席的思想大转变，是1915年读了《新青年》之后。当时由于杨昌济先生在《新青年》上写文章，介绍学生阅读，毛主席是热爱这杂志的一个。……鼓吹科学和民主的《新青年》，成了毛主席这时一日不可缺少的精神食粮。因此，他读韩文杜诗的兴趣降低了。""他更急切地想找出一种方法，寻找一条道路，来解决中国问题和世界问题。"周世钊的这段回忆基本符合毛泽东当时的思想情况。

毛泽东第一篇公开发表的文章《体育之研究》，便是在《新青年》第三卷第二号（1917年4月1日）上刊登的。毛泽东从湖南省立第一师范学校毕业后从事社会活动，与《新青年》的关系就更紧密了。

1920年毛泽东创办文化书社时，在《湖南通俗报》（1920年11月10日）上发表广告性文章，特地推荐《新青年》，把它列为文化书社经营的"杂志之重要者"之首。同时，毛泽东还请陈独秀、胡适等人出具信用介绍，使文化书社同新青年社开展密切的业务往来。可以说，正是在《新青年》及陈独秀等人的文章影响下，毛泽东从阅读经史子集的兴趣中，从抽象谈论大本大源等伦理哲学的课题中走了出来，站在了以政治思想探索和改造中国实践的历史潮头。

毛泽东1919年主编的《湘江评论》，可以说是《新青年》在湘江之畔的回声。毛泽东在上面的一些文字、见解，也常常可从陈独秀发表在《新青年》上的一些文章中找到渊源。

关于陈独秀主编《新青年》时期在毛泽东心目中的地位，除《陈独秀之被捕及营救》一文中有所表露以外，在此之前，1917年9月23日，毛泽东同好友蔡和森、张昆弟就讨论过："今之陈独秀，其人者，魄力颇雄大，诚非今日俗学所可比拟。"陈独秀犹如"俄之托尔斯泰其人，以洗涤国民之旧思想，开发其新思想"。可以说，陈独秀倡导的民主与科学这两面五四新文化运动的旗帜，打开了青年毛泽东思想探索的闸门。所以，他热情地欢迎陈独秀，崇拜陈独秀。他高度评价陈独秀传播西方文化的功绩，"认他为思想界的明星"。

青年毛泽东不仅读陈独秀的文章，在同陈独秀的直接交往中，在思想上，特别是在选择马克思主义和建党过程中受其影响也不小。

1918年8月，毛泽东到了北京。杨昌济介绍他认识了李大钊。10月，他到北京大学图书馆任助理员，因而有机会接触担任北京大学文科学长的陈独秀。毛泽东后来在同斯诺追述往事时，这样谈到他同陈独秀的关系："那时我在国立北京大学。他对我的影响也许超过其他任何人。"

1919年12月下旬，为反对皖系军阀张敬尧在湖南的残暴统治，毛泽东等领导的湖南驱张代表团来到北京，同陈独秀有了进一步的接触和交谈。他们还讨论了工读互助团的问题。工读互助团是五四运动后，得到陈独秀、李大钊、蔡元培等支持少数进步青年建立的一种新组织，实行半工半读、互助协助的方式。当时毛泽东对此也是感兴趣的，这同他的"新村生活"想法相通。但因空想的成分太多，脱离社会实际，工读互助团不过昙花一现，很快就结束了。

陈独秀于1920年2月回到上海。上海工读互助团在《申报》3月5日刊登的《募捐启》，陈独秀、毛泽东都名列其上。毛泽东在北京停留期间，"驱张斗争"的活动很多。这时，李大钊和陈独秀都已认定，解决中国问题必靠马克思主义。这当然给毛泽东以影响。毛泽东回忆说，那时，"曾经迅速地朝着马克思主义的方向发展。我在这方面发生兴趣，陈独秀也有帮助"。

1920年5月，毛泽东第二次到上海。那时新青年社已从北京迁回上海，社址在老渔阳里2号，陈独秀住在这里主持社务。毛泽东登门拜访了陈独秀。后来毛泽东这样告诉斯诺："我在上海，和陈独秀讨论了我们组织'改造湖南联盟'的计划。然后我回到长沙着手组织联盟。""我第二次到上海去的时候，曾经和陈独秀讨论我读过的马克思主义书籍。在我一生中可能是关键性的这个时期，陈独秀表明自己信仰的那些话，给我留下了深刻的印象。"

1920年8月，上海共产党早期组织成立后，陈独秀即给毛泽东写信，约他在湖南建立党的组织，还向毛泽东寄来社会主义青年团章程，要求毛泽东在湖南建团。毛泽东接到社会主义青年团章程后，随即在湖南成立了团组织。1921年1月21日，毛泽东在致蔡和森的信中说："党一层，陈仲甫先生等已在进行组织。出版物一层，上海出的《共产党》，你处谅可得到，颇不愧'旗帜鲜明'四字（宣言即仲甫所为）。"

青年毛泽东对陈独秀的推崇，并不是一时的感情冲动，而是切实有感于陈独秀及其主编的《新青年》在五四运动中不可替代的贡献和地位。所以，在20世纪40年代，尽管陈独秀早已被开除出党，毛泽东仍然多次谈起他，对他在党史上，主要是建党前的历史地位，仍然是肯定的。

1945年4月21日，在中共七大预备会议上，毛泽东讲道："关于陈独秀这个人，我们今天可以讲一讲，他是有过功劳的。他是五四运动时期的总司令，整个运动实际上是他领导的，他与周围的一群人，如李大钊同志等，是起了大作用的。我们那个时候学习作白话文，听他说什么文章要加标点符号，这是一大发明，又听他说世界上有马克思主义。我们是他们那一代人的学生。五四运动替中国共产党准备了干部，那个时候有《新青年》杂志，是陈独秀主编的。被这个杂志和五四运动警醒起来的人，后头有一部分进了共产党，这些人受陈独秀和他周围一群人的影响很大，可以说是由他们集合起来，这才成立了党。……关于陈独秀，将来修党史的时候，还是要讲到他。"

◯ 阅读百遍的经典"航标"

　　《共产党宣言》，我看了不下一百遍，遇到
问题，我就翻阅马克思的《共产党宣言》，有时
只阅读一两段，有时全篇都读，每阅读一次，
我都有新的启发。我写《新民主主义论》时，
《共产党宣言》就翻阅过多少次。读马克思主义
理论在于应用，要应用就要经常读，重点读，
读些马列主义经典著作，还可以从中了解马克
思主义发展过程，在各种理论观点的争论和批
判中，加深对马克思主义普遍真理的认识。

——摘自毛泽东 1939 年 12 月同曾志的谈话

加强理论学习至少要读五本书，我向大家推荐这五本书：《共产党宣言》《社会主义从空想到科学的发展》《在民主革命中社会民主党的两个策略》《共产主义运动中的"左派"幼稚病》《联共（布）党史简明教程》，这里马、恩、列、斯的都有了。如果有五千人到一万人读过了，并且有大体的了解，那就很好，很有益处。我们可以把这五本书装在干粮袋里，打完仗后，就读他一遍或者看他一两句，没有味道就放起来，有味道就多看几句，七看八看就看出味道来了。

　　——摘自毛泽东《在中国共产党第七次全国代表大会上的结论》（1945 年 5 月 31 日）

《共产党宣言》既是毛泽东信仰马克思主义的"奠基读物"，也是他终生奋斗的"耀眼航标"，是他一生中读的遍数最多的一部马列经典著作。

《共产党宣言》是马克思主义与国际工人运动相结合的产物，发表于1848年。译成中文，其正文不过2万多字。它的作者，就是人们熟悉的科学社会主义的开山鼻祖马克思和恩格斯。他们撰写这本小册子的时候，一个30岁，一个28岁，都是英气勃勃的小伙子。

这本小册子比较精练地论述了关于生产力决定生产关系、经济基础决定政治和精神等上层建筑、阶级斗争、资产阶级和资本主义的历史地位、无产阶级革命和无产阶级专政、共产主义新社会的建设等马克思主义的基本观点。这些论述，使《共产党宣言》被视为科学社会主义的"出生证"。其论述文采飞扬，激情澎湃，体现了高深与通俗、学者头脑与战士精神的有机结合，感染力很强，非常易于传播，被称为马克思主义的"歌中之歌"，由此很容易成为思想启蒙读物。20世纪30年代翻译过《共产党宣言》的成仿吾，曾说过这样一段话：当时的译本难免不准确，但仅仅是"无产者""阶级斗争"，以及"全世界无产者，联合起来"这样的词句，就给予在黑暗中寻找光明的人们难以估计的力量。

1936年，毛泽东对斯诺说，他1920年读到马克思和恩格斯的《共产党宣言》等书后，"在理论上和在某种程度的行动上，成为一个马克思主义者，而且从此我也自认为是一个马克思主义者了"。他初读的本子，有两种说法：一说是1920年春罗章龙等人翻译的油印本，一说是1920年夏天陈望道翻译的正式出版的本子。此后56年的时间里，毛泽东不知反复读过多少遍，这本书中的精辟论断，他几乎全能背下来。

在延安，毛泽东对曾志说，遇到问题，就翻阅《共产党宣言》。此言不虚。《共产党宣言》不仅是毛泽东"经常读，重点读"的经典，也是他经常向党内领导干部推荐阅读的著作。从1945年到1970年，他先后几次推荐马列经典的阅读书目，或5本，或12本，或30本，每次都有《共产党宣言》。毛泽东晚年在会见柬埔寨国王西哈努克亲王的时候，甚至曾向他推荐《共产党宣言》。

1954年秋天起，毛泽东重新开始学英语，第一个读本就是英文版的《共产党宣言》，从第一页到最后一页，全都密密麻麻地用蝇头小字注得很整齐、很仔细。在这本《共产党宣言》的扉页上，他亲笔写了"Begin at June 18，1956"；在最后一页，又亲笔写了"Ended at 1956.11.19"。就是说，他于1956年6月18日开始读《共产党宣言》英文版，11月19日结束。对这部英文版《共产党宣言》，一直到晚年，毛泽东每重读一遍，就补注一次。

毛泽东读中文本《共产党宣言》更为常态，多种版本长期放在床边和会客室的书架上，以备随时翻阅。他曾经把不同中文版的《共产党宣言》对照起来读，有两本战争年代出版的字小纸旧的本子，还有1963年印制的大字线装本。如今，毛泽东读过的《共产党宣言》，除英文版外，保存下来的中文版有4种：1943年延安解放出版社出版的博古译本，1949年解放出版社根据苏联莫斯科外国文书籍出版局中文版的翻印本，1963年印制的大字线装本，1964年人民出版社出版的版本。

初读《共产党宣言》的时候，毛泽东并不一定能科学全面地把握马克思主义的要义。这本书对毛泽东以及当时的一批先进分子来说，主要是确立信仰的一个入门，是走向马克思主义的一个起点，全面领会和掌握运用马克思主义，要靠此后的实践。

对此，1941年9月毛泽东在《关于农村调查》一文中有过真切回忆："记得我在一九二〇年，第一次看了考茨基著的《阶级斗争》，陈望道翻译的《共产党宣言》，和一个英国人作的《社会主义史》，我才知道人类自有史以来就有阶级斗争，阶级斗争是社会发展的原动力，初步地得到认识问题的方法论。可是这些书上，并没有中国的湖南、湖北，也没有中国的蒋介石和陈独秀。我只取了它四个字：'阶级斗争'，老老实实地来开始研究实际的阶级斗争。"

这段回忆既表明《共产党宣言》对毛泽东初步掌握考察人类社会发展规律的"工具"起到决定性作用，同时也承认这些书并不一定教会他怎样在中国的具体环境中去进行革命。只有在实践中，才能巩固信仰，才能真正领会、掌握和运用马克思主义。

在革命和建设的长期实践中，对《共产党宣言》的基本思想，毛泽东已将其融入理论著述和对现实问题的思考当中。他的著述和讲话，经常引用、化用和阐发《共产党宣言》的一些具体观点，比较频繁的有下面这些。

为了说明财产、资本决定着并束缚着人们的个性人格，毛泽东喜欢引用《共产党宣言》里"在资产阶级社会里，资本具有独立性和个性，而活着的个人却没有独立性和个性"这句话，进而发挥说："在中国的封建制度下，广大人民也没有独立性和个性，原因是他们没有财产。独立性、个性、人格是一个意义的东西，这是财产所有权的产物。"

为了提倡党内民主，澄清党性和个性的关系，毛泽东经常引用《共产党宣言》中"每个人的自由发展是一切人的自由发展的条件"这句话，进而发挥："不能设想每个人不能发展，而社会有发展，同样不能设想我们党有党性，而每个党员没有个性，都是木头，一百二十万党员就是一百二十万块木头。"

在中国，不单是毛泽东，绝大多数早期共产党人，都是通过阅读《共产党宣言》跨进马克思主义的大门的。

李大钊1919年在《新青年》上发表的《我的马克思主义观》，摘译了《共产党宣言》中的句子，这是中国人第一次以一个马克思主义信仰者的身份译出《共产党宣言》的内容。罗章龙、刘仁静等人在北京大学组织"亢慕义斋"，1920年曾翻译油印过《共产党宣言》。

陈独秀1920年离京去上海，便带走一本英文版的《共产党宣言》。陈望道翻译的《共产党宣言》于1920年8月在上海出版，这是中国第一个公开出版的中文全译本。陈望道给北京的鲁迅寄了一本，鲁迅收到书的当天就翻阅了一遍，对周作人说："望道在杭州大闹了一阵之后，这次埋头苦干，把这本书译出来，对中国做了一件好事。"

刘少奇、任弼时、罗亦农、萧劲光等人于1920年夏秋之际，在上海外国语学社学习，学社给每人都发一册《共产党宣言》。刘少奇后来回忆："那时我还没有参加共产党，我在考虑入不入党的问题。当时我把《共产党宣言》看了又看，看了好几遍……从这本书中，我了解共产党是干什么的，是怎样的一个党，我准不准备献身于这个党所从事的事业。经过一段时间的深思熟虑，最后决定参加共产党，同时也准备献身于党的事业。人的命都不要了，其他就好说了。"

对1920年前后留法勤工俭学的青年来说，《共产党宣言》是他们学习和讨论最多的一部马克思主义著作。陈毅、向警予一边学法语一边读《共产党宣言》。蔡和森最早来到法国，为阅读《共产党宣言》补习了四个月的法语，花了五六个月"猛看猛译"，把自己的译稿油印出来给大家看。李维汉回忆，他就是读了蔡和森翻译油印的《共产党宣言》，从此才明白只有走俄国十月革命道路才能达到改造中国和世界的目的。邓小平晚年在南方谈话中曾感慨"我的入门老师是《共产党宣言》"，他大概也是青年时代在法国勤工俭学时读到《共产党宣言》的。

周恩来1922年在欧洲介绍朱德入党时，送给朱德的读物，就是一本从国内传到海外的由陈望道译的《共产党宣言》。周恩来1949年出席第一次文代会时，特地对陈望道说："我们都是你教育出来的。"1975年见到陈望道，周恩来还问："你译的《共产党宣言》的第一版找到了吗？那真是十分珍贵的呵！"

朱德在1976年5月收到成仿吾送给他的一本新翻译的《共产党宣言》，认真对照旧译本重新读了一遍，随后不顾90岁高龄，坐车到中央党校宿舍看望成仿吾，交流读新译本的体会。一个多月以后，朱德就逝世了。

马克思和恩格斯先后为《共产党宣言》写了7个序言。在这些序言中，他们总要谈到《共产党宣言》的基本思想和某些论断，同1848年以后各国工人运动发展实际的关系，并反复强调，对《共产党宣言》阐述的基本原理的实际运用，"随时随地都要以当时的历史条件为转移"。这个观点，毛泽东尤为重视，常引用这句话来强调必须在新的时代条件下发展马克思主义。

1958年1月4日在杭州会议上，他甚至提出："以后翻译的书，没有序言不准出版。初版要有序言，二版修改也要有序言。《共产党宣言》有多少序言？许多十七八世纪的东西，现在如何去看它。这也是理论与中国实际的结合，这是很大的事。"

1965年4月，毛泽东邀请艾思奇等5位理论家到长沙开会讨论，准备为6部马列经典著作各写一篇序言。毛泽东自告奋勇，要亲自为中文版《共产党宣言》写序。可惜这个设想没有实现。否则，他可能会把自己一生阅读和运用这本书的经验和盘托出。

和梁漱溟的一场"思想遭遇战"

中国社会与西洋中古社会不同，这是不对的。要看其经济范畴相同，不能只看中国无中古的教会。

中国社会组织历久不变原因在他又好（妥当调和性）又高——这是不对的。

农业文化当然高于游牧文化。

（中西文化）不是都高，而是资本主义社会高于封建社会。故两者相遇，后者失败，其账已结。只有更高者能胜之。此更高者即是民族民主革命。

所谓失调，就是旧制度不合于新环境。

是民族民主革命。不承认此点一切皆非。此点是从社会是半殖民地半封建社会的估计而来。

弱小民族的解放运动不是革命吗？

——摘自毛泽东1938年1月读梁漱溟《乡村建设理论》的批语

你的著作对中国社会历史的分析有独到的见解，不少认识是对的，但你的主张总的说是走改良主义的路，不是革命的路。改良主义解决不了中国的问题，中国的社会需要彻底的革命。

——摘自毛泽东1938年1月同梁漱溟的谈话

细读梁漱溟的《乡村建设理论》后，毛泽东和梁漱溟进行了一场怎样看待中西方社会文化的异同，以及中国的出路是改良还是革命的"思想遭遇战"。

梁漱溟是中国20世纪30年代立志改造中国的"乡村建设派"的代表人物。1931年初到山东邹平创办"山东乡村建设研究院"，全面实行他的主张。1937年5月由邹平县乡村书店出版的《乡村建设理论》，集中反映了梁漱溟的思想理论。该书又名《中国民族之前途》，分上下两部。上部谈怎样认识中国社会文化，怎样看待近百年来中西方文化的碰撞以及由此引发的中国社会的变化。下部则围绕梁漱溟提出的乡村建设运动的主张，阐述怎样改造中国社会。

1937年底，全国范围内的抗日民族统一战线蓬勃兴起。时任国民党政府国防最高会议参议员的梁漱溟，为深入了解中国共产党的政策，于1938年1月5日至25日赴延安考察访问，并携带他写的《乡村建设理论》，送给毛泽东阅读，以求得对自己主张的理解。

据梁漱溟回忆，他在延安时，毛泽东共会见他8次，除2次是设宴招待和送行的一般应酬外，其余6次会见都在2个小时以上，有2次还是从头天下午6点直到第二天清晨的长谈，其中第二次长谈便是围绕《乡村建设理论》的一些观点展开的。

在1988年4月由湖南人民出版社出版的《梁漱溟问答录》中，对这次长谈有如下记述：

我头一天把自己新出版的几十万字的著作《乡村建设理论》送给他，第二天谈话他已看了这本书，并写了一条条批语。他拿给我看，说这些话是从我的书上摘下来的。……他十分明确地提出，现阶段的中国革命重担已落到中国共产党的身上，当然还有统一战线的扩大，武装斗争的加强，所谓革命的三大法宝吧，他都分析了。其中一个最核心的问题是阶级和阶级斗争，毛泽东是强调这点，很突出它的作用的。

我们发生了争论。我说，中国社会与外国社会不同。在历史上，外国的中古社会，贵族与农民阶级对立鲜明，贵族兼地主，农民即农奴，贫富对立，贵贱悬殊，但中国的中古社会不是这样，贫富贵贱，上下流转相通，有句老话叫："朝为田舍郎，暮登天子堂；将相本无种，男儿当自强。"中国社会贫富贵贱不鲜明、不强烈、不固定，因此阶级分化和对立也就不鲜明、不强烈、不固定。这种情况在中国历史上延续了一二千年。根据这种分析，我又提出了"伦理本位""职业分途"八个大字。所谓"伦理本位"是针对西方人"个人本位"而言的。西方人讲自由、平等、权利，动不动就是有我的自由权，个人的权利放在第一位，借此分庭对抗。但中国不是这样，注重的是义务，而不是权利。父慈子孝，父亲的义务或责任是慈，儿子的义务或责任是孝，还有兄友弟恭，夫妻相敬，亲朋相善，等等，都是"伦理本位"的内容，是指的中国家庭和社会的重要原则，即注重尽义务，每个人都要认识自己的义务是什么，本着自己的义务去尽自己的责任，为家庭，也为社会。所谓"职业分途"，也就是社会分工，你干哪一行，从事哪件工作，就有责任把它做好。人人尽责，做好本行，则社会就能稳定发展。

我讲了许多，毛泽东耐心听着，有时插话。他强调说，中国社会有其特殊性，有自己的传统，自己的文化，这都是对的，但中国社会却同样有着与西方社会共同性的一面。他说我的观点是太看重了中国社会的特殊性的一面，而忽略了共同性即一般性的一面。我则说他是太看重了一般性的一面，而忽略了最基本、最重要的特殊性的一面。两人相持不下，谁也没有说服谁。

在这段回忆中，有关毛泽东的言论，有两点：一是阐述中国社会需要彻底革命和共产党的领导、统一战线、武装斗争这三个革命法宝；二是提出梁漱溟关于中国社会文化的分析只看到其特殊性，即重伦理关系的特征，而忽略了在阶级社会中存在着并渗透到政治经济生活中的阶级关系这一普遍共性。

所幸的是，毛泽东当时读的梁漱溟送给他的那本《乡村建设理论》保存了下来，毛泽东在上面写了1500字左右的批语。在批语中，毛泽东画了不少问号，针对梁漱溟的观点，对中国社会文化及其与西方社会文化关系异同的分析，非常具体。有的是概括梁漱溟著作的论述，有的是表示赞同，也有不少是不同意梁漱溟著作的观点。

毛泽东读此书，大致是在1938年1月12日前后。这可以从这天他写给艾思奇的一封信中得到证明。毛泽东在信中说道："梁漱溟到此，他的《乡村运动理论》有许多怪议论，可去找他谈谈。"这里的《乡村运动理论》，应是《乡村建设理论》。

在毛泽东的批语中，也承认中西方社会文化确有差异，但他不认为生活方式是这种差异的根本所在，而是生产力和生产关系，即要看"经济范畴"，而不是所谓有无"教会"。

关于解决中国问题的出路，是毛泽东与梁漱溟争论的一个大问题。作为乡村建设运动的发起者和领导者，梁漱溟对解决中国问题有自己的一套思路。其中大部分是毛泽东不同意的。

第一，对老中国社会是改良还是革命。梁漱溟在书中提出应走维新的路，即"稍稍变化他自己以求其适应"。具体说来，就是政治制度（实即政权）或不变，或变而不断，采西方之长，求局部变化，"慢慢地求进步"。毛泽东说梁漱溟的思路反映了"统治者、改良者的思想全部"。

第二，怎样认识中国近代以来社会变化的性质。梁漱溟认为近代中国社会变化的性质不是"对外的民族斗争，而是民族自救"，"中国问题根本不是对谁革命，而是改造文化，民族自救"。毛泽东在这两句话旁边连画了三个问号，提出，中国近代社会变化的性质，是"民族民主革命。不承认此点一切皆非"。

第三，关于社会改造的方向。梁漱溟在书中说，"近代资本主义的路今已过时"，又说"俄国的路子的确好，能在国际站得住脚，合乎中国的需要。但只是好不行，必须看他可能与否。大家虽是艳羡俄国的路子（一个五年计划，又一个五年计划），希望他亦能在中国成功；但如果找不出一个如何可能，则希望何益"。对前一种看法，毛泽东是同意的，批注道："不能走资本主义的路。"对后一种看法，毛泽东批注认为梁漱溟对"不可能"没有说明原因。

第四，关于解决中国问题的主要依靠力量。梁漱溟认为主要靠知识分子。毛泽东是反对这种主张的。书中凡是论述这个问题的地方，毛泽东都画了问号，有的还写"=0"，即"等于零"的意思。

据梁漱溟回忆，在他和毛泽东讨论后离开时，毛泽东推荐他读读恩格斯的《家庭、私有制和国家的起源》，看来是希望他多了解一些历史唯物主义的理论，以改变一些认识。

真正让梁漱溟改变改造中国社会观点的，还是新中国成立后进行的大规模土地改革。土地改革实际上就是彻底的民主革命，而不是改良。1950年3月12日，毛泽东约梁漱溟谈话，还一起吃了晚餐。毛泽东对他说："梁先生从前在山东、河南农村搞过乡村建设，你可以去看看那些地方解放后有何变化？故地重返，会有得益的。然后你再去东北老解放区看看，比较比较。"

梁漱溟先后参观了河南、山东等地的农村和东北三省的城市与农村。9月23日，毛泽东再次约梁漱溟谈话，说：你看了北方，还没看到南方，你还可以再到广东看看。随后，梁漱溟参加西南土地改革工作团，到基层了解情况。

1951年9月3日，毛泽东又邀请梁漱溟谈话并共进晚餐，了解他对西南土改和对四川的印象。梁漱溟谈到土改有过火现象，毛泽东作了一些解释。梁漱溟接着说："四川解放不到两年，能出现这样安定的情势，不容易，变化这么快，出乎我意料。解放前我在四川若干年，那是一个很乱很复杂的地方。四川这一局面的取得，首先得推刘伯承、邓小平治下有方，特别是邓小平年轻、能干，所见所闻，印象深刻。"毛泽东说：梁先生看得蛮准，无论政治还是军事，论文论武，邓小平都是一把好手。

看来，梁漱溟对中国共产党选择的中国社会改造途径，是认可了的。而毛泽东几次让他到农村了解土地改革情况，大概也是想让这位过去主张以改良方式搞乡村建设的老朋友，亲身验证一下以革命方式改造中国的实际效果。

两本兵书：大军事战略家的成长助力

（教条主义者说我照《孙子兵法》打仗的那些话）倒激发我把《孙子兵法》看了，还看了克劳塞维茨的，还看了日本的《战斗纲要》，看了刘伯承同志译的《联合兵种》，看了"战斗条例"，还看了一些资产阶级的。总之，激发我来研究一下军事。

——摘自毛泽东1959年4月5日在中共八届七中全会上的讲话

蒙哥马利：我读过你关于军事的著作，写得很好。

毛泽东：我不觉得有什么好。我是从你们那儿学来的。你学过克劳塞维茨，我也学过。他说战争是政治的另一种形式的继续。

蒙哥马利：我也学过成吉思汗，他强调机动性。

毛泽东：你没有看过两千年以前我国的《孙子兵法》吧？里面很有些好东西。

蒙哥马利：是不是提到了更多的军事原则？

毛泽东：一些很好的原则，一共有十三篇。

——摘自毛泽东 1960 年 5 月 27 日同英国元帅蒙哥马利的谈话

毛泽东的军事指挥艺术和战略智慧，主要是靠战争实践积累和升华得来的。但在成长为军事大家的过程中，他究竟读没读过传统兵书和现代军事著述呢？答案是，毛泽东读过，并且下了一些功夫。

春秋末期孙武留下的《孙子兵法》，是世界上公认的现存最古老的军事理论著作，被历代军事家奉为经典。

作为一代军事大家，毛泽东很重视《孙子兵法》这本书。但这里有一桩公案，即毛泽东从事军事实践的初期，是不是读过《孙子兵法》。

事情的起因是，在上海的党中央搬到根据地后，当时"左"倾路线的领导者为了排挤和打击毛泽东，在《革命与战争》等刊物上连篇累牍地发表文章，从理论上对他进行批判，说他"把古代的《三国演义》无条件地当作现代的战术；古时的《孙子兵法》无条件地当作现代战略；更有好些博览的同志，拿半个世纪以前的曾国藩作为兵法之宝"。他们断言："这些不合时代的东西——《孙子兵法》《曾、胡、左治兵格言》，只有让我们的敌人——蒋介石专有。"

1935年1月的遵义会议上，当时的中央政治局委员凯丰还批评毛泽东："你那些东西，并不见得高明，无非是《三国演义》加《孙子兵法》。"毛泽东反问道："你说《孙子兵法》一共有多少篇？第一篇的题目叫什么？请你讲讲。"凯丰答不出来。毛泽东说："你也没看过，你怎么晓得我就熟悉《孙子兵法》呢？"凯丰答不上来，说明他也没看过《孙子兵法》。

对这件事情，毛泽东在20世纪60年代曾讲过多次。比如，1960年12月，毛泽东同部分亲属和身边工作人员谈话时说道：

> 说实在的，我在山上搞了几年，比他们多了点在山上的经验。他们说我"一贯右倾机会主义""狭隘经验主义""枪杆子主义"等等。那时我没有事情做。走路坐在担架上，做什么呢？他抬他的担架，我看我的书。他们又批评我，说我凭着《三国演义》和《孙子兵法》指挥打仗。其实《孙子兵法》当时我并没有看过；《三国演义》我看过几遍，但指挥作战时，谁还记得什么《三国演义》，统统忘了。

毛泽东还说："从那以后，倒是逼着我翻了翻《孙子兵法》。"

"从那以后"，便是红军长征到达陕北以后。1936年10月22日，毛泽东给当时代表中国共产党在西安做统一战线工作的叶剑英和派往东北军做联络工作的刘鼎写信说："买来的军事书多不合用，多是战术技术的，我们要的是战役指挥与战略的，请按此标准选买若干。买一部《孙子兵法》来。"

毛泽东当时读《孙子兵法》等，是为了写那本著名的《中国革命战争的战略问题》小册子，用他的话来说，"那时看这些，是为写论革命战争的战略问题，是为了总结革命战争的经验"。在稍后一系列军事论著中，毛泽东对《孙子兵法》的一些观点的引用，更是得心应手。后来，他曾对斯诺说："我确实读过许多中国古代打仗的书，研究过《孙子兵法》一类的著作。"

当然，从我们所看到的材料来看，毛泽东在长征以前也并不是一点也没有接触过《孙子兵法》，至少在青年时代他是间接读过的。1913年10月至12月他写的课堂笔记《讲堂录》里，便有好几段前人记述和发挥《孙子兵法》的内容。比如，在"孙武子以兵为不得已，以久战多杀非理，以赫赫之功为耻，岂徒谈兵之祖，抑庶几立言君子矣"这段话后面，毛泽东记有："百战百胜，非善之善者也；不战而屈人之兵，善之善者也。故善用兵者，无智名，无勇功。"毛泽东还标明，出自"孙武《谋攻篇》"。

如果说，读《孙子兵法》有助于毛泽东写出《中国革命战争的战略问题》，那么，读克劳塞维茨的《战争论》，则有助于他写出《论持久战》。

毛泽东曾留下一本1938年2、3月间作的读书日记，里面记述，他在3月18日"开始看克劳塞维茨的《战争论》"，第一天便读了55页。有人考证，毛泽东当时读的《战争论》，很可能是柳若水根据马达健之助的日译本转译的横排白话文本，该书由上海辛垦书店1934年5月出版。毛泽东写《论持久战》，正是在这之后的1938年5月。

事实上，早在1937年12月28日给郭化若的信中，毛泽东就提到要"搜集研究"克劳塞维茨的《战争论》等中外战略书籍，希望"把军事理论问题弄出个头绪来"。

在写完《论持久战》以后，毛泽东仍然注意阅读克劳塞维茨的军事著作。1938年9月间，毛泽东约了十来个人，在他所住的窑洞里开哲学座谈会，每周一次，参加的有许光达、陈伯钧、郭化若，后来又有萧劲光、萧克等将军，文化人有何思敬、艾思奇、任白戈、徐懋庸等。在这期间的座谈会上，毛泽东专门请何思敬讲克劳塞维茨的《战争论》的内容。何思敬因为懂德文，照着本子随译随讲。毛泽东听得很认真，拿一支红铅笔在一个本子上不时记录。

当时参加这个学习小组的莫文骅的回忆更具体，他说：

仅我参加过的就有他（毛泽东）先后组织的克劳塞维茨《战争论》研究会和哲学问题研究会。采取的方式是每周讨论一次，晚上七八点钟开始，讨论到深夜十一二点钟。八路军留守兵团司令员萧劲光和我（留守兵团政治部主任）被吸收参加了。《战争论》的学习讨论采用边读边议的方法，当时只有一本书，是国民党陆军大学出版的文言文译本，译文又很粗劣，读起来很不好懂。后来由何思敬同志直接从德文原版译出来，译一章介绍研究一章，并发了讲义。记得当时讨论得最多最热烈的是集中兵力问题。毛泽东同志说："克劳塞维茨的作战指挥实践不多，但集中兵力问题讲得好。拿破仑用兵重要的一条也是集中兵力。我们以少胜多也是在战术上集中比敌人多五倍到十倍的兵力。当然，这里也有个政治问题。我们是正义战争，得到人民群众的拥护和支援。凡是非正义战争就不得不分兵把口。"他还用秦始皇先后派李信和王翦领兵灭楚一败一胜的故事，来说明这个问题。

从这个回忆可知，毛泽东很重视克劳塞维茨在《战争论》中有关集中兵力的论述。在《论持久战》中，毛泽东还着意发挥了《战争论》中的另外两个观点：一个是"战争是政治的继续"；另一个是战争的目的不是别的，就是"保存自己，消灭敌人"。

看来，毛泽东在延安写出大量的军事理论论著，并不是偶然的。除了土地革命战争正反两方面的经验积累，也与他下功夫研读古今中外的军事论著有关。

纪律是铁，上了列宁的书

你看了以前送的那一本书（指列宁的《社会民主党在民主革命中的两个策略》，简称《两个策略》），叫做知其一而不知其二；你看了《"左派"幼稚病》才会知道"左"与右同样有危害性。

——摘自毛泽东1933年致彭德怀的信

请同志们看此书的第二章，使同志们懂得，必须消灭现在我们工作中的某些严重的无纪律状态或无政府状态。

——摘自毛泽东1948年4月21日在列宁《共产主义运动中的"左派"幼稚病》一书封面上的批语

《共产主义运动中的"左派"幼稚病》（简称《"左派"幼稚病》），是列宁著述中，对毛泽东领导中国革命实践影响最大的一本书。

1920年，为批判国际共产主义运动中的"左"倾思潮，列宁撰写了《"左派"幼稚病》。1927年，上海的浦江书店出版了吴凉翻译的中译本，1930年上海社会科学研究社重印。

共产国际（第三国际）成立初期，一些年轻的共产党组织出现了"左"倾机会主义，以极左的面目闹独立，表现出严重的无政府主义倾向。列宁称其为"'左派'幼稚病"。为克服这股"左"倾思潮，把他们引上无产阶级革命正确轨道，列宁在批判右倾倾向的同时，写了《"左派"幼稚病》。

《"左派"幼稚病》是毛泽东读得最多、下功夫最大的列宁著作。

毛泽东最早读到这本书，是1932年领导红军打下福建漳州的时候。此前，毛泽东在领导创建中央苏区的过程中，实行的一些政策，常常受到党内"左"倾教条主义的质疑。由于在农村山沟里，找不到马列著作来读，以获得理论上的说明，毛泽东感到很苦恼。打下漳州后，他专门到一所中学的图书馆里，挑了一大批书带回苏区，其中便有《"左派"幼稚病》。

当时，党内"左"倾教条主义占统治地位。其主要错误是：否认中国半殖民地半封建社会的性质，混淆民主革命和社会主义革命的界限，企图一举夺得社会主义革命的胜利；主张"一切斗争，否认联合"，把所有中间势力都当成"最危险的敌人"；推行"城市中心论"，主张红军夺取中心城市；在组织上，推行宗派主义和惩办主义，对于不同意他们"左"倾观点的干部，进行残酷斗争，无情打击；在军事上，推行冒险主义。这些做法，与共产国际成立初期"左派"们的"幼稚病"相似。所以，毛泽东研读《"左派"幼稚病》，得出的结论是："左"倾同右倾一样，严重危害着革命事业。

为了和其他人分享自己的读书收获，毛泽东把这本书推荐给党内的其他同志。彭德怀后来在其自述中回忆说，他接到毛泽东先后寄来的《两个策略》和《"左派"幼稚病》后，是认真读了的。他说："前一本我在当时还不易看懂，后一本比较易看懂些。这两本书，一直带到陕北吴起镇，我随主席先去甘泉十五军团处，某同志清文件时把它烧掉了，我当时真痛惜不已。"

此后，毛泽东一直十分重视党内的反倾向斗争。在延安时期，为了总结前一段中国革命的经验，并从理论上弄清王明"左"倾教条主义的错误，他又多次读了《"左派"幼稚病》，并把书中列宁论述党的纪律的内容，列为延安整风运动中学习的主要文件之一。

1942年4月20日，毛泽东在关于整顿三风的报告中，专门谈道："身为党员，铁的纪律就非执行不可。孙行者头上套的箍是金的，列宁论共产党的纪律说纪律是铁的，比孙行者的金箍还厉害，还硬，这是上了书的，《共产主义运动中的"左派"幼稚病》上就有。"

1945年，在中共七大上作报告时，毛泽东向全党推荐五本马列经典，其中就有列宁的两本。他说："一本是《在民主革命中社会民主党的两个策略》，一本是《共产主义运动中的"左派"幼稚病》。列宁这两本书写得很好。"

1948年初，人民解放战争形势出现重大转变，我方逐步占据优势。解放区日益扩大，占领的城市越来越多，中国共产党领导的范围越来越大，遇到的新问题越来越多，越来越需要加强中央和各大战略区的密切联系，以沟通情况，及时化解新问题。毛泽东由此提出"加强纪律性，革命无不胜"这个口号。但此时党内出现了不同程度的各行其是状态。比如，在党中央明确建立报告制度后，东北局没有按中央要求定期向中央汇报各方面工作的进展情况，毛泽东两次发电报询问，结果只收到一个简单答复，引起毛泽东很大不满，发电批评说这是"敷衍态度"，认为"存在着一种无纪律思想"。正是在这种背景下，毛泽东1948年4月重读《"左派"幼稚病》第二章"布尔什维克成功的基本条件之一"，并在书的封面上写了前面引述的第二段批语"请同志们看此书的第二章……"。

这年6月，中共中央宣传部根据毛泽东的建议，重印了列宁的《"左派"幼稚病》的第二章，并于1948年6月1日印发了《中共中央宣传部关于重印〈共产主义运动中的"左派"幼稚病〉第二章前言》（简称《前言》）。

《前言》号召全党干部认真学习和研究《"左派"幼稚病》第二章，指出，如果领导中国革命的中国共产党没有极严格的真正铁的纪律，并取得最广大人民群众最忠诚、全心全意的拥护，那么我们就将不能取得全国革命的胜利，而且不能保持自己的胜利。《前言》还说：现在的情况已经有很大改变，在过去曾经是正确的高度发展地方自治权的方针，现在已不完全适用。全国的革命形势，要求全党全军政治上、军事上和经济上政策完全统一，要将一切可能统一的和必须统一的权力统一于中央的领导之下。

薄一波在一篇回忆文章中说，毛泽东在延安读列宁的《"左派"幼稚病》读了几十遍。解放战争时期，毛泽东也多次重读了这部著作。在以后的岁月中，直到他晚年，还多次阅读列宁的这部著作。

　　毛泽东后来读这部书，注意力更宽了。

　　1949年6月，他在发表的《论人民民主专政》里说："列宁在一九二○年在《共产主义运动中的"左派"幼稚病》一书中，描写过俄国人寻找革命理论的经过。俄国人曾经在几十个年头内，经历艰难困苦，方才找到了马克思主义。中国有许多事情和十月革命以前的俄国相同，或者近似。封建主义的压迫，这是相同的。经济和文化落后，这是近似的。两个国家都落后，中国则更落后。先进的人们，为了使国家复兴，不惜艰苦奋斗，寻找革命真理，这是相同的。"

　　1956年4月，毛泽东在《共产党人对错误必须采取分析的态度》中说道：好的领导者不在于不犯错误，而在于认真地对待错误。完全不犯错误的人在世界上是从来没有的。随即引用《"左派"幼稚病》里的话："公开承认错误，揭露错误的原因，分析产生错误的环境，仔细讨论改正错误的方法——这才是郑重的党的标志，这才是党执行自己的义务，这才是教育和训练阶级，以至于群众。"然后发挥说："苏联共产党遵循列宁的遗教，现在正在认真地对待斯大林在领导社会主义建设中所犯的某些性质严重的错误及其所遗留的后果。由于其后果的严重性，所以苏联共产党有必要在肯定斯大林的伟大功绩的同时，又尖锐地揭露斯大林所犯的错误的实质，号召全党以此为戒，坚决地消除这种错误所造成的不良后果。"

读《政治经济学（教科书）》：
我国生产力的发展，才刚刚开始

有鉴于去年许多领导同志，县、社干部，对于社会主义经济问题还不大了解，不懂得经济发展规律，有鉴于现在工作中还有事务主义，所以应当好好读书。八月份用一个月的时间来读书，或者实行干部轮训。不规定范围，大家不会读。中央、省、市、地委一级委员，包括县委书记，要读苏联《政治经济学（教科书）》（第三版）。时间三至六个月，或一年。

——摘自毛泽东1959年7月2日在庐山会议上的讲话

写出一本社会主义共产主义政治经济学教科书，现在说来，还是一件困难的事情。有英国这样一个资本主义发展成熟的典型，马克思才能写出《资本论》。社会主义社会的历史，至今还不过四十多年，社会主义社会的发展还不成熟，离共产主义的高级阶段还很远。现在就要写出一本成熟的社会主义共产主义政治经济学教科书，还受到社会实践的一定限制。

　　社会主义政治经济学教科书，究竟怎样写才好？从什么地方开始写起？这个问题很值得研究。

　　——摘自毛泽东1959年12月至1960年2月读苏联《政治经济学（教科书）》的谈话

苏联人写的《政治经济学（教科书）》，是毛泽东在新中国成立后，唯一专门组织读书小组逐段阅读的一部书。他对该书的大量评论，体现了对中国社会主义建设经验和规律的初步总结。

《政治经济学（教科书）》由苏联科学院经济研究所的人员集体编写，1954年8月初版，后来几次修订，成为20世纪五六十年代社会主义政治经济学的权威著作。毛泽东阅读的是该书修订第三版的中文本，由人民出版社1959年1月出版。

对这本书，毛泽东早在1954年就注意到了。《人民日报》在1954年11月13日和14日连载了《政治经济学（教科书）》第二十二章"从资本主义到社会主义的过渡时期的基本特点"。毛泽东11月18日便致信刘少奇、周恩来等人，向他们推荐这章译文。

最终引发毛泽东细读此书的原因，是1958年"大跃进"和人民公社化运动中出现的"高指标""瞎指挥""浮夸风""共产风"的严重错误。当时，许多地方出现了否定商品生产、价值规律、按劳分配和急于向全民所有制过渡的倾向。11月上旬，毛泽东主持召开了第一次郑州会议，开始对当时已经认识到的错误着手纠正。

为帮助各级干部更多地了解社会主义经济建设规律，会议期间，毛泽东给县以上各级党委写了一封《关于读书的建议》的信，里面说："可以读一本，就是苏联同志编的那本《政治经济学（教科书）》。"毛泽东在会上讲道："讲社会主义政治经济学的，除了斯大林的《苏联社会主义经济问题》和这本《政治经济学（教科书）》，成系统的东西还没有。"

在1958年11月下旬召开的武昌会议期间，毛泽东看到了由中国科学院经济研究所整理的《苏联政治经济学（教科书）第三版的重要修改和补充》的材料，他批示将这个材料印成会议文件发给与会同志。11月21日，他在讲话中说：苏联《政治经济学（教科书）》第三版的要点，你们看一下。我们这些人，包括我在内，社会主义经济规律是什么东西，过去是不管它的；现在我们真正搞起来了，全国也议论纷纷，斯大林的书，我们要看一下，《政治经济学（教科书）》也要看，每人发一本，把社会主义部分看一遍。

1959年7月2日，毛泽东在庐山会议开幕的讲话中，把读苏联《政治经济学（教科书）》列为庐山会议要讨论的18个问题之首。他说："设法给县、社党委每年有一个系统思考问题的时间。我们提倡读书，使这些同志不要像热锅上的蚂蚁，整年整月陷入事务主义，搞得很忙乱，要使他们有时间想想问题。现在这些人都是热锅上的蚂蚁，要把他们拿出来冷一下。去年有了一年的实践，再读书会更好些。学习苏联，要读《政治经济学（教科书）》，教科书有缺点，但比较完整。"1960年1月，在上海中央工作会议讨论国民经济计划时，毛泽东再次号召领导干部学习苏联《政治经济学（教科书）》，他说：我有一个建议，中央各部门的党组，各省、市、自治区党委，应组织起来读《政治经济学（教科书）》，先读下半部（社会主义部分）。现在1月差不多还有半个月，还有2月、3月、4月，以第一书记挂帅，组织个读书小组，把它读一遍；至于上半部（资本主义部分），也要定个期限；今年主要精力恐怕是读经济学；国庆节以前，把苏联《政治经济学（教科书）》读完，读的方法是用批判的方法，不是用教条主义的方法。

毛泽东身体力行，率先垂范。1959年12月，他来到杭州，住进一个叫汪庄的别墅，还带来一个陪他读《政治经济学（教科书）》的班子，包括陈伯达、胡绳、田家英、邓力群等。每日下午3点左右，毛泽东同读书班子逐段阅读和讨论。

毛泽东当年的秘书林克，也参加了这一读书活动。根据林克日记所载，毛泽东于1959年12月10日在杭州开始读这本书，进度是每天边读边议10页左右，少则5页，多则19页，除星期天休息外，从未间断。到1960年2月9日，在广州读完全书。用这么长的时间集中读一本书，对书中的重要论述几乎都有所评论，这在毛泽东的读书生涯中，是仅见的。

参加读书的邓力群负责记录毛泽东的谈话。保存下来的有两个本子，一个是《读〈政治经济学〉下册的笔记》，一个是《读苏联〈政治经济学〉社会主义部分的谈话记录稿》。前者将毛泽东的谈话按问题做了归纳，加了小标题。后者按苏联《政治经济学（教科书）》的顺序，以边读边议的形式，记录了毛泽东的谈话。原中央文献研究室编选的《毛泽东文集》第八卷，从前者节选了4万多字的谈话记录，分为4个部分：关于世界观和方法论，关于民主革命和社会主义革命，关于社会主义建设，关于政治经济学的一些问题。《毛泽东年谱（1949—1976）》第四卷，则按阅读日期，从后者收录了不少。

正是在毛泽东的影响下，刘少奇、周恩来等中央领导人纷纷组织读书小组，阅读苏联《政治经济学（教科书）》，他们在阅读讨论中的谈话或笔记，都有留存。

事实上，毛泽东对这本《政治经济学（教科书）》的评价并不高。原因有两个：一是觉得它的"写法不好，不从生产力和生产关系的矛盾、经济基础和上层建筑的矛盾出发，来研究问题，不从历史的叙述和分析开始自然得出结论，而是从规律出发，进行演绎"；二是觉得"教科书的写法，不是高屋建瓴，势如破竹，没有说服力，没有吸引力，读起来没有兴趣，一看就可以知道是一些只写文章、没有实际经验的书生写的。这本书说的是书生的话，不是革命家的话"。

但他为什么要花功夫阅读该书，并且号召全党领导干部阅读呢？原因很明显：一是"搞出了一本社会主义政治经济学，总是一个大功劳，不管里面有多少问题"；二是当时中国最需要总结和认识社会主义经济建设的经验和规律。

读苏联《政治经济学（教科书）》，对当时纠正"大跃进"运动中出现的错误，重视经济建设的客观规律，确实起到了一定的作用。毛泽东在读书过程中发表的重要谈话，反映了他在社会主义经济建设问题上的艰苦探索，包含了丰富的内容，其中既有对马克思主义经济理论的创造性发挥，也有对中国社会主义经济建设经验与教训的反思与总结。

从大的思路上讲，他的谈话体现出来的阅读收获有：马克思主义老祖宗的书必须读，但单靠老祖宗不行，任何国家的共产党都要创造新的理论为现实服务；政治经济学不能不接触生产力；中国的社会主义改造创造了许多新的经验；社会主义可以分为两个阶段，第一个阶段是不发达的社会主义，第二个阶段是比较发达的社会主义，后一阶段可能比前一阶段需要更长的时间；所有制问题基本解决以后，最重要的是管理问题，是人与人的关系，包括劳动中的人与人的关系；1959年以前，我们所做的事情主要是干革命，是要为生产力的发展扫清道路；我国社会主义生产力的发展，实际上才刚刚开始；什么叫建成社会主义，这个问题很有文章可做，建成社会主义不要讲得太早；搞建设也要忍耐，不要希望早胜利；我们还没有掌握经济运行的客观法则，从必然王国到自由王国是一个长时间的过程；等等。

毛泽东在阅读评论中，提出1959年以前，主要是干革命，是为生产力的发展扫清道路。这个观点，他在当时多次强调。1958年9月8日，毛泽东在最高国务会议上讲话时指出："搞了八九年了，实际上我们这些人没有抓工业，重点不放在这里，放在革命上了，搞什么土地改革、镇压反革命、抗美援朝、三反五反、整风反右、公私合营、合作化，这都是属于革命范畴，忙那些事情忙得要死。现在我们要转过方向。人有两只手，一手抓农业，一手抓工业……"1959年7月10日，毛泽东在庐山会议上又一次谈道："党的领导干部真正搞经济工作，搞建设，还是从去年北戴河会议以后。"

这些讲话，反映毛泽东当时确实准备把党的工作重点转到经济建设和发展生产力方面去，并对未来充满希望，所以他说："我国社会主义生产力的发展，实际上才刚刚开始。"

毛泽东在新中国成立后，开始思索和研究社会主义发展阶段问题。马克思、恩格斯虽然将共产主义划分为两个阶段，但没有再将社会主义划分为若干阶段。列宁提出在社会主义社会也将经历"初级形式的社会主义"和"发达的社会主义"这样不同的阶段。毛泽东在阅读谈话中发表了与列宁相同的看法，认为社会主义这个阶段可再划分为两个阶段，第一个阶段是不发达的社会主义，第二个阶段是比较发达的社会主义。

"不发达的社会主义阶段"，正是今天中国确认的社会主义初级阶段的认识起点。

读《苏联社会主义经济问题》：探索我国经济建设规律

同志们：

此信送给中央、省市自治区、地、县这四级党的委员会委员同志们。

不为别的，单为一件事：向同志们建议读两本书。一本，斯大林著《苏联社会主义经济问题》；一本，《马恩列斯论共产主义社会》。每人每本用心读三遍，随读随想，加以分析，哪些是正确的（我以为这是主要的）；哪些说得不正确，或者不大正确，或者模糊影响，作者对于所要说的问题，在某些点上，自己并不甚清楚。读时，三五个人为一组，逐章逐节加以讨论，有两至三个月，也就可能读通了。要联系中国社会主义经济革命和经济建设去读这两本书，使自己获得一个清醒的头脑，以利指导我们伟大的经济工作。现在很多人有一大堆混乱思想，读这两本书就有可能给以澄清。有些号称马克思主义经济学家的同志，在最近几个月内，就是如此。……读这类书最有兴趣，同志们觉得如何呢？

——摘自毛泽东1958年11月9日致中央、省市自治区、地、县四级党委委员的信

第一次郑州会议，我就在那里讲了斯大林的那一章。什么叫按劳分配？什么叫等价交换？原则赞成，实际反对。斯大林那本《苏联社会主义经济问题》，我最近又看了三章。现在讲社会主义经济学，就是斯大林这本小册子。他讲客观规律，第一章就讲客观真理。他把社会科学的这种真理，同自然科学的客观真理并提，你违反了它，就一定要受惩罚。

——摘自毛泽东1961年6月12日在中央工作会议上的讲话

毛泽东不怎么喜欢斯大林的著作，说他总是居高临下教训人，但对其《苏联社会主义经济问题》则基本肯定，在阅读中主要是看重书中对商品经济、价值法则以及一些具体的经济建设客观规律的论述。

《苏联社会主义经济问题》是斯大林晚年著的一本小册子，主要由写于1952年2月至9月的几封讨论经济问题的信组成。该书总结了苏联30多年的社会主义建设经验，提出一些重要观点，对苏联和当时其他社会主义国家的经济理论和经济实践曾产生过重要影响。

毛泽东细读并推荐《苏联社会主义经济问题》的原因，和他读苏联《政治经济学（教科书）》一样，都是为了纠正"大跃进"中犯的违背经济规律的错误。在1958年11月9日召开第一次郑州会议期间，毛泽东给各级党的干部写了前面引述的那封信，郑重建议读斯大林的《苏联社会主义经济问题》。

1952年11月，《苏联社会主义经济问题》中译本出版，毛泽东立刻找来读了，并在封面上用铅笔画了一个大圈，表示已读一遍。随即，他提出将该书作为在京高级干部的学习材料。12月10日，他又在中宣部关于在京高级干部学习《苏联社会主义经济问题》的报告上批示："在报上发布学习总结性的新闻报道。"毛泽东从20世纪50年代到60年代初究竟读了几遍《苏联社会主义经济问题》，无法确证。但可以肯定的是，仅1958年他便3次阅读该书。他的批注和圈画，保留下来的有4种本子。有关批注和谈话，已分别收入《建国以来毛泽东文稿》和《毛泽东文集》。

新中国成立后的几年间，由于我们搞经济建设没有经验，不得不照搬照抄苏联的一些做法。对于这种"抄"，毛泽东认为"是必要的"，但是"总觉得不满意，心情不舒畅"。1956年，苏共二十大揭露出苏联经济工作的错误，我国照搬苏联经验的许多弊病也明显暴露出来，毛泽东便明确提出探索适合中国情况的社会主义建设道路。于是，他在1956年4月4日的中央书记处会议上，专门讲到，"斯大林的《苏联社会主义经济问题》，也是第一本总结社会主义建设经验的书，还是应该读的"，在读的时候，"大家要动脑筋，多想想建设社会主义的实践中的问题，要按实际情况办事，不受苏联已有的做法束缚"。

怎样才算是"动脑筋"阅读呢？就是用分析的态度来读这本书，分清哪些是正确的，哪些是不正确的或不大正确的，哪些是模糊的、不太清楚的。在阅读谈话和批注中，毛泽东提出：把书中的"'我国'（指苏联——引者注）两字改为'中国'来读，就十分有味道"。又说，斯大林这本书的不足是：第一章讲掌握规律，但怎样掌握规律没有提出；斯大林说生产资料不是商品，值得研究；这本书从头到尾没有讲到上层建筑，没有考虑到人；基本错误是不相信农民；计划经济有话没有说完；工农业关系、轻工业和重工业的关系没有讲清楚；对于轻工业、农业不够重视；等等。

1958年以后，毛泽东又是怎样把自己的阅读体会传达给党内领导干部的呢？

就在写信给党内四级干部劝读《苏联社会主义经济问题》那天，毛泽东在第一次郑州会议上，开始做阅读辅导报告。他说："斯大林的《苏联社会主义经济问题》一书，要再看一遍。……过去看，不感兴趣，现在不同了。这三章中有许多值得注意的东西，也有一些写得不妥当，再有一些他自己也没有搞清楚。""第二章、第三章，讲商品和价值法则，你们有什么看法？我相当赞成其中的许多观点，把这些问题讲清楚很有必要。斯大林认为在苏联生产资料不是商品。在我们国家就不同，生产资料又是商品又不是商品，有一部分生产资料是商品，我们把农业机械卖给合作社。""现在要利用商品生产、商品交换和价值法则，作为有用的工具，为社会主义服务。"

毛泽东还在这本书中的相关段落旁边批注："我们是否研究了、掌握了、学会熟练地应用了这个客观法则？我们的计划是否完全反映了这个客观法则？"

在这以后，毛泽东继续荐读这本书，要求一如此前。在1958年12月召开的中共八届六中全会上，他要大家"拿出几个月时间"读《苏联社会主义经济问题》，"为了我们的事业和当前的工作来研究政治经济学"。

在1961年6月8日召开的中共中央政治局常委扩大会议上，毛泽东谈到搞社会主义建设不能急，对社会主义的认识是一个长期的过程，他恳切地说：

我这话一直讲他几年，你们做好思想准备，听厌了，我就不讲了。要重读斯大林的《苏联社会主义经济问题》，这本书写得比较好，是对苏联社会主义建设三十五年的总结。我们才十一年，写不出政治经济学来。这本书里，斯大林讲了两个经济法则：一是生产关系一定要适合生产力性质；一是国民经济有计划按比例发展的必然性。

毛泽东在阅读此书时，着重考虑的是社会主义建设的道路问题和商品经济问题，这也是当时的经济实践和已经走过的路程提出的基本问题。如农、轻、重的关系问题，"两条腿"走路问题，集体所有制向全民所有制过渡的问题等，就是他在阅读这本书时比较重视的一些问题。其中，商品生产和价值规律，是毛泽东最为关注、批注最多的问题。由于当时存在着一股否定商品生产，把它与资本主义等同的思潮，且这又是一个关乎社会主义盛衰的重要理论和实践问题，关系到人民群众特别是广大农民的切身利益的问题，因此，毛泽东对这个问题思考较多，提出了一些有价值的观点。

《毛泽东文集》第七卷收入了毛泽东读《苏联社会主义经济问题》的两次谈话，题目叫《关于社会主义商品生产问题》。文章说："每个公社在生产粮食以外还要发展能卖钱的东西，发展社会主义的商品生产和商品交换。必须肯定社会主义的商品生产和商品交换还有积极作用。""现在，我们有些人大有要消灭商品生产之势。他们向往共产主义，一提商品生产就发愁，觉得这是资本主义的东西，没有分清社会主义商品生产和资本主义商品生产的区别，不懂得在社会主义条件下利用商品生产的作用的重要性。这是不承认客观法则的表现，是不认识五亿农民的问题。""商品生产不能与资本主义混为一谈。为什么怕商品生产？无非是怕资本主义。""为什么还怕呢？不能孤立地看商品生产……商品生产，要看它是同什么经济制度相联系，同资本主义制度相联系就是资本主义的商品生产，同社会主义制度相联系就是社会主义的商品生产。"

最后一句话，看起来是不是有些熟悉？20世纪90年代初，中国确立社会主义市场经济体制的改革目标，不也是这样说的吗？市场经济可以为资本主义服务，也可以为社会主义服务；同社会主义制度相联系，就是社会主义市场经济，同资本主义制度相联系，就是资本主义市场经济。

在读《苏联社会主义经济问题》的过程中，毛泽东还提出，"很有必要写出一部中国资本主义发展史"。当时提议研究中国资本主义发展史，多少是想了解近代以来中国经济的发展历程和规律，进而为探索中国社会主义经济规律提供历史认识的基础。根据毛泽东的这个建议，周恩来不久即在广东从化组织的读书小组会议上，布置了编写《中国资本主义发展史》的任务，交由经济学家许涤新负责。由于后来受"文化大革命"干扰，该书一直到1978年后才陆续出版。

阅读国际材料可以把握国际局势

这三个材料都是关于杜勒斯讲对社会主义国家和平演变问题的……

和平转变谁呢？就是要转变我们这些国家，搞颠覆活动，内容转到合乎他的那个思想。……就是说，它那个秩序要维持，不要动，要动我们，用和平转变，腐蚀我们。

——摘自毛泽东 1959 年 11 月 12 日在杭州召开的一次会议上的讲话

少奇、恩来、小平三同志阅。很有意思，必读之书。

——摘自毛泽东 1960 年 6 月 21 日读蒙哥马利《一种清醒的作法》的批语

泰勒在朝鲜和我们打过仗，他写的《音调不定的号角》，大家有机会最好看看。在这本书里，他批评杜鲁门和艾森豪威尔过去不重视常规武器战争。他认为，又要打原子战争，又要打常规战争，叫喊打原子战争，但又不打，这就叫做音调不定。

——摘自毛泽东1963年7月会见古巴访华代表团的谈话

从20世纪50年代后期开始，毛泽东阅读并在各种场合谈论西方政要的著述多了起来。这应该与他更多地关注东西方冷战格局，开始考虑调整中国的国际战略有关。他关注和研读杜勒斯的《对远东的政策》、蒙哥马利的《一种清醒的作法》、泰勒的《音调不定的号角》，便是其战略思维的一个缩影。

二战结束不久，便形成东西方对峙的冷战格局。美国政界人士发表了大量有关和平演变战略的言论。20世纪50年代末期，新华社编发的《参考资料》上，陆续刊载的美国国务卿杜勒斯的有关言论，引起毛泽东的高度重视。1958年11月30日，他在对各协作区主任的一次谈话中说："杜勒斯比较有章程，是美国掌舵的。这个人是个想问题的人，要看他的讲话，一个字一个字地看，要翻英文字典。杜勒斯是真正掌舵的，省委要指定专人看《参考资料》。"

1959年11月，毛泽东在杭州召开了一次小范围的会议，讨论当时的国际形势。在开会之前，他要当时他的国际问题秘书林克找出杜勒斯关于和平演变的一些讲话给他看。林克选了三篇杜勒斯的有关讲话送给他。这三篇讲话是：1958年12月4日杜勒斯在加利福尼亚州商会上发表的题为《对远东的政策》的演说；1959年1月28日杜勒斯在美国众议院外交委员会的一次秘密会议上提出的证词；1959年1月31日杜勒斯在纽约州律师协会授奖宴会上发表的题为《法律在和平事业中的作用》的演说。

林克回忆说：毛泽东以前看过这些讲话和其他一些材料，这次他又重新看了这几篇讲话。他和林克谈了他对这几篇讲话的看法，随后让林克根据他的谈话内容，在杜勒斯的每篇讲话前拟一个批注送给他，指示将批注连同杜勒斯三篇讲话的全文印发给与会同志。毛泽东的讲话和批注，指明杜勒斯和平转变战略的实质为"利用渗透、腐蚀、颠覆"种种手段，促进"我们内部起变化""转到合乎他的那个思想"。

毛泽东当时研读杜勒斯有关和平演变的言论，大致有这样一些原因：东西方冷战逐步走向高潮，从综合实力来讲，西方处于优势，因而也处于攻势，便想出各种方法来对付东方。在这种情况下，社会主义国家必然面临一个怎样应付西方的挑战的问题。尤其是中国面对的挑战不少，当时国际上还出现了一股不小的反华浪潮。故毛泽东敏感地注意到西方策略，并着意考虑中国社会主义的前途，关注西方对社会主义国家所采取的策略。这就孕育了毛泽东后来提出并特别重视防止和平演变的思想。

《一种清醒的作法》又是一本什么样的书呢？

1959年东西方外长会议期间，蒙哥马利在牛津大学作了两次演讲，并在伦敦《星期日泰晤士报》连续发表文章，鼓吹西方应采取"和平取胜"的新策略，逐步同苏联达成协议，通过所谓"自己活也让别人活"的方式，"使苏联变成基督教世界的一部分"，最后战胜共产主义；提出未来的斗争将是政治和经济的斗争，更是意识形态和争取人心的斗争，强调应通过谈判缓和东西方之间的紧张局势；提出争取一个"友好的中国"是西方两大政治目标之一；等等。后来他把这些文章和演讲汇集成书，就是《一种清醒的作法》。

世界知识出版社于1960年3月出版了这本书的中译本作为内部读物。毛泽东用红铅笔在这本书的封面上，写下"很有意思，必读之书"的批语，并把这本书推荐给其他中央主要领导人阅读。毛泽东阅读过的这本书，连同其他一些阅批过的书，一直放在他身边。毛泽东阅读这本书，对认识了解西方集团和平演变的策略，以及西方世界的内部矛盾的情形，对认识了解蒙哥马利等西方政界、军界要人的政治、军事观点等都不无益处。

毛泽东的批语是1960年6月21日写的。此前，即1960年5月，蒙哥马利元帅来中国访问。5月27日，毛泽东在上海接见了蒙哥马利，比较深入地讨论了一些国际问题。

1961年9月23日，蒙哥马利第二次来中国访问，毛泽东又在武汉和他两次见面。第一次见面，毛泽东称赞这位英国前元帅："我看得出你很开明。"这是毛泽东对西方将领的第一次夸奖。第二次见面，双方谈得更为深入，毛泽东对蒙哥马利的一些观点很感兴趣。蒙哥马利也确实是一位开明的人，他曾很肯定地说过："在一定年限内，中国将成为拥有超过十亿人口的巨大力量的强大国家。"

在东西方冷战格局不断加剧的情况下，毛泽东很关注美苏两国的国际战略，关注它们在军事战略上的一些思考和决策，并分析建言者和决策的背景。他重视《音调不定的号角》一书，即为一例。

《音调不定的号角》（又名《不定音的号角》）的作者马克斯韦尔·泰勒，担任过远东美军总司令、陆军参谋长、肯尼迪总统军事顾问、驻越南大使、约翰逊总统特别顾问等职，该书是他20世纪60年代写的一部军事著作。在书中，泰勒建议美国政府用灵活反应战略代替大规模报复战略。他认为，大规模报复政策只有在苏联尚未拥有可与美国媲美的核力量时才是合适的。当苏联的核实力已达到与美国相对均势时，大规模报复战略就成了一个障碍，因为它使常规部队像欧洲的北约部队那样沦为引发核大战的导火索。泰勒认为，除非美国愿意对敌人发动大规模袭击并承受由此而招来的反击，否则大规模报复战略就意味着我们不能介入苏联可能煽起的任何有限战争。

泰勒在书中还提出限定并削减美国轰炸机和导弹力量的建议。削减后的这些力量仍将足以提供核威慑力量——极为重要的"空中原子"盾牌。陆军、海军常规部队可以在这种盾牌的保护下去应付有限战争。因此，泰勒建议，用灵活反应战略来代替大规模报复战略。他的这一战略主张为肯尼迪政府所采纳。

1965年1月9日，毛泽东在同斯诺谈话时，谈到读泰勒《音调不定的号角》的体会：

现在我们也研究美国的军事著作。美国驻南越大使、前参谋长联席会议主席泰勒写了一本书，叫《不定音的号角》。看他那本书的意思，他是不大赞成核武器的。他说，在朝鲜战争中没用过，在中国解放战争中没用过，他怀疑以后的战争能够用这种东西制胜。他要争陆军的人数和用费，但是同时说也要造核武器，二者平行发展。他说陆军是需要的，要保持八十至九十万人。陆军要坚持陆军的人数，空军要多搞飞机、多搞核武器，海军有海军的主张。他代表陆军，要争取陆军的优先权。现在他又得到在南越实验的机会。他是去年六月去南越的，还不到一年，不如在朝鲜呆（待）得久。他会取得经验的。我已经看到美国军队怎么对付南越游击战争的条例，无非是讲南越游击战争的许多长处和许多缺点，然后说消灭游击队是有希望的。

这番评论，足以显示阅读所起的"知彼"效用。

此外，毛泽东特别关注和阅读的国际材料，还有不少。再略举几例：

1958年10月，美国心理学家哈里和波娜罗·奥佛斯特里特夫妇出版了《关于共产主义我们必须知道些什么》。杜勒斯临死前，将此书推荐给艾森豪威尔，作为和社会主义阵营作斗争的参考。中联部摘录了书中有关当时国际形势和美国反苏反共方面的内容，报给毛泽东。毛泽东读后，1960年1月批示道："各同志阅，退毛。"

这个摘录分四部分：资本主义同共产主义势不两立，赫鲁晓夫的和平竞赛是"一场帝国主义战争"，谈判"必须从实力出发来进行"，美国共产党"是法律所不允许的"。第三部分说道：和共产党人谈判时，"会议桌——即使管它叫做和平桌——也不过是进行战争的另外一个场所罢了"。毛泽东读至此，批注："说得对。"两个阵营的冷战，可谓是知己知彼，心照不宣。

毛泽东读过尼克松的《六次危机》。毛泽东1972年会见尼克松时，称赞他写得不错。

1976年9月初，就在逝世前不久，毛泽东虽然已经说不出话来，但是依然关注当时日本自民党的总裁竞选，曾敲了三下木制床头，表示要看参选者三木武夫的书，工作人员随即找来上海刚刚出版的《三木武夫及其政见》，捧给他看。对国外政局的关注和思考伴其一生，哪怕已经无法清楚表达自己的判断和决策。这或许就是战略家的本色吧。

从三本回忆录看西方内部矛盾

这个人（戴高乐）喜欢跟英美闹别扭，他喜欢抬杠子。他从前吃过苦头的，他写过一本回忆录，尽骂英美，而说苏联的好话。现在看起来，他还是要闹别扭的。法国跟英美闹别扭很有益处。

——摘自毛泽东1958年9月5日在第十五次最高国务会议上的讲话

艾登发表了他的回忆录，大骂杜勒斯，说艾森豪威尔也是坏人。文章中写了不少我们过去不知道的关于帝国主义内部的矛盾和争吵。……帝国主义国家当局的回忆录，很值得看看。

——摘自毛泽东1959年12月至1960年2月读苏联《政治经济学（教科书）》的谈话

我看了德国人阿登纳的回忆录，他批评我们，说我们骄傲，说我们太骄傲了。那个时候全世界都反对我们，那不骄傲一点也不行呢。主要是两个国家，一个美国，一个苏联。美国说我们比希特勒还要坏。赫鲁晓夫一九五四年到中国，一九五五年就跟阿登纳讲，请他帮助反对中国。你看了他的回忆录没有？（蓬皮杜：我看了。）他（阿登纳）把这个话讲给戴高乐将军，讲给杜勒斯，总而言之逢人就讲。他高兴赫鲁晓夫反对中国。所以我们总感觉西方各国有一股潮流要推动苏联向中国。苏联野心很大呢。整个欧洲、亚洲、非洲，它都想拿到手。阿登纳反反复复讲，苏联要把美国的军队挤出欧洲，把德国拿到自己手里，然后把法国、意大利也拿到手里。

——摘自毛泽东1973年9月12日会见法国总统蓬皮杜时的谈话

据毛泽东身边的工作人员林克回忆："毛泽东还喜欢读外国人的传记，读得相当多而且熟悉，早年读了，晚年也还读。还经常谈论起《戴高乐回忆录》（即《战争回忆录》）、《艾登回忆录》、《阿登纳回忆录》等。他对戴高乐的看法和别人不一样，认为戴高乐有民族精神。所以他对外国历史相当熟悉，各国的历史知识非常丰富。"

戴高乐是第二次世界大战期间法国抵抗组织的领导人。德军占领法国后，他在伦敦成立和领导"自由法国"组织，由此成为英雄。1959年任法兰西第五共和国首任总统，1965年连任。1970年病逝。《战争回忆录》是他1953年退出政界后隐居乡间开始写的，回忆他从1940年到1946年经历的历史。

毛泽东读戴高乐的《战争回忆录》，从中了解到戴高乐对待英国和美国的态度，很欣赏他喜欢"抬杠子"，敢于和英美"闹别扭"的勇气。

戴高乐在1957年表示要参加总统竞选。1957年11月，毛泽东访问苏联时，曾对赫鲁晓夫说戴高乐会上台，但赫鲁晓夫不相信，连法国共产党也不相信。

1958年9月5日，在最高国务会议上，毛泽东又提出戴高乐"登台好，还是不登台好"这个问题。他的答案是肯定的，因为"法国跟英美闹别扭很有益处"这个判断，与国际国内当时多数意见不同。那时，国际评论说戴高乐上台就是法西斯上台，但毛泽东从戴高乐《战争回忆录》中看出他的民族意识很强，对美国的控制和干涉不买账，不屈服，这对推动欧洲中立主义的发展有好处。

戴高乐上台后的政策，证明毛泽东的判断是对的。

1960年5月27日，他在同英国蒙哥马利的谈话中还讲到，我们对戴高乐有两方面的感觉：第一，他还不错；第二，他有缺点。说他还不错是因为他有勇气同美国闹独立性。他不完全听美国的指挥，他不准美国在法国建立空军基地，他的陆军也由他指挥而不是由美国指挥。法国在地中海的舰队原来由美国指挥，现在他也把指挥权收回了。这几点我们都很欣赏。另一方面他的缺点很大。他把他的军队的一半放在阿尔及利亚进行战争，使他的手脚被捆住了。

毛泽东1970年5月1日会见柬埔寨西哈努克亲王时，又说："戴高乐比较好，我高兴这个人，戴高乐选举时我心里是投了他一票的。那是1957年，我对赫鲁晓夫说戴高乐会上台，他不相信，法国共产党也不相信。后来全世界搞起了一个戴高乐热潮。他是敢于在美国人面前闹独立性的，在联合国上是这样，他还从北大西洋组织中把军队撤出来，他的国家还不允许驻美国兵。"

法国是和中国最早建交的西方大国。建交后，戴高乐曾打算访问中国，许多事情已经着手安排，但他不幸于1970年11月9日去世。毛泽东对他是有感情的。11月11日，毛泽东专门向戴高乐夫人发出唁电："获悉夏尔·戴高乐将军不幸逝世，谨对他，反法西斯侵略和维护法兰西民族独立的不屈战士，表示诚挚的悼念和敬意。"

艾登在第二次世界大战时期曾任英国陆军大臣、外交大臣和副首相，战后也曾担任过英国副首相兼外交大臣，1955年任内阁首相。《艾登回忆录》分为三篇，是艾登自1951年再度出任英国外交大臣起，到他1957年辞去首相职务为止，在此期间参加各种国际活动和重大事件的记述。该书1960年1月先在伦敦《泰晤士报》摘录连载，同年出版全书单行本。北京编译社几乎是同步把《泰晤士报》上的连载内容翻译成中文节译本，世界知识出版社出版全书单行本。

1960年1月，《艾登回忆录》一发表，正在外地集中阅读苏联《政治经济学（教科书）》的毛泽东，立即找来《艾登回忆录》中文节译本阅读，随后对读书小组的人评论说：这本回忆录，大骂杜勒斯，说艾森豪威尔也是坏人，写了不少我们过去不知道的关于帝国主义内部的矛盾和争吵。随后，毛泽东又谈到他读此书受到的政治启发："我国过去存在着地主买办阶级各派的矛盾，这个矛盾同时反映帝国主义之间的矛盾。正因为他们内部有这样的矛盾，我们善于利用这种矛盾，所以直接同我们作战的，在一个时期中只是一部分敌人，不是全体敌人，而我们常常因此得到了回旋的余地和休整的时间。"结论是："帝国主义国家当局的回忆录，很值得看看。"

1960年5月会见英国元帅蒙哥马利，毛泽东又讲道：我读过艾登的回忆录。他说，美国在组织东南亚条约组织的时候，英国希望印度参加，来对付美国，美国坚决反对。美国说如果英国要印度参加，美国就要蒋介石和日本参加。艾登在回忆录中说，他想不通蒋介石怎么能同尼赫鲁相提并论。毛泽东的这些引述，表明他的阅读总是敏锐地把握西方各国的内部动向，特别是他们相互间的矛盾和有关中国的政策，以做我方应对的参考。

阿登纳1928年当选为普鲁士邦议会议长。希特勒上台后，阿登纳被撤销一切职务，1944年两度被捕。二战后创立基督教民主联盟，任主席。主持制定基本法（临时宪法）。1949年到1963年连任四届联邦德国政府总理。1963年退休后开始撰写回忆录。

《阿登纳回忆录》从内政、外交两个方面详细记述了1945年至1952年德国的情况和发展变迁，着重讲述了联邦德国和英、美、法三国之间在一些重大决策上的谈判情况，二战后欧洲的合作发展，联邦德国和苏联的关系等。其中还穿插了北大西洋公约组织内部的活动，阿登纳在出国访问中同杜勒斯、戴高乐、尼赫鲁、米高扬等人的会谈。

毛泽东读《阿登纳回忆录》，一个重要的战略判断，就是前面引述的1973年同法国总统蓬皮杜说的："我们总感觉西方各国有一股潮流要推动苏联向中国。"为了防止这种企图，毛泽东则反过来告诫西方首脑，"苏联野心很大呢"，整个欧洲"它都想拿到手"。读《阿登纳回忆录》得出的这个判断，毛泽东1975年会见来访的英国前首相希思时，再次谈到。

研读戴高乐、艾登、阿登纳等人的回忆录，注意西方各国的内部矛盾以及其对中国的不同看法，对毛泽东提出"两个中间地带"和"三个世界划分"，以及"一条线"的国际战略思想，是有影响的。

◎ 晚年为什么关注拿破仑的战略失误

拿破仑的多数战役……都是以少击众，以劣势对优势而获胜。都是先以自己局部的优势和主动，向着敌人局部的劣势和被动，一战而胜，再及其余，各个击破，全局因而转成了优势，转成了主动。

——摘自毛泽东《论持久战》（1938 年 5 月）

你让人家来，好打，你去打人家，就是不好打。现在我是事后诸葛亮。我那个时候还没有出生，又没有当他（拿破仑）的参谋长。我是打过仗的，我不是搞文的，是搞武的啊，打了二十几年仗。所以谁要来打，人要想一想。

——摘自毛泽东 1972 年 7 月 10 日同法国外长舒曼的谈话

在西方近代以来的政治家和军事家当中，毛泽东最看重的，是拿破仑。据粗略统计，从1910年到1973年，毛泽东谈拿破仑不下40次。在不同的时期，毛泽东对拿破仑的评价重点有所区别。

毛泽东早年，把拿破仑视为"有大功大名"的"豪杰"，认为拿破仑与"德业俱全"的"圣贤"尚有差距。根据毛泽东的回忆，他最早知道拿破仑事迹，应该是十四五岁时从表兄文运昌那里借阅的郑观应《盛世危言》一书里。这本书多次谈到拿破仑在内政外交上的一些政策主张。1919年，他还在文章中多次以拿破仑侵入德国，而德国后来攻入巴黎的史实，来说明两国历史上曾冤冤相报，以此提醒在第一次世界大战中获胜的法国，对战败国德国不要相逼太甚。毛泽东后来多次回忆，在信仰马克思主义之前，他主要相信西方的思想。1959年5月15日他会见外宾时还明确说："我崇拜华盛顿、拿破仑、加里波第，看他们的传记。"

延安时期，毛泽东很注意拿破仑在军事上的成败。毛泽东认为，拿破仑指挥的多数战役都是以少击众、以弱胜强，战略战术运用得当；同时提醒人们注意，拿破仑最后的失败，西班牙、俄罗斯的游击队发挥了很大作用。这些认识，无疑是立足于中国革命战争的实际经验和抗日战争的战略需要。

毛泽东在延安写的一篇题为《第二次世界大战的转折点》的文章中说："拿破仑的政治生命，终结于滑铁卢，而其决定点，则是在莫斯科的失败。希特勒今天正是走的拿破仑道路，斯大林格勒一役，是他的灭亡的决定点。"从1812年拿破仑兵败莫斯科，联想到了1942年的斯大林格勒保卫战，历史好像在重演，相隔一百多年的两场国际战争的转折点居然在同一个地方发生。

一百多年前的俄国人，是怎样战胜强大的拿破仑军队的呢？解释其中缘由，对正在领导敌后抗战的中共领导人来说，尤其具有现实意义。抗日战争初期，党内外不少将领比较轻视游击战。1938年7月，延安印行了一本署名"毛泽东等"著的《抗日游击战争的一般问题》。在这本书中，专门用俄军打败拿破仑的战例，阐述了在敌强我弱的条件下，开展游击战的重要性。1938年，延安还印行过署名"朱德、毛泽东著"的《游击战讲话》，里面再次引用了1812年俄国抗法战争中农民参加游击战的史例，还充满感情地描述说："当时俄国的农民奇击的功劳是不小的。这些武装的农民非常勇敢，胸上佩着十字架，手里挥着农具，来参加最悲壮的战斗。他们的奇击，简直使得当时法国的军队一睡一饮之无暇，周章狼狈，流离败窜。"一直到晚年，毛泽东谈到拿破仑的莫斯科之败，依然感慨：冬天不能度过俄国的严寒啊，也没有粮食，主要没有群众拥护，俄国人民不合作。

新中国成立后，毛泽东更关注的是拿破仑在资产阶级革命中实施的一些政策。例如，他讲资本主义国家中，只有法国在大革命和拿破仑时代比较彻底地分配了土地，由此说明，废除封建的土地所有制，本来就是民主革命的基本任务。毛泽东还由此强调，由于拿破仑的士兵，大多是分得了土地的农民，因而特别具有战斗力。

1968年6月21日毛泽东在会见坦桑尼亚总统尼雷尔时，曾这样说过："我研究法国历史时读过《拿破仑传》，一个俄国人写的。实际上是吹库图佐夫。"这里指的是苏联历史学家塔尔列写的《拿破仑传》。

1970年5月1日在同柬埔寨西哈努克亲王讨论拿破仑时，毛泽东说他读过法国社会主义者马迪厄写的《法国革命史》，又说道："写法国革命史的人很多，我也看过一个苏联人写的，太简单。还看过一个英国人写的，英国人写法国的事，总是要骂娘的了。但是我看的那个英国作家写的书，还是比较实事求是的。"毛泽东除了看塔尔列的《拿破仑传》外，还看研究法国大革命最权威的法国历史学家马迪厄写的《法国革命史》，以及英国霍兰·罗斯写的《拿破仑一世传》，这几本书都是当时比较流行的关于法国大革命和拿破仑的读本。据逄先知回忆："有一次，他（毛泽东）要看拿破仑传，选了几种翻译过来的本子。跟他一起读的同志一本还没有看完，他却三本都看完了。"毛泽东晚年，还嘱咐印过一种两函十七册的线装大字本的《拿破仑传》，供领导干部参阅。

毛泽东晚年读谈《拿破仑传》，关注的重点是法国大革命时期欧洲各国的干预和包围，特别是拿破仑打破包围后，反过来称霸欧洲，侵略他国的战略失误。

1970年10月14日，毛泽东会见法国前总理德姆维尔时，说到法国大革命"整个欧洲都反对你们，打到巴黎附近"时，法国驻华大使马纳克便直接比喻说："当时我们被包围的形势比现在中国被包围的形势还要严重，整个边界上都是武装的军队。"

立足于中国所处的国际环境，毛泽东肯定法国大革命和拿破仑打破欧洲五次反法联盟的正当性，但拿破仑后来超出为捍卫革命成果而战的范围，去侵占别国领土，性质便发生了变化。虽然多数战役的胜利不断增强了法国的地位，但始终无法实现独霸欧洲的目标。这时候的拿破仑，在毛泽东心目中也就成了"大殖民主义者"，他认为，凡是野心勃勃地侵占别国，结果都会失败。

从1968年到1973年，毛泽东10多次同外宾谈到拿破仑国际战略失败的教训和原因：

他（拿破仑）是偏要侵略别的国家的。他吃亏就吃在侵略的地方太大了，树立了太多的敌人。几乎所有的欧洲国家都同他作战。法国当时的人口是2800万，这是讲法国本土。当时德国、荷兰、比利时、卢森堡、意大利，都被他占领了。后来他还占领了西班牙和葡萄牙。这以前还占领过埃及和叙利亚。他占领得太多了。树敌太多。（摘自毛泽东1968年6月21日会见坦桑尼亚总统尼雷尔的谈话记录。）

后头拿破仑占领了差不多整个欧洲。此人后头犯了错误，政策也是不大对了。第一是不该去占那个西班牙，第二是不该去打俄国。又是冬天，你不能过冬。入冬为什么不可以呢？俄国人烧房子，就没房子住。打莫斯科不打彼得堡，一下子把沙皇抓住。……拿破仑还犯了一个错误。他的海军比英国弱，跟英国打了一仗，就被消灭了。（摘自毛泽东1972年7月10日会见法国外长舒曼的谈话记录。）

拿破仑晚年的政策不那么高明。一个不该占领西班牙，引起广大的农民游击战争反对他。二不该去打俄国。不晓得为什么，不论拿破仑也好，希特勒也好，到了俄国就不行了。（摘自毛泽东1973年6月22日会见马里国家元首穆萨·特拉奥雷的谈话记录。）

他反对英国，封锁英国货物的政策搞得不好。结果封锁不了。主要在棉布、白糖、咖啡这些物资。再呢，海军不该跟英国海军打。如果保存海军，拿破仑最后失败了，也可以跑到美国去。（摘自毛泽东1973年9月12日会见法国总统蓬皮杜的谈话记录。）

毛泽东反反复复谈论的这些，有对历史的总结，有对英雄的惋惜，有立足现实国际关系的考虑，更透露出他面对中国受到当时霸权国家威胁的一种特殊心境。毛泽东晚年谈论拿破仑四面树敌的国际战略，和20世纪70年代美苏称霸世界的国际格局，同1969年中苏在珍宝岛冲突后面临的战争威胁有关，也同他思考相应的国际战略有关。从强大的拿破仑军队的最终失败中，毛泽东看出失道寡助的历史规律，坚定了不怕霸权国家威胁的信心。

人们总是从自己的事业需要角度，来理解和阐发重要历史人物的成败得失的。对那些不是在书斋里讨生活和经营事业的革命家、政治家和战略家来说，尤其如此。毛泽东读谈《拿破仑传》，既是"我注六经"，也是"六经注我"，由此形成他在长达60年的时间里不同阶段的思考重点：年轻时从圣贤理想角度来援引和议论拿破仑的人格形象，延安时期立足抗战需要来探讨拿破仑军事指挥的战略战术，新中国成立后从国内外形势出发总结法国大革命和拿破仑的革命经验，晚年则根据中国面临的国际环境来思考拿破仑在国际战略上的失误。这种阅读，实际上是历史和现实的对话，是思想和经验的交流。书被读活了，历史人物也被读活了。

哲 / 学 / 思 / 辨

前的自己運動所表現那種本來奇怪的主要，自己運動，基礎如及其數群之反）

運動的源泉，乃是兩個外力的相互作用。在通常相互作用之下，一力否定他力，孫

境否定矛循體。有機體和那環塊的抵抗

否定，否定之否定，是完全互相作用的的東西。

正命題乙中已經包含矛循或反命題，反命題之中包含正命題

基礎直不理解，對立的統一正起過程的發展之起動的源泉。他說：「運動，起於相

反的要素之對立或衝突」。這樣，考茨基所以攻譽恩格斯所舉豪粒的例，以攻其中

沒有何等否定，單只是有機體的變化，其理由充分的明瞭了。

所以，和一切的機械論者同樣，構成考茨基的特徵的東西，就是在其否定之理

解中有如次的動因一件事：當作對於過程的發展之外的動因看的否定（二

）絕對的否定，當作破壞看的否定

但是，辯證論者的特徵，對於否定有與此不同的理解。伊里奇說：「把否定的

要素當作最重要的要素包含着的辯證法中，其特徵的東西，重要的東西，不是完全

成一定哲学体系的必要的有机的成分，是这一体系的……不可缺少的方面。毛泽东同志把这两种不同的发展观表述为互相对立的宇宙观（发展观），就表明这两种发展观对立的问题也是……极为重要的问题。所以，我们在论述哲学根本问题之后，必须论述两种发展观对立的问题。

恩格斯在《反杜林论》和《费尔巴哈和德国古典哲学的终结》中，列宁在《谈谈辩证法问题》中都把发展观概括为辩证法和形而上学两种。列宁说："两种基本的（或两种可能的，也许是历史上常见的）发展（进化）观点是：（一）认为发展是减少和增加，是重复，以及认为发展是对立面的统一（统一物之分为两个互相排斥的对立以及它们之间的相互关联）。"① 前一种观点是形而上学的发展观，后一种观点就是辩证法的发展观。在这一节里，我们将论述这两种发展观的根本对立、这种对立的历史根据以及这种对立同哲学根本问题的关系。

两种发展观互相对立的焦点　　两种发展观的根本对立，集中地表现在以下三个问题：

① 列宁：《谈谈辩证法问题》，《列宁全集》第……

"四书""五经"：那时候的必读书

　　右经之类十三种，史之类十六种，子之类二十二种，集之类二十六种，合七十有七种。据现在眼光观之，以为中国应读之书止乎此。苟有志于学问，此实为必读而不可缺。

　　——摘自毛泽东1916年2月29日致萧子升的信

　　我过去读过孔夫子的书，读了"四书""五经"，读了六年。背得，可是不懂。

　　（那时候）很相信孔夫子，还写过文章。

　　——摘自毛泽东1964年8月18日在北戴河的谈话

毛泽东那一代知识分子，基本上都接受过传统"四书""五经"的熏染。从小打下的旧学根底，为毛泽东的人生性格和政治实践提供了厚实的文化底色。

"五经"是指《周易》（也称《易经》）、《尚书》、《诗经》、《礼记》、《春秋》。"四书"是指《大学》《中庸》《论语》《孟子》，前两种是《礼记》中的两篇，实算不得两种书。明清以降，理学受到封建统治者的推崇，"四书"由此被定为科举用书，从而成为每个读书人的必读书。

毛泽东少年时代，科举废，学堂兴，西学东渐已是时代的风气。但在湖南韶山冲这个闭塞的山区，毛泽东所接受的教育依然是旧式的、传统的。但也许正因为这样，才使他在6年私塾中，打下了一个较好的旧学根底。

毛泽东读私塾，归纳起来有这样几点引人注目：一是书读得比较多，开蒙起点高。先是读《增广贤文》《三字经》《幼学琼林》等，继而圈点《论语》《孟子》《诗经》，后来读过《春秋公羊传》（即《公羊传》）、《春秋左氏传》（即《左传》）、《纲鉴易知录》等。二是有读书天分。毛泽东读书瘾头大，一闲下来总是在看书。很小就会查《康熙字典》。记性好，读许多书能记得住。三是不喜欢死记硬背地去读经书。四是开始学作"破题"文章，作得快，总是交头卷，还常帮助同学作文。当时已废科举，乡村塾师关于作文，大概也只是先教学生如何"破题"。"破题"是八股文的首段，即用几句话讲明题旨大意。

毛泽东用"背得，可是不懂"，来概括他读书发蒙时的阅读状态，是符合实际的。旧时私塾先生教"四书"之类，只照本宣科而不讲解，主要靠学生背诵，严格一些的先生还要学生背朱熹呕心沥血写的注解文字。学生消化不了，理解不了，自然缺少兴趣。

1910年秋，接近17岁的毛泽东结束私塾生活，先到湘乡，继而到省城长沙求学。在长沙求学期间，"四书""五经"这类古籍，依然是毛泽东的案头书。如果说在少年时代，这些书由于是基本的启蒙读物而必须读，那么，这时候，毛泽东则是遵循孔子提出的"博学于文"的原则，下决心弄通这些经典，把它们当作学问来做，并自觉吸收了"四书""五经"中儒家的一些观点。

从毛泽东当时与他人的通信和留下的其他文稿看，他在湖南省立第一师范学校读书的前期，较多的时间是在读中国古典经籍，比较喜欢和读得比较深的，有《老子》《庄子》《墨子》《论语》《孟子》《礼记》《中庸》《大学》《朱子语类》《张子语类》等经典。这同康有为、梁启超，尤其是杨昌济的影响有关。"四书""五经"中不少文句他自幼即能背诵，这样便于钻研。在1915年6月25日写给湘生的一封长信中，毛泽东表示："为学之道，先博而后约，先中而后西，先普通而后专门。"直到五四运动后组织赴法勤工俭学时，他仍认为"略通国学大要"，是自己读书和研究国情方面应当做到的。

1915年，毛泽东22岁的时候，对自己的阅读生涯，曾私下做过一番设计。在6月给朋友的一封信中，他说自己要效法康有为自称的阅读经历，即"四十岁以前，学遍中国学问；四十岁以后，又吸收西国学问之精华"。他觉得目前学校的教育方式，不能满足自己这个要求，很是苦恼。经过反复权衡，他认为还是古代书院那种主要靠自学的方式更好。9月间他给朋友的信中表示，自己要退出湖南省立第一师范学校去自学。所谓自学，就是找一个深山幽静处，"读古坟籍，以建其础，效康氏、梁任公之所为，然后下山涉其新"。这番表白，透露出毛泽东对传统书院闭门求学方式的向往之心。后经朋友劝说，他才打消退学念头。毛泽东后来对学校里"填鸭式"的教育方式，一直不满，从这里倒也可以看出一些端倪。

我国经、史、子、集浩如烟海，收入《四库全书》的即达3460余种。怎样才能掌握国学经典的要义呢？只能择书而读。前面引述的毛泽东1916年2月29日致萧子升的一封信中，毛泽东开列了应当阅览的经、史、子、集77种书目。可以想见，这77种书目必定是综合了前人和师友的各种意见，根据自己的经验而严格筛选过的，能够代表他对"国学大要"的见解。可惜的是，此信已经残缺，他所开列的附在信后的书目没有保存下来。

1918年6月，毛泽东从湖南省立第一师范学校毕业后，8月间第一次到北京，接触新文化运动，眼界大开，狂飙骤起的五四运动随之而来，更是一大冲击，使他对孔孟学说的看法发生急剧的转变。

在此后的言论中，他引用"四书""五经"的话大大减少了。在五四运动中，受时风影响，他也发表了一些反孔言论。但这并不是说，他读"四书""五经"所受的影响即已烟消云散，或者对孔儒的思想观点和国学就此持一味批判的态度。

1920年4月，毛泽东从北京前往上海，这时他已经进一步接触马克思主义，很想走俄国的道路，但他还是中途下车，到曲阜游览了孔子的陵庙和故居。对此事他印象很深，1936年在保安同斯诺谈道："在前往南京的途中，我在曲阜停了一下，去看孔子的墓。我看到了孔子的弟子濯足的那条小溪和孔子幼年所住的小镇。在有历史意义的孔庙附近的一棵有名的树，相传是孔子栽种的，我也看到了。我还在孔子的一个著名弟子颜回住过的河边停留了一下，并且看到了孟子的出生地。"这表明他不是一般的旅游，而是带着倾慕之心的"怀古"。

他当时的观点，很受杨昌济的影响。据李锐在《毛泽东早年读书生活》一书中分析：杨昌济国外留学10年，以学西方所得的民主与科学思想来批判中国封建伦常，决心改造中国的旧思想、旧学术；曾明确提出要用"新时代之眼光来研究吾国之旧学"，然后，"合东西洋之文明一炉而冶之"。毛泽东当时非常看重这个见解。他并不盲目崇拜西方文化，尽管他反对儒家的三纲五常封建伦理观，《新青年》"打倒孔家店"的口号这时已震动整个知识界，但他还是尊孔孟为得大本之圣贤，以儒家大同世界为自己的理想。

不管怎样，对"四书""五经"等国学著作的熟读，构筑了毛泽东深厚的文化思想背景，即使他后来成为成熟的马克思主义理论家，也依然爱读"四书""五经"中的一些著述，这些书里的话，也成为他常用的语言表达工具。

就拿《易经》来说，这是部很难懂的经书。它包括经、传两部分，传是对经的解释。《易经》以其内容丰富、思想深刻被推为"六经之首"，是中国春秋前朴素唯物论和辩证法哲学思想的结晶，对中国哲学思想的发展有较大影响。

毛泽东早年念私塾的时候，便接触过《易经》。据沈宜甲《我所知道的早期之蔡和森》一文回忆，毛泽东1919年春到上海时，与蔡和森过从甚密，但毛泽东对蔡和森"从不说一言政治，更不及共产、苏俄，只偶及《易经》大道"。

什么是"《易经》大道"？实际上就是其揭示的"一分为二"和"物极必反"这些对立统一、矛盾转化的哲学思想。

于是，毛泽东在读西洛可夫等著的《辩证法唯物论教程》时，读到书中引用列宁"如果，我把麦粒磨碎了，或把昆虫踏死，我诚然完成了否定之第一个行为，但第二个行为却成为不可能"的话处，加了"完全否定，乾坤或几乎息"的批注。"乾坤或几乎息"就是出自《易经·系辞上》，原句是"乾坤其易之缊邪！乾坤成列，而易立手其中矣。乾坤毁，则无以见易。易不可见，则乾坤或几乎息矣"。

1956年11月15日，毛泽东在中共八届二中全会上，针对一些同志不讲辩证法，认为"凡是苏联的东西都说是好的，硬搬苏联的一切东西"的现象讲道："一点论是从古以来就有的，两点论也是从古以来就有的。这就是形而上学跟辩证法。"接着他引用《易经》中的话说："中国古人讲，'一阴一阳之谓道'。不能只有阴没有阳，或者只有阳没有阴，这是古代的两点论。"

1958年1月28日，在最高国务会议第十四次会议上，毛泽东讲道："不好大喜功不行。但是要革命派的好大喜功，要合乎实际的好大喜功。不急功近利也不行。《易经》上讲：'君子终日乾乾，夕惕若厉。'曾子也说：'夏禹惜寸阴，吾辈当惜分阴。'这都是圣人之言。"

1963年11月，在中国社会科学院哲学社会科学部第四次委员会（扩大会议）即将闭幕时，高亨与范文澜、冯友兰等10位先生一起，受到毛泽东的接见。接见时，毛泽东说自己读过高亨关于《周易》的著作，并对他的成绩给予肯定。返回济南后，高亨把自己的著作《周易古经今注》等6种书，寄请中宣部周扬转呈毛泽东。不久，他就收到毛泽东的回信："高亨先生：寄书寄词，还有两信，均已收到，极为感谢。高文典册，我很爱读。肃此。敬颂安吉！"

毛泽东著述中，引用《易经》的话并不算多。李锐说，"文化大革命"时他在秦城8年，长期手头只有4卷《毛泽东选集》，他曾做过一个粗略统计，4卷书中成语典故来源于古籍的：30条以上者有《左传》，20～30条者有《论语》《孟子》《史记》《汉书》《朱子语类》等，其他10条左右者有《大学》《中庸》《战国策》《后汉书》《三国志》《孙子兵法》《诗经》《晋书》《尚书》《老子》《易经》《国语》等。

读奇书，做奇男子

且吾人之死，未死也，解散而已。凡自然物不灭，吾人固不灭也。不仅死为未死，即生亦系未生，团聚而已矣。由精神与物质之团聚而为人，及其衰老而遂解散之，有何可惧哉。

国家有灭亡，乃国家现象之变化，土地未灭亡，人民未灭亡也。国家有变化，乃国家日新之机，社会进化所必要也。……各世纪中，各民族起各种之大革命，时时涤旧，染而新之，皆生死成毁之大变化也。宇宙之毁也亦然。宇宙之毁决不终毁也，其毁于此者必成于彼无疑也。吾人甚盼望其毁，盖毁旧宇宙而得新宇宙，岂不愈于旧宇宙耶！

——摘自毛泽东读泡尔生《伦理学原理》第四章"害及恶"的批语

这本书的道理也不那么正确，它不是纯粹的唯物论，而是心物二元论。只因那时我们学的都是唯心论一派的学说，一旦接触一点唯物论的东西，就觉得很新颖，很有道理，越读越觉得有趣味。它使我对于批判读过的书，分析所接触的问题，得到了启发和帮助。

　　　　　　——摘自毛泽东1950年秋同周世钊的谈话

毛泽东在湖南省立第一师范学校读书时有个外号，叫"毛奇"。一说是因为他崇拜当时的德国元帅毛奇；还有一说是他和同学们谈论"立志"，常说"读书要为天下奇"，即"读奇书，交奇友，创奇事，做奇男子"。按后者的说法，毛泽东把"读奇书"当作了成为"奇男子"的条件之一，1917年下半年至1918年上半年，毛泽东读到的这本《伦理学原理》，可谓是他当时心目中的一本"奇书"。在阅读中，他发表了不少"奇论"，透露出这个未来"奇杰"的一些人格气象。

《伦理学原理》是德国哲学家、伦理学家泡尔生的代表作《伦理学体系》的一部分。泡尔生1878年起任柏林大学教授。其哲学观点是二元论，伦理思想的特点是调和直觉与经验、动机与效果、义务与欲望。1909年，蔡元培据日译本把《伦理学原理》译成中文出版。全书共约10万字。

杨昌济在湖南省立第一师范学校教授伦理学，采用的课本便是这本《伦理学原理》。当时多数同学对哲学不感兴趣，听课不甚专注，唯有毛泽东等少数人用心听讲，勤做笔记。毛泽东极爱读这本书，曾根据其中一些论点加以批判和发挥，写过一篇《心之力》的文章，被杨昌济大加称赞，给了100分。

对这本《伦理学原理》，毛泽东仔细通读，在上面一共写了12100余字的批语，读不到10个字便写下一个字，其阅读之投入可窥一斑。全书还逐句用墨笔加以圈点，画上单杠、双杠、三角、叉等符号。批语是用工整的行楷写在天头、地脚空白处及行距间，小者如七号铅字，要用放大镜才看得清楚。批语最多的是第四章"害及恶"、第五章"义务及良心"，共5900余字；次为第六章"利己主义及利他主义"，约1500字；再次为第一章"善恶正鹄论与形式论之见解"，约1100字。

批语的内容，绝大部分是毛泽东抒发自己的伦理观、人生观、历史观和宇宙观，以及对原著的各种批判与引申，小部分是对原著的简要的赞同和章段的提要。凡原著中合乎他观点的地方，不论唯物或唯心，必浓圈密点，眉批则往往有"切论""此语甚精""此语甚切""此说与吾大合"等语。对原著的否定与怀疑之处很多，常见这类批语："诚不然""此不然""此节不甚当""此处又使余怀疑""吾意不应以此立说""此说终觉不完满"等等。其中许多地方联系到中国的历史、墨子、孔子、孟子、宋明理学、王船山、颜习斋、谭嗣同、梁启超诸家思想，以及五四运动前夕的国事与思潮。总之，处处充满着追求真理、真知和改革国家社会、重塑人心道德的精神。

毛泽东读这本书是在1917年下半年到1918年上半年。他这时的思想，还没有脱离唯心主义的范畴。因此，他很注重从改造人心入手寻求救国之道，习惯用抽象思辨的方法来思考问题。他这时的思想处于新时代来临前夕的转型期，《伦理学原理》"心物二元论"的调和基调，恰恰吻合了他这个时候的思想特征。

人们还可从《伦理学原理》上的批注了解毛泽东的读书方法：不是被动地接受书中的观点，而是一面读一面想。遇到他同意的观点，就表示接受，有时还加以发挥或大做文章；遇到他不同意的观点，就提出自己的意见。

前文所引第一个批语的第一段，比较集中地表达出毛泽东当时的生死观。

青年毛泽东在批语中根据物质和精神不灭的道理，提出一个说法：人类无所谓生死，只是物质与精神的"团聚而已"。因此，死亡不仅不可怕，而且还是一种别开生面的人生境界。由生到死的巨大转折，在青年毛泽东的想象中，呈现出一派壮美的景象："大风卷海，波澜纵横，登舟者引以为壮，况生死之大波澜何独不知引以为壮乎！"这种生死逻辑，颇有些像庄子的齐生死之论。但庄子在妻子死后"鼓盆而歌"，是一种消极遁世的人生观的表达，在表面洒脱的长歌之下，隐然有一种大悲哀、大忧患。而青年毛泽东的生死观，则远远超越了悲剧气氛，把生死之变视为对宇宙规律和人生真谛的（当然不是科学的）把握，从而体现了乐观进取的人生观。

　　青年毛泽东形成上述乐观豪迈的生死观，与他在时空观上承认空间、否定时间的主张，在人生观上强调现在、反对追思过去与幻想未来的现实主义态度有内在联系。他提出，人类只生活在现在，"处处皆现实"，过去的生活也是现实，未来的生活也是现实，事物的转化、人世的迁移，只是个空间问题，只是个成毁问题。无所谓时间，也无所谓死亡。

　　前文所引第一个批语的第二段，毛泽东把他的生死观推及对国家、民族、社会乃至整个宇宙的生存和毁灭的看法。

　　在他看来，对于一个人来说，既然无所谓生死，那么，扩而言之，对于世上一切事物来说，也自然"无生灭，而只有变化"。例如，人们常说，国家有"灭亡"的问题，其实，这只是国家现象发生了变化，因为其土地、其人民"未灭亡也"。他还举公元前5世纪欧洲的日耳曼部落的一部分演变成今天的德意志国家为例来说明这个问题。正是日耳曼部落的变化，形成了今天强大的德意志。可见，变化是"国家日新之机，社会进化所必要也"。

很明显，毛泽东当时提出国家、民族无所谓生灭而只有变化，具有强烈的现实动因。正是基于此，毛泽东在批语中不惜宣称，"吾人甚盼望其毁，盖毁旧宇宙而得新宇宙"。这一信念无疑在后来转化为他打碎旧世界、建设新世界的革命豪情。

除此之外，毛泽东还在批语中提出了一些今天看来也让人惊异的观点。比如"吾国先儒之说与康德同"，"人类一大我"，"服从神何不服从己"，"从生到死，为别开生面之壮境"，以及承担义务就是发达自我之精神和身体的能力，道德实践先于道德哲学，为善为恶不可图后世的虚名，善必须是自觉的道德行为，等等。

我们知道，毛泽东在青年时代读过的书以及他的日记，后来被带回韶山，在1931年被烧掉了，那么，这本书又是怎样保存下来的呢？

说来有趣。20世纪20年代初，毛泽东住长沙清水塘的时候，有个叫杨韶华的湖南省立第一师范学校的同学，看到了这本书，便借了去。1950年9月，周世钊应毛泽东邀请去北京参加国庆典礼，杨韶华听说后，遂找出这本《伦理学原理》，托他归还毛泽东。杨韶华还在扉页上写了这样一段话："此书系若干年前，毛主席润之兄在小吴门外清水塘住所借阅者，嗣后各自东西，不复谋面，珍藏至今，深恐或失！兹趁周敦元（即周世钊）学兄北上之便，托其奉还故主，借镜当时思想之一斑，亦人生趣事也。一九五〇年九月十五日杨韶华识。"

前文所引的第二个批语，便是周世钊将此书交给毛泽东时，毛泽东说的。"觉得很新颖，很有道理，越读越觉得有趣味。它使我对于批判读过的书，分析所接触的问题，得到了启发和帮助。"这样的表达是真实的。所谓"启发和帮助"，实际就是思想启蒙，使毛泽东能够跳出中国传统古籍来思考一些问题，促成他在中西文化思想的比较中，作出求变求新的选择。

书本引导着毛泽东的脚尖的方向，而脚尖将决定这位未来"奇男子"的人生旅程。

《老子》: 中国古代的朴素辩证法

我们必须学会全面地看问题，不但要看到事物的正面，也要看到它的反面。在一定的条件下，坏的东西可以引出好的结果，好的东西也可以引出坏的结果。老子在二千多年以前就说过："祸兮福所倚，福兮祸所伏。"日本打到中国，日本人叫胜利。中国大片土地被侵占，中国人叫失败。但是在中国的失败里面包含着胜利，在日本的胜利里面包含着失败。历史难道不是这样证明了吗？

——摘自毛泽东《关于正确处理人民内部矛盾的问题》（1957年2月27日）

我看老子比较老实，他说"将欲取之，必固与之"，要打倒你，先把你抬起来，搞阴谋，写在了书上。

——摘自毛泽东1964年8月30日的一次谈话

毛泽东爱读《老子》，还下功夫对各家注释作了研究。原因在于，他从这部传统的哲学奇书中，感受到朴素的辩证法思想，特别看重其中有关对立统一和矛盾转化的论述。

《老子》又称《道德经》，道家的主要经典，相传为春秋末期老聃所著。《老子》虽只有五千言，但其内涵却很丰富、深奥，是旧时学子的必读书籍之一。毛泽东青年时代，对《老子》一书即已非常熟悉。他1913年在长沙读师范学校时写下的《讲堂录》里，便记有："《老子》：天下莫柔弱于水，而攻坚强者莫之能先。"

1917年暑假，毛泽东同萧子升一道"游学"时，在宁乡境内拜访了一位隐居的刘翰林。两人吟咏联句，凑了一首诗送给刘翰林："翻山渡水之名郡，竹杖草履谒学尊。途见白云如晶海，沾衣晨露浸饿身。"这显然是称赞翰林隐居生活的超脱和高雅。在同刘翰林的谈话中，说到了《老子》和《庄子》。据萧子升回忆：在问答中，毛泽东说我们读过《十三经》，也读过《老子》和《庄子》，还回答了刘翰林的问题："最好的《老子》注是王弼作的，最好的《庄子》注是郭象作的。"

1917年下半年至1918年上半年读泡尔生的《伦理学原理》，毛泽东在批语中说到没有"大同之境"存在时，写了这样一段话："是故老庄绝圣弃智、老死不相往来之社会，徒为理想之社会而已。"其中所概括的，便是《老子》里的话。《老子》第十九章曰："绝圣弃智，民利百倍；绝仁弃义，民复孝慈；绝巧弃利，盗贼无有。"第八十章曰："邻国相望，鸡犬之声相闻，民至老死，不相往来。"

新中国成立后，毛泽东也经常读《老子》。例如，1959年10

月23日，其外出前指名要带走的书籍中，便有"关于《老子》的书十几种"。看来，他是要认真研读一番各家注释和研究《老子》的著述。

《老子》是一部哲学书，毛泽东最看重的，便是其中体现的朴素辩证法思想，即有关对立统一和矛盾转化的论述。

书中提出了有无、难易、长短、高下、音声、前后、美丑、损益、刚柔、强弱、祸福、荣辱、智愚、巧拙、大小、生死、胜败、攻守、进退、静躁、轻重等一系列对立统一的概念，认为事物都是一分为二的。

在矛盾转化方面，《老子》认为事物都是向相反方向转化的。举出的诸如"物壮则老""正复为奇，善复为妖""祸兮福所倚，福兮祸所伏""曲则全，枉则直，洼则盈，敝则新，多则得，少则惑"等例证，说明强弱、祸福、曲直、洼盈等对立的事物都会向它们的对立面转化。

1957年，毛泽东在《关于正确处理人民内部矛盾的问题》中，就以其中祸福相依相伏的思辨方法和抗日战争的历史事实，来强调事物的矛盾转化的观点。他讲道："我们必须学会全面地看问题，不但要看到事物的正面，也要看到它的反面。在一定的条件下，坏的东西可以引出好的结果，好的东西也可以引出坏的结果。老子在二千多年以前就说过：'祸兮福所倚，福兮祸所伏。'日本打到中国，日本人叫胜利。中国大片土地被侵占，中国人叫失败。但是在中国的失败里面包含着胜利，在日本的胜利里面包含着失败。历史难道不是这样证明了吗？"

怎样实现矛盾的转化？《老子》强调以退为进、以静制动、以柔克刚、以弱胜强。正是从这个意义方面，《老子》被一些学者视为兵书。毛泽东也很重视这些转化原则。毛泽东1936年12月写的《中国革命战争的战略问题》，在总结土地革命战争的经验教训时，他强调：要改变敌我强弱力量的对比，使之发生于我有利的变化，要实行必要的战略退却，暂时放弃一些土地和城池。接着引用了《老子》第三十六章中关于"将欲废之，必固兴之；将欲取之，必固与之"的策略来加以说明。他说："关于丧失土地的问题，常有这样的情形，就是只有丧失才能不丧失，这是'将欲取之必先与之'的原则。如果我们丧失的是土地，而取得的是战胜敌人，加恢复土地，再加扩大土地，这是赚钱生意。"随后还用生活中一些通俗的事例来反复说明这个道理，如做生意，在市场交易中，买者如果不丧失金钱，就不能取得货物；卖者如不丧失货物，又从何得到金钱？在日常生活中，睡眠和休息虽然丧失了时间，却取得了明天工作的精力。

毛泽东对《老子》里"将欲取之，必固与之"这句话印象很深。1964年8月30日的一次谈话中，他说："我看老子比较老实，他说'将欲取之，必固与之'，要打倒你，先把你抬起来，搞阴谋，写在了书上。"

毛泽东也很关注哲学界对《老子》思想的研究。他读过任继愈的哲学史论著，注意到作者认为老子是唯物论者的观点，还读过天津杨柳桥的《老子今译》，注意到他提出的老子是客观唯心论者的观点，还调查过杨柳桥的背景，知道他在1957年被打成了右派。在1968年10月31日中共八届十二中全会闭幕会上的讲话中，毛泽东特意提到，他不赞成老子是唯物论者的观点，同时谈到了杨柳桥。

1959年，有关部门搞了一份学术界讨论老子思想的综述材料，题为《关于老子哲学是唯物主义还是唯心主义的问题》，送到了毛泽东那里。这份材料介绍说，在认为老子哲学基本上是唯物主义的人当中，一些人认为老子的自然观是唯物的，未涉及老子的认识论，另一些人认为老子的自然观和认识论都基本上是唯物的。而认为老子哲学基本上是唯心主义的人，则认为老子的自然观和认识论都是唯心的。这篇材料还列举了《老子》一书中的15段引文，分别介绍了持两种观点的人对这些引文所作的不同解释。

毛泽东比较赞同老子是客观唯心主义者的观点。他读完材料后很重视，在材料第一页批示道："印10份交我为盼。"这件事是时任毛泽东机要秘书的高智办的。毛泽东要10份，可能是用来推荐给其他人阅读。

说起《老子》，人们难免想到道家。老子、庄子哲学思想的玄想和思辨，对后世道家的思想，影响很深，也深深地浸透到毛泽东的宇宙观及其思维方式之中。比如，1964年8月18日在北戴河同哲学工作者的谈话中，他坚信"一个消灭一个……给人家消灭，或者自己消灭""任何事物都如此"。他说：

人为什么要死？……没有死，那还得了？如果现在见到孔夫子，世界上的人挤都挤不开了。赞成庄子的办法，死了人，敲盆而歌。开庆祝会，庆祝辩证法的胜利，庆祝旧事物的消灭。……我们说，人类灭亡，是产生比人类更进步的东西。现在人类很幼稚。

西晋有个叫潘尼的人，写过一篇《安身论》，大谈"崇德莫大乎安身，安身莫尚乎存正，存正莫重乎无私，无私莫深乎寡欲",强调把"弱志虚心,旷神远致"作为自我的法宝。毛泽东在《晋书》卷五十五《潘尼传》里读到这篇文章,提笔批注:"道家言。"这反映了他对道家的人生观的理解。

作为先秦哲学流派的道家,讲安身立命,讲避世自保,开启了后世道教的一些主张。道家思想流入民间,还融进了巫师方士之术。汉末张道陵倡导于四川鹤鸣山的"五斗米道",为道教定型化之始,后世道教尊张道陵为"天师",奉老子为"教祖",还称之为"太上老君",并以《老子》为主要经典之一。

有意思的是,毛泽东1959年9月15日出席各民主党派负责人的一个座谈会时,专门调侃起那个被道教塑造得走了形的老子。他讲起《西游记》第五十二回"悟空大闹金峣洞,如来暗示主人公"里的故事,说:"老子住在这三十三重天上,不问政治,不参加玉皇大帝的国家组织,不做官,只炼丹,研究自然科学。结果是他的烧火娃娃青牛精偷跑下凡来作怪。"

最后说一件逸事。1965年1月9日,毛泽东会见他的老朋友美国记者埃德加·斯诺。斯诺说道:西方有些"毛学"专家,互相展开争辩,观点各有不同。我不久前在日内瓦参加了一次"北京问题专家"的会,会上辩论的一个问题是,《矛盾论》是不是对马列主义作出了新的贡献?主席一面搞革命,一面给许多教授提供了职业,现在可能很多人成为"毛学"专家。

毛泽东是怎么回答的呢?他说:"中国春秋末期,有一个人写了一部著作,叫《老子》,后来注解《老子》的在一百家以上。现在我的这些东西……在一千年以后看来可能是可笑的了。"从后人注释和研究《老子》,想到后人解释自己的著作,如此潇洒,也很耐人寻味。

◯ 对孔子的长处应该说到

我们这个民族有数千年的历史，有它的特点，有它的许多珍贵品。……从孔夫子到孙中山，我们应当给以总结，承继这一份珍贵的遗产。这对于指导当前的伟大的运动，是有重要的帮助的。

——摘自毛泽东《中国共产党在民族战争中的地位》（1938年10月14日）

"名不正则言不顺，言不顺则事不成……"（《论语·子路》），作为哲学的整个纲领来说是观念论，伯达的指出是对的；但如果作为哲学的部分，即作为实践论来说则是对的，这和"没有正确理论就没有正确实践"的意思差不多。……"正名"的工作，不但孔子，我们也在做，孔子是正封建秩序之名，我们是正革命秩序之名，孔子是名为主，我们则是实为主，分别就在这里。……我们对孔子这方面的长处应该说到。

……孔子在认识论上与社会论上的基本的形而上学之外，有它的辩证法的许多因素，例如孔子对名与事，文与质，言与行等等关系的说明。

——摘自毛泽东致张闻天的信（1939年2月20日）

毛泽东一生，对孔儒思想的态度比较复杂。在他的讲话和文章中，引用《论语》及孔子言论，在古代典籍中居于前列，但晚年他反对孔儒思想又最为激烈。但总体上说，《论语》及孔子言论，是他终生看重的思维和语言工具。

　　《论语》是儒家创始人孔子及其部分弟子言论的汇编，一般认为是由孔子弟子编辑，再传弟子增订。《论语》内容广泛，多半涉及人类社会生活问题，论及如何立身行事，如何处理人与人、人与社会的关系等，其中"仁"是一贯之道。

　　大体说来，在年轻求学期间，毛泽东是扎扎实实地读《论语》，信孔子，甚至明明白白地按传统说法称孔子为"百世可知"的"圣人"。比如，1917年8月23日给黎锦熙的信中，他充满激情地表白："圣人通达天地，明贯过去现在未来，洞悉三界现象，如孔子之'百世可知'，孟子之'圣人复起，不易吾言'。孔孟对答弟子之问，曾不能难，愚者或震之为神奇，不知并无谬巧，惟在得一大本而已。"信中提出的救世良方，是君子以慈悲之心援救小人，就可以"开其智而蓄其德，与之共跻于圣域"。什么是"圣域"呢？其条件与境界如何？"彼时天下皆为圣贤，而无凡愚，可尽毁一切世法，呼太和之气而吸清海之波。孔子知此义，故立太平世为鹄，而不废据乱、升平二世。"由此可见，毛泽东这时的人格理想，是孔子塑造的圣贤先知；他的社会理想，是儒家的大同圣域。

　　在五四运动中，为了破除传统文化中"思想界的强权"，毛泽东也常常发表一些反孔的言论，他说："像我们反对孔子，有很多别的理由。单就这独霸中国，使我们思想界不能自由，郁郁做二千年偶像的奴隶，也是不能不反对的。"

到延安以后，通过阅读大量的马克思主义著作，并用它们来总结革命实践，毛泽东的思想作为一种体系走向成熟，这时，他对孔子的认识也随之全面和科学了，于是叮嘱：从孔夫子到孙中山的遗产，都要继承。当时在中宣部工作的陈伯达就孔子、老子和墨子的思想，写了三篇长文。其《孔子的哲学思想》发表于1939年4月15日出版的延安《解放》杂志上面，全文12万余字。正式发表前，毛泽东读过三次，十分重视。在1939年2月间分别写信给陈伯达和张闻天，一一提出修改意见。在信中，毛泽东分别提出，"我们对孔子的这方面长处应该说到"，"一切观念论都有其片面真理，孔子也是一样"，"'过犹不及'是两条战争的方法"，中庸观念"是孔子的一大发现，一大功绩"。凡此等等，不一而足。

1943年6月，刘少奇在给一位民主人士的关于"人性"问题的长篇通信中说："一切剥削阶级的学者关于人性、是非、善恶、好恶联系起来所构成的学说，没有一个不是说得错误百出的。"毛泽东读后在一旁批注道："剥削阶级当着还能代表群众的时候，能够说出若干真理，如孔子、苏格拉底、资产阶级，这样看法才是历史的看法。""孔孟有一部分真理，全部否定是非历史的看法。"

从新中国成立到"文化大革命"前的这段时间里，毛泽东对孔子思想的看法，大体上仍然保持两点论，基本上是客观的。比如，1954年9月14日，在中央人民政府委员会临时会议上的讲话中，毛泽东谈道：郭沫若用很多材料证明孔子是革命党（指郭沫若《十批判书》中的论述）。孔子著《春秋》而乱臣贼子惧，那是孟子讲的。其实孔子周游列国，就是哪里在造反他就到哪里去，哪里想革命他就到哪里去。此人不可一笔抹煞。1958年11月，在武昌中央工作会议上，毛泽东说："我们共产党看孔夫子，他当然是有地位的，因为我们是历史主义者。但说是圣人，我们也是不承认的。"

以上材料说明，毛泽东在较长的时期内，对孔子是持两点论的，能注意到他的长处。1964年2月3日，在春节座谈会上的讲话中讲到教育制度的改革时，毛泽东还是把孔子看成自学成才的典型和从事简化而有效的平民教育的先驱。他说："孔夫子出身贫穷，放过羊，当过吹鼓手，还做过会计。会弹琴、射箭、驾车子，还搞历史书。他学会了'六艺'。孔子的教育只有六门课程，礼、乐、射、御、书、数，教出颜回、曾参、子思、孟子四大贤人。现在的课程就是多，害死人。"

"文化大革命"开始以后，毛泽东对孔子的看法渐趋于负面。到了20世纪70年代，便径直以批判为主了。说起来，原因并不复杂，主要是出于政治背景的考虑，对于诸子百家思想，他越来越注重挖掘与孔儒对立的法家思想的价值。

无论毛泽东立足于现实需要，怎样看待孔子及其思想，都不影响他在实际工作中对《论语》一些事例和语句的运用发挥。

1930年土地革命时期，毛泽东写了《反对本本主义》，强调搞好中国革命要了解中国国情。怎么才能做到这点呢？他说，"迈开你的两脚，到你的工作范围的各部分各地方去走走，学个孔夫子的'每事问'"，"问题就是这样子解决了"。"每事问"出自《论语·八佾》："子入太庙，每事问。"本来意思是说孔子对周公、周礼尊敬和谨慎的态度，同时也体现孔子重视多见多闻、虚心请教。毛泽东化用它来指调查研究。

1945年在中共七大上的口头政治报告中，毛泽东引用《论语·为政》，讲道：什么是不装？孔夫子的学生子路，那个人很爽直，孔夫子曾对他说："知之为知之，不知为不知，是知也。"懂得就是懂得，不懂得就是不懂得，懂得一寸就讲懂得一寸，不讲多了。

至于孔子强调"博学于文"，要广泛地学习"六艺"，因而在方法上就要多见多闻，虚心请教，"三人行，必有我师焉。择其善者而从之，其不善者而改之""敏而好学，不耻下问"等，对这些说法，毛泽东都是很熟悉的，在他的著作中时有引用。

孔子和《论语》的影响是多方面的，其中一个显著贡献是在教育。毛泽东特别肯定孔子在教育上的贡献。

在1944年3月22日的讲话中，毛泽东还说到，老百姓送学生进学校，还是从孔子开始的。1939年在纪念五四运动的一篇文章中，毛泽东还说过："孔子办学校的时候，他的学生也不少，'贤人七十，弟子三千'，可谓盛矣。"

在毛泽东看来，孔子的教学态度和教学方法最有可取之处。

在抗大讲课时，毛泽东多次讲到孔子及《论语》中的故事。如1938年8月5日，他对抗大第四期毕业学员讲道：

孔子是一个教员，但是他只登过泰山就以为是最高的山了，我的马夫所登过的山比他登过的泰山还高一些。可是他很喜欢当教员，他说教人家就不要打瞌睡，学生也不要打瞌睡。这点是我们最赞成的，虽然他比我的马夫差一点（从登山说），（大笑）但我们还是要学他。看肚吃饭，量体裁衣，看情形来当教员。从孔子那里学来了教人不打瞌睡，但是学生不高兴学，一个个的溜走完了，只剩自己一人也是没意思，所以教员还是要看情形来团结学生，给学生听需要的东西。不要用注入式的方法去灌注学生，而用下毛毛雨的方法去教育学生。这才是当教员的精神，百折不回才是我们的作风。

这一大段讲话生动有趣，通俗易懂，把当先生与当学生的道理讲清楚了，"看情形来团结学生，给学生所需要的东西""不要用注入式的方法去灌注学生，而用下毛毛雨的方法去教育学生"，这些讲的都是要因材施教、因人制宜。

1944年3月22日，在关于陕甘宁边区文化教育问题的讲话中，毛泽东说："在教学方法上，教员要根据学生的情况来讲课。……这个方法听起来好像很新，其实早就有了，孔夫子就是这样教学的。同一个问题，他答复子路的跟答复冉有的就不一样。子路是急性子，对他的答复就要使他慢一些；冉有是慢性子，对他的答复就要使他快一些。"

这里所举教育子路和冉有的例子，出自《论语·先进》：子路问："听到就该行动吗？"孔子说："有父亲、兄长在，怎么能一听到就擅自行动呢？"冉有问："听到就该行动吗？"孔子说："听到了就行动。"另一个学生公西华对孔子说："他们两人问的是同一个问题，而您的答复却相反，我有些糊涂，大胆来问问。"孔子答道："冉有平日做事退缩，所以我给他壮胆，鼓励他进取。子路的胆量有两个人的大，勇于作为，所以我压压他，让他谨慎一些。"

◯ 《庄子》：浪漫主义的哲学思维

　　客观事实完全证明了，我们这个麻雀与别的麻雀不同，可以长大变成鹏鸟。从前中国神话中说：有一个大鹏鸟，从北方的大海飞到南方的大海，翅膀一扫，就把中国扫得差不多了。我们也准备那样，准备发展到三百万、五百万，这个过程就要从小麻雀变成大麻雀，变成一个翅膀可以扫尽全中国的大鹏鸟。

　　——摘自毛泽东1945年4月24日在中国共产党第七次全国代表大会上作的口头政治报告

　　干部子弟（翘尾巴的）吃不开了，尾巴翘不成了，痛苦来了，改变态度也就来了，这就好了。读了秋水篇（指《庄子·秋水》——引者注），好，你不会再做河伯了……

　　——摘自毛泽东致李讷的信（1963年1月4日）

作为道家学派的主要代表，庄子善打比方、讲故事，是个浪漫主义哲学家。毛泽东晚年说自己有"虎气"和"猴气"两面。在"猴气"的比喻中，让人想起道家老庄的达观、洒脱、幽默和不拘一格。这大概也是毛泽东爱读《庄子》的缘故。

《庄子》中的文章，雄丽汪洋、生动活泼、颇富浪漫和幽默气息，一向为后人推崇。青年时代，毛泽东对《庄子》便读得很熟，时常在自己的言论中引用《庄子》里的语句。

毛泽东1913年记的《讲堂录》中，便有直接读《庄子》原著的笔记：

夫小大虽殊，而放于自得之场，则物任其性，事称其能，各当其分。

又何厝心于其间哉。

夫大鸟一去，半岁至天池而息；小鸟一飞，半朝抢榆枋而止。此比所能，则有间矣，其于适性一也。

言鹏不知道里之远近，趣足以自胜而逝。

天之苍苍，其正色邪？其远而无所至极邪？其视下也，亦若是则已矣。

这里主要是摘引《庄子·逍遥游》原文，或清代郭庆藩《庄子集释》卷一上的注文。看来，毛泽东当时读的是郭庆藩的注本。

在《讲堂录》中，读古人的文章，毛泽东也随手用《庄子·齐物论》里的语句来解释有关字词，还引了《庄子·应帝王》中的一段文字："南方之帝曰儵，北方之帝曰忽，中央之帝曰浑沌。儵与忽相遇于浑沌之野，浑沌待之甚厚，儵与忽谋所以报之，曰：人皆有七窍以视听食息，彼独无有，尝为凿之？日凿一窍，七日而浑沌死。"

1917年4月，毛泽东在《新青年》上发表的《体育之研究》一文中，则借《养生篇》里庖丁解牛的故事，说明"养生之道"，认为体育锻炼"皆先精究生理，详于官体之构造，脉络之运行，何方发达为早，何部较有偏缺"。

《逍遥游》是《庄子》的名篇。在这篇文章里，庄子说："北冥有鱼，其名为鲲。鲲之大，不知其几千里也。化而为鸟，其名为鹏。鹏之背，不知其几千里也。怒而飞，其翼若垂天之云。"庄子说他看见一本叫《齐谐》的志怪书中记载，鲲鹏从北往南飞，"水击三千里，抟扶摇而上者九万里"。庄子塑造鲲鹏的本意是，即使是这种横空出世、绝云气、负青天的神鸟，也要凭借空气的浮力才能高翔远举，由此阐发他的"有所待"和"无所待"的哲学问题。但后人以此形象入诗，似乎从来不按照庄子的原意理解这个形象，据其气势风貌把它改造为志向远大、壮美俊伟的崇高形象，多以此自喻或喻人。

毛泽东一生都喜欢《逍遥游》，特别是大鹏这个寓言形象。

早年在《讲堂录》里，毛泽东便从《逍遥游》"且夫水之积也不厚，则其负大舟也无力"的议论中，引申出必须厚积薄发的人生道理。他以李鸿章为例，说李鸿章早年参加镇压太平天国和捻军起义，虽取胜建功，但正如庄子说的，只是以杯水载草芥之舟；而后来他办理国务，着着失败，则如庄子说的以大舟行于浅水，自然无力，因"水之积也不厚"。在毛泽东看来，庄子的水舟议论，应使"浅薄者流，亦知省哉"。

1945年4月24日，在中国共产党第七次全国代表大会上作的口头政治报告中，他把中国共产党及其军队的发展比作一只翅膀可把中国扫尽的大鹏。

此外，毛泽东还多次以这个形象入诗。最早是1918年为准备东渡日本的罗章龙而作的《七古·送纵宇一郎东行》。诗中写道："君行吾为发浩歌，鲲鹏击浪从兹始。"这是指点江山、激扬文字的青年毛泽东的喻人和自喻，其"要将宇宙看秭米"的胸怀和"到中流击水"的信念，跃然纸上。毛泽东如鲲鹏一般激越壮观的生涯，便是从这里起步的。在这首诗里，鲲鹏形象的寓意还较抽象，是一种信念崇拜和自我夸张。他写的"自信人生二百年，会当水击三千里"也是出自《庄子·逍遥游》："鹏之徙于南冥也，水击三千里，抟扶摇而上者九万里，去以六月息者也。"

1963年12月，毛泽东作《七律·吊罗荣桓同志》，于悼念叙往的情境中，突然而出"斥鷃每闻欺大鸟，昆鸡长笑老鹰非"两句，设置了"斥鷃""昆鸡"和"大鸟""老鹰"两组渺小与崇高的对立形象，以喻人事的褒贬。大鸟即鲲鹏，斥鷃泛指小雀。庄子在《逍遥游》里曾提到，斥鷃等宵小之辈，抬头望见背若泰山，绝云气、负青天在天空中展翅的大鹏，颇不以为意地说："我腾跃而上，不过数仞而下，翱翔蓬蒿之间，此亦飞之至也，而彼且奚适也？"即："我一跳就飞起来，不过数丈高就落下来，在蓬蒿丛中盘旋，这已是极好的飞行了。而它还要飞到哪里去呢？"燕雀不知鸿鹄之志，故每见其行而非议之，这是人世间常有的事。毛泽东在诗中袭此典意，把悼念战友的深情，把对罗荣桓的赞扬和倚重之意，引向更开阔的视野，引向国际国内不断变化的风云，引向他对当时形势的看法。

1965年秋，毛泽东在《念奴娇·鸟儿问答》中，他充满感情地描绘："鲲鹏展翅，九万里，翻动扶摇羊角。背负青天朝下看，都是人间城郭。"并嘲笑那种没见过世面，满足于在蓬间跳来跳去，面对风起云涌的情势不知所措，大喊"怎么得了，哎呀我要飞跃"的小雀。这里的鲲鹏，就是那些坚信马列主义、永远继续革命的人，当然包括毛泽东本人。他们的志向是那样的高远，他们的气势是那样的雄壮。人间城郭里的芸芸众生，蓬间小雀患得患失的斤斤计较，都在他们不屑一顾的俯瞰之下。

河伯是传说中的黄河水神，平日觉得百川灌河，以为天下之水皆归于己，便盲目自大。等他顺流东行，看见无涯无际的大海，方觉自己渺小，只能"望洋兴叹"。《庄子·秋水》写了这件事。大概是李讷在给毛泽东的信中说起自己读了这篇文章，毛泽东觉得，读了这篇文章，不会再做河伯，也就是不再盲目自大。

在后世学人眼中，常常是老庄并称，归于道家思想。先秦道家，大体也是一门显学，影响不小，堪与儒家并列。那么，儒道两家，究竟怎样塑造了毛泽东的文化性格呢？

在毛泽东1966年7月给江青的那封著名的信中，或许能透露出一些消息。毛泽东说："我是自信而又有些不自信。我少年时曾经说过：自信人生二百年，会当水击三千里。可见神气十足了。但又不很自信，总觉得山中无老虎，猴子称大王，我就变成这样的大王了。但也不是折中主义，在我身上有些虎气，是为主，也有些猴气，是为次。"在"虎气""猴气"的比喻中，"虎气"让人想到儒家以天下为己任的进取、庄肃、守秩序、务实和浩然之气，"猴气"让人想起道家的退守、虚静、达观、洒脱、幽默和不拘一格。

古代诗人对天人关系的思考

《天问》了不起，几千年以前，提出各种问题，关于宇宙，关于自然，关于历史。

——摘自毛泽东1964年8月18日在北戴河的谈话

主席认为柳宗元的文章的思想性比较韩愈的高，不过文章难读一些。他指出：屈原写过《天问》，过了一千年才有柳宗元写《天对》，胆子很大。我问主席能否说柳宗元是唯物主义者？他说顶多能说有朴素唯物主义思想的成分。主席很推崇刘禹锡，"沉舟侧畔千帆过，病树前头万木春"这两句诗他就很欣赏。……刘禹锡的文章不多，但他所作《天论》三篇，主张"天与人交相胜还相用"之说，他的反对迷信，反对因果报应的思想，主席给以较高的评价。我问主席，刘禹锡可否算作是唐朝的一个朴素唯物主义者？主席说："可以。"

——摘自毛泽东1965年6月20日在上海同刘大杰等人的谈话

毛泽东对宇宙自然，对人类历史的演变逻辑，有着终极关怀。于是，他把阅读思考的触角伸向了古人带"天"字的哲学论文。

在古代文学家当中，屈原第一个以其独特的艺术想象和批判精神，在《天问》中提出了一百七十多个疑问，内容涉及天地的形成和结构，以及人类社会变迁的种种神话传说。对诸如伏羲为帝、女娲造人、殷受天命等既成的传说和信念，屈原都表示了大胆的怀疑和驳难，体现了神话不可依、天命不可待的历史理性观念，所以鲁迅说屈原的《天问》"怀疑遂古之初，直至百物之琐末，放言无惮，为前人所不敢言"。

《天对》是柳宗元被谪贬永州（今湖南零陵）期间写的论著，它以逐段回答《天问》的形式，批判地继承了《天问》的思想，发展了荀况的"天人相分"的唯物主义观点和王充等人的"元气一元论"的唯物主义学说，并吸收了当时自然科学的成果，批驳了各种把自然界神化的传说和神灵创世的谬论。作者认为：在天地未形成以前，宇宙间只存在着一种叫做"元气"的原始物质；宇宙是无限的；天地万物是由宇宙间阴阳两种元气的变化产生的。这些观点，不但坚持了唯物论，而且包含着朴素的辩证法因素，对推进我国古代唯物主义的宇宙理论作出了重要贡献。此外，作者还运用无神论去解释历史，驳斥了"君权神授"的谬说，指出人心的向背是决定王朝兴废的主要原因，这在当时也是有积极意义的。

《天问》既是一篇气势磅礴的文学作品，又是一篇表达历史理性思维的哲学论著，把二者结合起来，屈原是第一个，故引起思想家兼诗人毛泽东的重视。《天问》的了不起之处，在于它提出了问题；《天对》的了不起之处，则在于它以唯物主义思想和诗的形式回答了问题，而且《天问》产生以来，就只有这么一篇有胆识的"对答"，这是毛泽东格外推崇柳宗元的原因。

毛泽东认为，要全面准确地评价柳宗元的文学创作的积极意义，就不能抛开他在唯物主义思想方面的突出贡献。1959年3月1日，《光明日报》刊载了一位文学史家写的读书札记《柳宗元的诗》，简要分析了柳宗元的政治讽喻、反映民生疾苦、抒发个人牢骚、离乡去国的悲愁等几类题材的作品。

毛泽东读后，对工作人员谈了自己的看法："柳宗元是一位唯物主义哲学家，见之于他的《天说》，刘禹锡发展了这种唯物主义；而这篇文章无一语谈到这一大问题，是个缺点。"提出"天与人交相胜"这个观点的是刘禹锡的《天论》，但柳宗元是赞成这个观点的。柳宗元在读到刘禹锡的《天论》后，曾写了《答刘禹锡〈天论〉书》，说刚读时，"大喜，谓有以开吾志虑"。在这篇文章中，他便引了刘禹锡的天人"交胜"之说。

刘禹锡写《天论》，起因于柳宗元的《天说》。刘禹锡的意思是欲毕《天说》未究之言。《天说》是柳宗元在永州时写的一篇短文，是同韩愈就天有无意志问题进行论战的。韩愈认为天有意志，能赏功罚祸。柳宗元在这篇文章中说天地、元气、阴阳都是物质，没有意志，人类社会是"功者自功，祸者自祸"。毛泽东对这篇文章很熟悉。1963年5月他在杭州中央工作会议期间的一次谈话中说："柳宗元三十岁到四十岁有十年都在永州，他的山水散文，与韩愈论辩的文章，就是在永州写的。"

毛泽东说"刘禹锡发展了这种唯物主义"，是指刘禹锡的《天论》。《天论》是刘禹锡的哲学思想的代表作，主要论述了天的物质性、天与人的关系、产生天命论的根源三大问题。柳宗元的《天说》只阐明了天人相异的观点，刘禹锡的《天论》三篇则进一步提出了"天非务胜乎人"而"人诚务胜乎天"的观点，所以说是发展了柳宗元的唯物主义。

刘大杰在《一次不平常的会见》这篇文章中还记述，毛泽东1965年6月20日同他的谈话中，还从天命观说到王安石。刘大杰说："对于宋朝的王安石，我们一向总认为他能反对天命、反对封建宗法是他的进步之处。主席却认为，在王安石之前已经有人提出过反对天命、反对封建宗法的思想，譬如屈原、王充。主席说：'王安石最可贵之处在于他提出了"人言不足恤"的思想，在神宗皇帝时代，他搞变法，当时很多人攻击他，他不害怕。封建社会不比今天，舆论可以杀人，他能挺得住，这一点不容易做到。'……主席还说：'要学习王安石这种"人言不足恤"的精神，不要害怕批评，要敢于发展、坚持自己的见解。'"

毛泽东由此及彼地阅读和评论《天问》《天对》《天说》《天论》以及王安石的"人言不足恤"的观点，足见其读书方法之一斑，也说明他对古代哲学中有关"天"的本质和起源非同一般的重视。大凡深邃的思想家，多愿意去思考世界起源、天人关系、人类历史发展规律这样一些终极话题。

要懂马克思主义，就要读西方哲学

我劝在座的同志，你们如果懂得唯物主义和辩证法，那就还需要补学一点它的对立面唯心主义和形而上学。康德和黑格尔的书，孔子和蒋介石的书……需要读一读。……我们有些共产党员、共产党的知识分子的缺点，恰恰是对于反面的东西知道得太少。读了几本马克思的书，就那么照着讲，比较单调。讲话，写文章，缺乏说服力。你不研究反面的东西，就驳不倒它。马克思、恩格斯、列宁都不是这样。他们努力学习和研究当代的和历史上的各种东西，并且教人们也这么做。马克思主义的三个组成部分，是在研究资产阶级的东西，研究德国的古典哲学、英国的古典经济学、法国的空想社会主义，并且跟它们作斗争的过程中产生的。

——摘自毛泽东1957年1月27日在省市自治区党委书记会议上的讲话

德国哲学家、唯物主义者费尔巴哈，第一个看透神是人的思想意识的反映。他的书必须看。当然，黑格尔的书也必须看。……我是相信过康德的，也看过希腊亚里士多德的书，看过柏拉图的书，看过苏格拉底的书。不读唯心主义的书、形而上学的书，就不懂得唯物主义和辩证法。这是我的经验，也是列宁的经验，也是马克思的经验。

　　　　——摘自毛泽东1965年8月5日同外宾的谈话

西方哲学著作，不是毛泽东读书的重点，但他对西方哲学史还是相当熟悉的。他读了一些有关专门研究西方哲学史的书，以及西方哲学的一些经典著作。他的一个基本观点是，搞不清西方哲学，就不可能真正懂得马克思主义哲学。

对于西方哲学知识的积累，毛泽东从青年时代就开始了。

新文化运动中，毛泽东直接或间接地与杜威、罗素有过联系。1919年下半年，杜威在北大讲学时，正值毛泽东刚离开北京，但杜威讲演的实验主义哲学、政治哲学、教育哲学等，在《北大日刊》《新青年》《新潮》以及北京《晨报》、上海《民国日报》、湖南《大公报》等报纸上有详细连载。毛泽东不放过对这些杂志报纸的阅读，他对杜威这些讲演录都详细地加以研究过，并受到其中一些观点的影响。

毛泽东第二次上北京，在北大直接听过杜威作《现代的三个哲学家》的讲演。杜威谈到对詹姆士的实用主义、罗素的教育哲学和柏格森的生命奋进论的看法，毛泽东颇为欣赏，他决心以杜威的《现代的三个哲学家》为教本，认真研究西方哲学。1920年6月7日，他写信告诉黎锦熙："我近来功课，英文，哲学，报，只这三科。哲学从'现代三大哲学家'起，渐次进于各家。"

1920年10月，杜威、罗素由蔡元培等人陪同，分别由北京、上海到湖南长沙讲演，这在湖南是颇为轰动的大事。毛泽东参加了筹备和接待工作，并被特聘为讲演大会记录员。他奔走于各讲演会场之间听杜威和罗素的讲演，听后立即与彭璜、张文亮等新民学会会员进行了详细的讨论。这次活动对毛泽东的政治、哲学思想都有重大的影响。

在阅读西方哲学著述方面，毛泽东受到蔡元培的较大影响。他两次去北京，都请教过蔡元培，多次听过蔡元培讲演。在湖南省立第一师范学校求学期间，在杨昌济指导下，他阅读过蔡元培以德国哲学家厉希脱尔的《哲学导言》为本，兼采泡尔生、孔德的《哲学入门》而编写的《哲学大纲》。他在《体育之研究》中，引用了该书的一些观点，甚至把一些话直接写进了文章中。毛泽东对《伦理学原理》一书所作的批语，其中一些观点也来自《哲学大纲》。

此外，蔡元培的美学思想以及他对互助论、工读主义的提倡，对尼采和柏格森哲学的介绍，都给毛泽东较深的影响。1937年，毛泽东在给蔡元培的信中无限感慨地回忆道："五四运动时期北大课堂，旧京集会，湘城讲座，数聆先生之崇论宏议，不期忽忽二十年矣！"他在信中谦称自己为"曾聆教益之人"，可见他对蔡元培的崇敬。

1964年，毛泽东曾向斯诺回忆，他从青年时代到1937年前，"读过黑格尔，在那以前还读过恩格斯"。这里所谈的，就是他自己的哲学思想形成的理论准备过程。德国在近代的雄姿勃起，以及由它挑起的、当时正在进行的第一次世界大战，引起了中国思想先进的人对德国的特别重视。德国著名思想家的著作在中国较早就有介绍。早在辛亥革命前，介绍过康德、黑格尔哲学的杂志就有《河南》《湘江潮》《新民丛报》《民报》等。新文化运动中，《新青年》等杂志曾刊登不少文章介绍黑格尔及德国哲学。

青年毛泽东还通过阅读《伦理学原理》《西洋伦理学史》《哲学大纲》等著作，对黑格尔哲学有所了解。此外，毛泽东和朋友们还把讨论黑格尔哲学作为学习研究的一个重要内容。李维汉在毛泽东主办的湖南自修大学校刊《新时代》第一卷第二号、第三号上发表的《观念史观批评》一文，较系统地评述了黑格尔唯心辩证的得失。这篇文章的观点，应当说凝聚了他和毛泽东、蔡和森等人长期以来对黑格尔哲学"共同讨论、共同研究"的成果。其中关于绝对真理和相对真理的关系，关于辩证法与形而上学的对立的论述，16年后，毛泽东在写作《矛盾论》和《实践论》时，也予以采纳并使之完善。这说明毛泽东青年时代对西方哲学的学习与了解，对他后来的哲学活动是产生了直接效应的。

在戎马倥偬的中央苏区时期，毛泽东也注意阅读西方哲学。1959年8月1日，在庐山召开的中共中央政治局扩大会议上，他回忆说："我的'狭隘经验主义'称号，是×××加的，对我有很大帮助，读了几本书，很感谢他，德波林的《欧洲哲学史》，就是打水口期间读的。原来不懂辩证唯物主义、历史唯物主义是什么东西。"毛泽东这里说的"打水口期间"，即1932年年中。

毛泽东更多地涉猎西方哲学书籍，是在延安时期和新中国成立后。比如，1959年10月23日，他离开北京外出前，指名要了一批书带走，在留下的书单中，关于西方人文社会科学方面的著述，除一本《西方名著提要（哲学社会科学部分）》外，只列学科未列作者和书名的有"从古典经济学家到庸俗经济学家的一些主要著作"，只列作者未列书名的有"黑格尔、费尔巴哈、欧文、傅立叶、圣西门"。

据王任重1966年2月3日的日记记载，毛泽东当时在武汉，正在读恩格斯的《家庭、私有制和国家的起源》和摩尔根的《古代社会》，并告诉王任重，要在武汉读几本经典著作。1970年12月18日，毛泽东会见斯诺时，对他讲："科学上的发明我赞成，比如，达尔文、康德，甚至还有你们美国的科学家，主要是那个研究原始社会的摩尔根，他的书马克思、恩格斯都非常欢迎。从此才知道有原始社会。"

毛泽东对古希腊哲学和以康德、黑格尔、费尔巴哈为代表的德国古典哲学，更熟悉一些。而古希腊哲学和德国古典哲学，恰是西方哲学发展史上的两座高峰。

1964年2月9日同外宾的谈话中，毛泽东对古希腊哲学和德国古典哲学的哲学思想，有过这样一段整体评述：

古代希腊的辩证法是在当时的辩论中发展起来的，古代希腊的唯物主义和辩证法是在同敌人的斗争中发展起来的。苏格拉底注重伦理学，他不是唯物主义者，也不是辩证法的理论家，但是他注意研究伦理学和宪法，同敌人作斗争。他的一辈子过得不开心，结果死得也很惨。柏拉图是彻底的唯心主义者，他写了一本书叫《理想国》，他发展了唯心主义，后来的亚里士多德批评了他的唯心主义。亚里士多德是一位大学者，比苏格拉底和柏拉图的水平高。他对于自然科学的许多方面有研究，批评了柏拉图的唯心主义，创立了形式逻辑。欧洲在中世纪时，对亚里士多德是很崇拜的。在比较近代的德国，康德的老师就是亚里士多德。康德也是一个了不起的人，天文学中的星云学是他创立的。此人还搞了十二个范畴，这十二个范畴都是对立的统一，但他不能解释这些问题。他说事物的本质是不可知的，他是一个不可知论者。黑格尔的先生就是康德。黑格尔是唯心主义者，他大大地发展了唯心主义的辩证法，即客观的辩证。他是马克思、恩格斯的先生，也是列宁的先生，也是我们的先生。对于马克思和恩格斯来说，没有康德、黑格尔和费尔巴哈的德国古典哲学，就不会有马克思主义的哲学；没有英国的古典经济学，就不会有马克思主义的政治经济学；没有法国的空想社会主义，就不会有马克思主义的科学社会主义。你看，马克思和恩格斯的先生多么广泛，他们从英国学经济学，从法国学社会主义，从德国学哲学。

　　"没有……德国古典哲学，就不会有马克思主义的哲学"，这是毛泽东自己阅读，并建议别人阅读西方哲学著作的一个重要原因。

　　此外，研读西方哲学书籍，毛泽东有一个深切感受，即哲学作为认识工具和理论武器，总是反映和支持着各国的现实需要。对这个感受，他在1959年底1960年初读苏联《政治经济学（教科书）》的谈话中，曾有过表述："资产阶级哲学家都是为他们当前的政治服务的，而且每个国家，每个时期，都有新的理论家，提出新的理论。英国曾经出现了培根和霍布斯这样的资产阶级唯物论者；法国曾经出现了百科全书派这样的唯物论者；德国和俄国的资产阶级也有他们的唯物论者。"虽然都是唯物论，但为了服务于现实政治，必须延伸出"各自特点"。没有对西方近代各国哲学的了解，就不会有这样具体的认识。

　　最后，讲一个小故事。

　　1920年，毛泽东曾经在长沙办过一个文化书社，用今天的话来说，他就是一个书商。他在报纸上登广告推荐的书目中，有一本《赫克尔一元哲学》。作者赫克尔（今译海克尔）是德国生物学家和哲学家，在自然科学领域是唯物主义代表和无神论者，是达尔文学说的发扬者。毛泽东对这本书印象很深，以至到1965年1月9日同斯诺谈话时，还说："海克尔写的一本书里头有相当丰富的材料，他不承认他自己是唯物主义者，实际上是唯物主义者。"1967年1月13日晚上，毛泽东和刘少奇在人民大会堂进行了他们两个人之间的最后一次谈话。谈话中，他向刘少奇推荐了海克尔的这本书。

1975年10月30日，会见联邦德国总理施密特时，毛泽东又讲：我对黑格尔、费尔巴哈、康德，还有海克尔的书感兴趣。接着问在座的外宾，是否看过海克尔的著作，只有施密特和他的顾问克劳斯·梅奈特看过，其他外宾有的说没有看过，有的还不知道海克尔其人，年轻的翻译甚至将海克尔译成了黑格尔，毛泽东立刻纠正，"是恩斯特·海克尔"。施密特后来在他的回忆录《伟人和大国》中也说，他和毛泽东花了十分钟的时间，讨论了"海克尔那部粗糙的唯物主义著作"。

大错误都源于不懂辩证唯物论

辩证法的本质即对立的统一法则。

矛盾的特殊性，每一不同过程的矛盾互不相同。

没有同型的矛盾。不同性质的矛盾，要用不同的方法去解决。

一个复杂的过程有许多矛盾，这许多矛盾中，有一个矛盾是主要矛盾，其他则为次要矛盾。由于主要矛盾的发展规定各次要矛盾的发展，不能区别矛盾之主要与次要、规定的矛盾与被规定的矛盾，便不能探出过程之最本质的东西出来。

——摘自毛泽东1936年11月至1937年4月4日读西洛可夫、爱森堡等《辩证法唯物论教程》（中译第三版）的批注毛泽东第一次系统地读到马克思主义理论经典原著，是1932年率红军打下福建漳州以后。他从漳州城里的一所中学图书馆找到一本恩格斯的《反杜林论》。该书系统地论述了马克思主义哲学、政治经济学和科学社会主义。毛泽东一直把《反杜林论》带在身边，在长征途中也不时阅读。

毛泽东第一次阅读系统阐述马克思主义哲学体系的书籍，应该是苏联西洛可夫、爱森堡等人集体撰写的《辩证法唯物论教程》（简称《教程》）。因为是第一次读到，毛泽东在这本书上留下的阅读批语，是所有阅读过的哲学书中最多的。

《教程》于1931年出版，是苏联哲学界批判德波林学派之后写作较早、影响较大的一本哲学书。1932年3月，日本学者将它译成日文在日本出版。1932年9月，我国哲学家李达和他的学生雷仲坚从日文本转译成中文，以笔耕堂书店名义出版，为竖排本。到1935年6月，印行了第三版。该书是译成中文的第一部苏联哲学教科书，被认为对辩证法唯物论作了系统说明，对传播马克思主义哲学理论起到了一定的作用。

毛泽东是在红军长征到达陕北之后读到这本书的。1936年8月14日，他致信老朋友易礼容说："李鹤鸣王会悟夫妇与兄尚有联系否？我读了李之译著，甚表同情，有便乞为致意，能建立友谊通信联系更好。"李鹤鸣即李达。信中提到的译著，可能就是李达与雷仲坚合译的这本《教程》。

毛泽东对《教程》部分章节可能批注了四遍。第一、第二遍是用黑铅笔批注的，第三遍是用红蓝铅笔批注的，第四遍是用毛笔批注的。这本书近600页，27万字。第一次用铅笔批画，每页都有，看来是逐页批读。最后一次用毛笔字的批注文字较多，说明他经过多次研读已产生了很多想法。全书批注文字共12000字。

值得一提的是，他最初读的《教程》，是李达和雷仲坚在1935年6月翻译出版的第三版。不久，两位译者又翻译出版了第四版，20世纪40年代初得到这个新版本后，毛泽东又是一番细读，又写了不少批语。

毛泽东下功夫读此书，绝非偶然。

此前的土地革命战争时期，中国共产党党内先后出现了三次"左"倾错误，特别是"左"倾教条主义在党内的四年统治，使中国革命陷入濒临危亡的境地。教条主义者不是把马克思主义当作行动的指南，而是当作僵死不变的、到处套用的教条；他们生吞活剥马克思主义书籍中的只言片语，并用来吓唬人们；他们不顾中国革命的实际情况，照搬照套外国经验和共产国际的指示。在红军长征到达陕北后，毛泽东下决心研究哲学，目的是从理论上纠正和消除教条主义错误思想方法的影响。

1936年7月，到达陕北保安的美国记者埃德加·斯诺记述说："毛泽东是个认真研究哲学的人。我有一阵子每天晚上都去见他，向他采访共产党的党史。有一次一个客人带了几本哲学新书来给他，于是毛泽东就要求我改期再谈。他花了三四夜的工夫专心读了这几本书，在这期间，他似乎是什么都不管了。"

毛泽东当时发愤研究哲学，还有一个重要原因。教条主义者曾给他戴了顶"狭隘经验论"帽子，甚至说"山沟沟里出不了马列主义"。为此，不能说毛泽东心里没有憋一口气。只有发愤读书，掌握理论工具，占领哲学思想和方法论的制高点，才能澄清和回击此前对他的批判，才能从根本上驳倒那些以正统马克思主义者自居而实为教条主义的人。对这个阅读初衷，他从不隐瞒。

据郭化若回忆，1937年8月，他去看望毛泽东，"见主席办公桌上摆满了马列主义书籍，拿起一本《辩证法唯物论教程》翻了翻，见开头和其他空白处都有毛主席的墨笔小字旁批，内容多是谈中国革命中的经验或者教训"。毛泽东对他说："不读书不行呀，人家不是说我狭隘经验论吗？"

毛泽东这段时期下功夫阅读的哲学书籍，除了这本《教程》，还有艾思奇的《大众哲学》《哲学与生活》，米丁等的《辩证唯物论与历史唯物论》（上册），河上肇的《马克思主义经济学基础理论》，李达的《社会学大纲》，等等。

毛泽东读《教程》，关注点在哪里？

《教程》从哲学理论上批评伯恩施坦和普列汉诺夫，说他们用平静的进化论和折中主义代替革命的辩证法，否定或者说是不理解唯物辩证法的本质——对立统一规律。这个观点引起毛泽东的高度重视，因为中国革命中出现的教条主义以及经验主义的错误，从思想方法上讲，就是不懂得马克思主义的认识论和唯物辩证法，特别是不懂得对立统一规律，不懂得事物的矛盾性，不懂得矛盾的普遍性、特殊性及其相互关系，不懂得对具体事物要作具体分析。于是他在阅读中批下了"辩证法的本质即对立的统一法则"14个字。

《教程》谈到俄共历史上的"少数派"，说他们"不从具体的现实出发，而从空虚的理论的命题出发""把离开具体发展的死的抽象作为对象，造出了产生任意的主观的非唯物论的解释事实的地盘"。读至此，毛泽东批注："不从具体的现实出发，而从空虚的理论命题出发，李立三主义和后来的军事冒险主义与军事保守主义都犯过此错误，不但不是辩证法，而且不是唯物论。"这个批注直接点了李立三的名，却没有点王明、博古、李德，这是因为当时中央对第三次"左"倾教条主义错误还没有明确定性。

《教程》说到资本主义体系对苏联社会主义发展的影响，总是通过苏联社会主义内部的矛盾曲折反映出来的。读至此，毛泽东想到中央苏区时期红军第五次反"围剿"失败的原因，批注说："'非战之罪，乃天亡我'的说法是错误的。（第）五次反围剿失败，敌人的强大是原因，但战之罪，干部政策之罪，外交政策之罪，军事冒险之罪，是主要原因。……国民党能够破苏区与红军，但必须苏区与红军存在有不能克服的弱点。若能克服弱点，自己巩固，则谁也不能破坏。"

这段批语所针对的，是遵义会议期间，李德、博古等人为他们指挥的第五次反"围剿"失败辩护时，总是强调敌人强大这一客观原因，而不注意从自身的战略失误和内部政策上找原因。毛泽东读《教程》，明显找到了反驳的哲学理由，即外因总是通过内因起作用。

在全面抗战即将到来的历史拐点上，毛泽东读《教程》，就已自觉地运用哲学工具来分析抗日战争的一些新问题了。例如，《教程》批判机会主义，"虽曾努力记述并说明在他们眼前发生着的斗争的过程，却完全不能定出关于这个斗争的正确口号"。毛泽东读至此批注："目前斗争的正确口号是抗日民族统一战线，而首先的问题是国内和平即国共合作。"《教程》说："资本主义社会现实地存在着，具有使它和以前的社会形态相区别的许多特殊性。"他在"许多特殊性"旁画了三道横杠,又加一条曲线,批注说:"战争首先分析特点,统一战线也是首先分析特点——中日矛盾与国内矛盾。"

细读《教程》,为毛泽东1937年七八月间撰写《矛盾论》和《实践论》做了直接准备。批语中表达的认识,有的直接写进了这两本小册子里,并产生了广泛的影响。

在《矛盾论》一开篇,毛泽东写道:"事物的矛盾法则,即对立统一的法则,是唯物辩证法的最根本的法则。""我们现在的哲学研究工作,应当以扫除教条主义思想为主要的目标。"

"矛盾不同,解决的方法也不同",这是毛泽东哲学思想中的一个重要内容。毛泽东在《矛盾论》中对这一思想加以详细的阐发。他写道:"不同质的矛盾,只有用不同质的方法才能解决。例如,无产阶级和资产阶级的矛盾,用社会主义革命的方法去解决;人民大众和封建制度的矛盾,用民主革命的方法去解决;殖民地和帝国主义的矛盾,用民族革命战争的方法去解决;在社会主义社会中工人阶级和农民阶级的矛盾,用农业集体化和农业机械化的方法去解决;共产党内的矛盾,用批评和自我批评的方法去解决;社会和自然的矛盾,用发展生产力的方法去解决。过程变化,旧过程和旧矛盾消灭,新过程和新矛盾发生,解决矛盾的方法也因之而不同。"

在《矛盾论》中,他针对党内存在的教条主义错误,尖锐地写道:"用不同的方法去解决不同的矛盾,这是马克思列宁主义者必须严格地遵守的一个原则。教条主义者不遵守这个原则,他们不了解诸种革命情况的区别,因而也不了解应当用不同的方法去解决不同的矛盾,而只是千篇一律地使用一种自以为不可改变的公式到处硬套，这就只能使革命遭受挫折，或者将本来做得好的事情弄得很坏。"

1937 年 11 月，从苏联经新疆回到延安的陈云见到毛泽东，说教条主义统治中央时自己犯过错误，原因是缺少经验。毛泽东不同意这个解释，提出，"不是经验少，是思想方法不对头，是思想方法的问题"，并建议陈云要多读哲学书籍。

俗话说，打蛇要打七寸，牵牛要牵牛鼻子。总结土地革命战争的经验教训，一定要找准穴位、抓住要害。"思想方法不对头"，就是毛泽东找到的"穴位"和牵出的"牛鼻子"。

稍后毛泽东读博古翻译的斯大林的《辩证唯物论与历史唯物论》这本小册子时，在批语中把他的这个认识成果概括为一句话："一切大的政治错误没有不是离开辩证唯物论的。"

实践是真理的标准

实践是真理的标准。

有用性是真理性的标准——实利主义。

有用非即真理，真理必是有用。

认识史没有结束。

——摘自毛泽东读米丁等的《辩证唯物论与历史唯物论》的批注

如果说，毛泽东读西洛可夫、爱森堡等的《辩证法唯物论教程》有助于他写出《矛盾论》，那么，他读米丁等的《辩证唯物论与历史唯物论》，则有助于他写出《实践论》。

米丁主编的《辩证唯物论与历史唯物论》一书出版于1933年。该书较为系统地阐释了马克思主义哲学的基本原理。该书上册的中译本于1936年12月由中山文化教育馆编辑，商务印书馆出版。译者沈志远在中译本序言中介绍说："这部著作在目前苏联是一部流行最广的大学校的哲学课本。"

毛泽东对这本书的批读，不同于《辩证法唯物论教程》，不是每页批画。在全书491页中，留下批画符号的有186页，主要集中在第三章第五节"社会的实践为认识底（的）标度"、第四章第一节"对立体一致底法则"和第二节"量变质和质变量底法则"。

毛泽东在这本书上写有2600多字的批注。他在批注中没有留下明确时间，但从批注内容看，有些话与《实践论》和《矛盾论》中的话几乎一字不差，只是批注中的有些观点在"两论"中得到了进一步发挥。据此推论，毛泽东对这本书的批注同对《辩证法唯物论教程》的批注一样，是后来写作"两论"的直接准备的一部分。因此，毛泽东批读此书的时间，当在1937年7月以前。

毛泽东在读这部书时，重点放在认识论和辩证法两个方面。

《辩证唯物论与历史唯物论》（上册）第三章第五节论述说：实践特别是物质生产的实践是证明认识是否是真理的标准；只要在实践中，首先是在物质生产中，达到了思维所预想的结果，就证明人的认识反映了客观外界的规律，证明了认识的真理性；如果认识没有反映客观外界的规律，那么，实践就会失败，就收不到认识所预想的结果。人们正是在实践中产生和发展着认识，检验着认识，改造着自然和社会。

读这段论述，毛泽东写下"实践是真理的标准"这一重要批语。毛泽东一向重视真理标准问题。他在阅读《辩证法唯物论教程》时，就批有"实践证明是否真理"等话语。

毛泽东在《实践论》中，对实践是检验真理标准的思想，进一步作了阐发："马克思主义者认为，只有人们的社会实践，才是人们对于外界认识的真理性的标准。实际的情形是这样的，只有在社会实践过程中（物质生产过程中，阶级斗争过程中，科学实验过程中），人们达到了思想中所预想的结果时，人们的认识才被证实了。……判定认识或理论之是否真理，不是依主观上觉得如何而定，而是依客观上社会实践的结果如何而定。真理的标准只能是社会的实践。"

这段关于实践标准的阐发，较之米丁等的《辩证唯物论与历史唯物论》的论述，更为准确和直接。

在以后领导中国革命和建设的过程中，毛泽东结合中国革命和建设的实践，进一步阐发了这一思想。1940年1月，在《新民主主义论》中，毛泽东写道："真理只有一个，而究竟谁发现了真理，不依靠主观的夸张，而依靠客观的实践。只有千百万人民的革命实践，才是检验真理的尺度。"

1963年5月，在《人的正确思想是从哪里来的？》一文中，毛泽东指出："人们的认识经过实践的考验，又会产生一个飞跃。这次飞跃，比起前一次飞跃来，意义更加伟大。因为只有这一次飞跃，才能证明认识的第一次飞跃，即从客观外界的反映过程中得到的思想、理论、政策、计划、办法等等，究竟是正确的还是错误的，此外再无别的检验真理的办法。"

《辩证唯物论与历史唯物论》在说明马克思主义认识论原理时，批判了实用主义的真理观。实用主义认为，真理不是对客观事物及其规律的反映，而是对人有用的东西，从而把有用性作为真理的标准。这种真理观在理论上必然陷入多元论，陷入相对主义，否认客观真理的存在。

马克思主义哲学认为，真理对于人是有价值的，是有用的，它可以服务于人类征服自然、改造社会和人自身的需要。真理是有用的，但是并不是说有用的就是真理。例如，在阶级社会中，一些剥削阶级利用宗教来为自己的统治服务，说明自己的统治是神圣不可侵犯的，"君权神授"就是西欧中世纪和中国封建社会封建统治阶级用以维护统治的工具。这种宗教学说对于封建统治者是有用的，但绝不是真理。主张有用的就是真理，必然否认真理的客观性，否认真理是对客观世界规律的反映，从而把真理变成主观任意的东西。

毛泽东读这段论述时，摘出了其要点，批在书的空白处。"有用非即真理，真理必是有用"这句话，简明地说明了实用主义真理观与马克思主义真理观的区别。毛泽东在阅读西洛可夫、爱森堡等著的《辩证法唯物论教程》中有关批判实用主义真理观的论述时，曾写下"他们所谓真理，是主观的部分的真理，没有客观性与全体性"的批语。

这两处批语，表明毛泽东对实用主义真理观的实质的认识是深刻的。实用主义真理观没有正确解出真理的客观性与价值性的关系。毛泽东则在理论上坚持了马克思主义真理观，坚持真理的客观性与价值性的统一。他既强调实事求是，从实践中认识客观事物的规律，把社会实践作为检验真理的标准，同时又认为，我们的理论认识及一切工作都是为着人民的利益的。这一目的，要求我们去探究真理，坚持真理，修正错误，并且只有掌握了真理才能为人民的利益服务。

1945年4月24日，毛泽东在《论联合政府》中说："共产党人必须随时准备坚持真理，因为任何真理都是符合于人民利益的；共产党人必须随时准备修正错误，因为任何错误都是不符合于人民利益的。"这就说明了坚持人民利益与探索和坚持真理的一致性。

"认识史没有结束"，这是毛泽东在读《辩证唯物论与历史唯物论》说明认识发展原理时的一条批注。毛泽东在马克思和恩格斯的学说"并不是死的教条。它并未结束认识底历史"下面画了两条重重的波浪线，并加了圈点，写下了这一批注。

毛泽东在不久后写的《实践论》中，全面阐发了这一思想。他写道："马克思主义者承认，在绝对的总的宇宙发展过程中，各个具体过程的发展都是相对的，因而在绝对真理的长河中，人们对于在各个一定发展阶段上的具体过程的认识只具有相对的真理性。无数相对的真理之总和，就是绝对的真理。客观过程的发展是充满着矛盾和斗争的发展，人的认识运动的发展也是充满着矛盾和斗争的发展。一切客观世界的辩证法的运动，都或先或后地能够反映到人的认识中来。社会实践中的发生、发展和消灭的过程是无穷的，人的认识的发生、发展和消灭的过程也是无穷的。根据于一定的思想、理论、计划、方案以从事于变革客观现实的实践，一次又一次地向前，人们对于客观现实的认识也就一次又一次地深化。客观现实世界的变化运动永远没有完结，人们在实践中对于真理的认识也就永远没有完结。马克思列宁主义并没有结束真理，而是在实践中不断地开辟认识真理的道路。"

认识到马克思主义需要根据社会实践的发展变化、根据社会实践的不同情况而不断发展和丰富，不能把马克思主义教条化、凝固化、僵死化，对中国革命和建设的指导意义巨大。

毛泽东通过阅读《辩证法唯物论教程》和《辩证唯物论与历史唯物论》两书收获的这些理论认识，在今天看来已是常识，但在当时却是醒世之言。联系土地革命的曲折经历来理解，更显出其沉甸甸的分量。新中国成立后，毛泽东主持编辑《毛泽东选集》，在《实践论》和《矛盾论》的题注中明白表示写这两本哲学小册子的目的："《实践论》，是为着用马克思主义的认识论观点去揭露党内的教条主义和经验主义——特别是教条主义这些主观主义的错误而写的"，《矛盾论》是"继《实践论》之后，为了同一的目的，即为了克服存在于中国共产党内的严重的教条主义思想而写的"。

思想上搞形而上学，政治上就犯错误

斯大林有许多形而上学，并且教会许多人搞形而上学……

苏联编的《简明哲学辞典》第四版关于同一性的一条，就反映了斯大林的观点。辞典里说："像战争与和平、资产阶级与无产阶级、生与死等等现象不能是同一的，因为它们是根本对立和互相排斥的。"这就是说，这些根本对立的现象，没有马克思主义的同一性，它们只是互相排斥，不互相联结，不能在一定条件下互相转化。这种说法，是根本错误的。

——摘自毛泽东 1957 年 1 月 27 日在省市自治区党委书记会议上的讲话

《简明哲学辞典》是有些毛病的，我批评了尤金，现在第四版有大修改。

——摘自毛泽东 1959 年 8 月 11 日在中共八届八中全会上的讲话

苏联哲学家尤金和罗森塔尔主编的《简明哲学辞典》，是20世纪50年代中国人学习哲学最重要的工具书。毛泽东时常阅读。20世纪50年代后期，毛泽东多次批评这部书里一些条目的写法，意在从思想方法上总结斯大林晚年犯错误的原因。

　　《简明哲学辞典》是1939年苏联当作《联共（布）党史简明教程》的参考资料来出版的，约270个条目。1954年增改出了第四版，条目已增至760个左右。主编之一尤金1953年至1959年还担任过苏联驻中国大使，和毛泽东有过很多接触。

　　《简明哲学辞典》最早的中译本是1940年由新知书店出版的孙冶方译本。新中国成立初期，该书很受读者欢迎。主要原因是新中国成立以后各地掀起了学习革命理论的热潮，对马列主义哲学的学习也普遍化了，对于初学哲学的人，它确实是很好的一种参考资料，而中国当时还没有更好的哲学辞典。

　　毛泽东对《简明哲学辞典》是很熟悉的，他同该书的主编之一尤金的交往也比较深入。毛泽东访苏回国后，于1950年4月致电斯大林，邀请尤金到中国来帮助指导《毛泽东选集》的俄文编译工作。7月尤金访华，9月期满，但《毛泽东选集》的编辑工作远未完成，9月30日毛泽东又致电斯大林，希望能延长尤金在中国的工作时间，并建议让尤金到中国各地向干部们作些政治理论报告。10月9日，斯大林回电同意，尤金到1951年1月才回国。1951年7月，毛泽东又邀请尤金来华指导《毛泽东选集》的俄文翻译工作。

　　1953年斯大林逝世后，赫鲁晓夫知道毛泽东很欣赏尤金，便任命尤金为驻华大使，一直到1959年期满回国。在这近10年的时间里，毛泽东同尤金的关系很密切，一个重要原因是他们都是哲学家。尤金很推崇毛泽东的《实践论》《矛盾论》《在延安文艺座谈会上的讲话》等，1950年尤金提出请毛泽东把这几篇文章寄送给斯大林阅读，并建议把刚刚定稿的《实践论》发表在苏联的理论刊物上。毛泽东同意了尤金的建议。

斯大林读了《实践论》俄文译稿后，将《实践论》推荐给苏共中央的理论刊物《布尔什维克》。1950年12月出版的第二十三期《布尔什维克》全文发表《实践论》，同时还转登了中文原有的一个题解，说毛泽东写这篇文章的原因是，在中国共产党内，有一个时期曾有过一些教条主义和经验主义的错误思想，特别是披着马克思列宁主义外衣的教条主义观点，曾使中国革命受了极大的损失。这篇文章在苏联获得很好的反响，不少评论文章发表了，毛泽东对此很高兴，曾把这些评论文章推荐到《人民日报》上发表，这无疑加深了他对尤金的好感。

在公事之余，毛泽东常常同尤金讨论一些哲学问题。据20世纪50年代初在毛泽东身边工作并负责《毛泽东选集》中译俄工作的师哲回忆，有一次毛泽东对师哲说准备下午4时到尤金住处访谈，恰好毛泽东参加的国务会议还没有结束，但他发现来接他的师哲后，便退出了会场，来到景山后街的尤金住处，讨论以哲学辩证法的观点来研究物理、生理学方面的现象等课题。在这样的交往中，毛泽东阅读和谈论尤金主编的《简明哲学辞典》，是十分自然的事情。

在1959年8月11日中共八届八中全会上的讲话中，毛泽东说："《简明哲学辞典》是有些毛病的，我批评了尤金，现在第四版有大修改。"毛泽东最不满意的是该书中的"同一性"这个条目，主要有三个原因。

第一，该条目只讲对立物间的排斥，而否定了它们在一定条件下的转化和统一性。其逻辑上的错误，除了前面引述的毛泽东1957年1月27日的谈话中已经指明的地方外，在1959年8月11日中共八届八中全会上的讲话中，毛泽东又重申了他的这个看法。

毛泽东说：《简明哲学辞典》把同一性混同于形而上学的同一性，与马克思主义的同一性完全是两回事。把同一性统统讲成是形而上学的，因而否定战争与和平、无产阶级与资产阶级、生与死有同一性，可以转化……既没有同一性，战争为什么转化为和平，和平又转化为战争，如第一、第二次世界大战，抗美援朝，就是和平转化为战争，战争转化为和平。这两个东西，照形而上学看是完全隔绝的，河水不犯井水，和平就是和平，战争就是战争。其实，这两个东西虽是对立的，但有同一性，没有同一性，怎么能转化？凡是对立的东西都有同一性。

应该说，强调对立物之间的同一性，这在毛泽东的晚年思想中是不多见的，因而也是非常可贵的。

第二，由于《简明哲学辞典》明显带有斯大林时期哲学和政治上的印记，毛泽东不仅仅是评论这本书，而是借此从思想方法上总结和反思斯大林所犯错误的教训。在1957年1月27日的讲话中，毛泽东便谈到斯大林在理论上的一些简单的做法：

马克思主义的三个组成部分，是在研究资产阶级的东西，研究德国的古典哲学、英国的古典经济学、法国的空想社会主义，并且跟它们作斗争的过程中产生的。斯大林就比较差一些。比如在他那个时期，把德国古典唯心主义哲学说成是德国贵族对于法国革命的一种反动。作这样一个结论，就把德国古典唯心主义哲学全盘否定了。他否定德国的军事学，说德国人打了败仗，那个军事学也用不得了，克劳塞维茨的书也不应当读了。

斯大林有许多形而上学，并且教会许多人搞形而上学。他在《苏联共产党（布）历史简明教程》中讲，马克思主义辩证法有四个基本特征。他第一条讲事物的联系，好像无缘无故什么东西都是联系的。究竟是什么东西联系呢？就是对立的两个侧面的联系。各种事物都有对立的两个侧面。他第四条讲事物的内在矛盾，又只讲对立面的斗争，不讲对立面的统一。按照对立统一这个辩证法的根本规律，对立面是斗争的，又是统一的，是互相排斥的，又是互相联系的，在一定条件下互相转化的。

很明显，被作为《联共（布）党史简明教程》的辅助读物来编写的《简明哲学辞典》，难免带有否定非无产阶级的思想遗产的缺陷。正是在这个意义上，毛泽东说"斯大林有许多形而上学，并且教会许多人搞形而上学"。更重要的是，在思想上搞形而上学，"在政治上就犯错误"。

在1957年1月27日的讲话中，毛泽东还紧接着谈到斯大林时期所犯的形而上学的政治错误。他说，斯大林时期，反革命就只有杀头的一个办法，犯错误的也杀头，偶有不同意见就排除，就抓起来，就斗争，就叫"反苏"，对立物不能统一，不能转化。

第三，现实实践方面的原因。毛泽东在1956年提出"百花齐放、百家争鸣"这一繁荣科学文化的方针（即"双百"方针）。毛泽东在一次会上曾估计过，地委以上的干部有十分之九的人不理解这个方针。国际上，苏联等一些社会主义国家也不理解，说这是右，是妥协，等等。而毛泽东则认为这是调动一切积极因素建设社会主义的正确的文化方针。为此，在1957年1月至5月，毛泽东在各种会议上反复宣传和解释这个方针。

　　1957年1月27日在省市自治区党委书记会议上他共讲了6个问题，其中第四个问题就是为什么要提出"双百"方针，怎样理解这个方针。批评《简明哲学辞典》对同一性的错误观点，就是为了阐述这个问题而讲的，意在从思想方法上纠正人们对"双百"方针的误解。

　　毛泽东说，我们要解释和发展辩证法的对立统一学说，"从这个观点出发，我们提出了百花齐放、百家争鸣这个方针"。因为正确的东西总是同错误的东西相比较并同它作斗争发展起来的。禁止人们同反面的东西见面，"这样的政策是危险的政策。它将引导人们思想衰退，单打一"，斯大林的教训就在这里。而"双百"方针就是要在比较和斗争中发展正确的东西，实现对立面的同一性转化。

这个观点不必抄斯大林

要阐明由思维到物质的推移的辩证法，即检验与再认识。

——摘自毛泽东1938年读李达《社会学大纲》的批注

鹤鸣兄：

两次来信及附来《〈实践论〉解说》第二部分，均收到了，谢谢您！《解说》的第一部分也在刊物上看到了。这个《解说》极好，对于用通俗的言语宣传唯物论有很大的作用。……关于辩证唯物论的通俗宣传，过去做得太少，而这是广大工作干部和青年学生的迫切需要，希望你多多写些文章。

顺致

敬意！

——摘自毛泽东致李达的信（1951年3月27日）

在研究和宣传马克思主义哲学的理论家当中，毛泽东比较欣赏两个人，一个是艾思奇，一个是李达。毛泽东从他们的书中读到了让中国人容易接受的马克思主义哲学理论，并看重他们的书对马克思主义哲学的普及作用。

除青年时代曾写过日记外，毛泽东后来一直没有写日记的习惯，唯独在1938年春，他在一个横格子本上写了7页的读书日记。日记开头说："二十年没有写过日记了，今天起再来开始，为了督促自己研究一点学问。"

据这个读书日记可知，从1938年2月1日至3月16日，他再次读了李达850多页的《社会学大纲》；他从3月18日开始读克劳塞维茨的《战争论》；3月25日，"潘梓年同志寄来了他所作一册《逻辑与逻辑学》，本日看至93页，颇为新鲜"。

读书日记里提到的《社会学大纲》，是李达20世纪30年代任教北平大学商学院时，讲授社会学（实为辩证唯物主义和历史唯物主义）的讲义，40余万字，于1937年5月出版。

李达不是一般的教授，他是马克思主义在中国的早期传播者，参与创建了中国共产党，并在中共一大上被选为中央局宣传部主任。

毛泽东和李达交情很深，两人同籍湖南，同是中共一大代表，又同是马克思主义的哲学家。在《社会学大纲》出版之前，1936年8月14日，毛泽东曾致函易礼容问及李达夫妇，对他们"甚表同情"，并望易礼容"有便乞为致意，能建立友谊通信联系更好"。这个信息可能没有转达到。据易礼容回忆，他没收到该信。但是李达可能通过其他渠道与毛泽东取得了联系。在《社会学大纲》出版后，李达立即将书寄给在延安的毛泽东，请其指正。

毛泽东在1938年1月17日至3月16日阅读了这部著作，十分赞赏，认为这是中国人自己写的第一本马克思主义的哲学教科书，在10年反动统治时期能有这样一部书问世是难得的。毛泽东在繁忙的工作中，每天读这部书平均25页之多，一个多月就读完了。书中"唯物辩证法"等篇章，毛泽东至少批读了两遍，共写了3000多字的批注。

毛泽东十分赞赏这本书。据郭化若回忆，在一次小型座谈会上，毛泽东告诉大家："李达给我寄了一本《社会学大纲》，我已看了十遍，我已写信请他再寄十本来，让你们也可以看看。李达还寄一本《经济学大纲》，我现在已读了三遍半，也准备读它十遍。"毛泽东不仅自己细读，还把这本书推荐给延安抗大作为教材，并在1938年10月中共六届六中全会上，号召党的高级干部都来读读这本书。

毛泽东在读这部书时，已经完成了他的两部重要哲学著作《实践论》和《矛盾论》。他在读《社会学大纲》这本书时写下的批注，既有对原书观点精华之处的摘要，又有对原书观点的补充与修正。李达在《社会学大纲》中谈到认识发展过程时，注意到了物质到意识推移的辩证法，以及感觉到思维的辩证法。毛泽东在读到这里时认为，还要注意"阐明由思维到物质的推移的辩证法，即检验与再认识"。这一批注是对原书观点的重要补充。毛泽东十分重视人们在社会实践中获得了关于客观外界的规律认识之后，使认识再回到实践中去（即思维到物质的推移），以检验认识的真理性，修正和发展认识，并且改造世界。

新中国成立初期，李达在长沙任湖南大学校长。1950年底，毛泽东的《实践论》重新发表，李达立即以极大的政治热情宣传这篇著作。在短短的几个月内，他撰写出《〈实践论〉——毛泽东思想的一个基础》《怎样学习〈实践论〉?》《〈实践论〉学习提纲》等重要文章，深入浅出地阐明了《实践论》的基本观点。紧接着，他又写了8万多字的《〈实践论〉解说》，并在校内外作了几次辅导报告。

为了尽快把《〈实践论〉解说》付印又做到不出错解，他每写完一部分，就及时送请毛泽东审阅。毛泽东1951年3月27日的回信，便是读完其第二部分后写的。第一部分此时已公开发表，毛泽东说他"在刊物上看到了"。李达的《〈实践论〉解说》撰写体例是一段原文、一段说明。毛泽东认为这种写法"极好，对于用通俗的言语宣传唯物论有很大的作用"。毛泽东认真阅读了李达的书稿，凡书稿中写有"毛主席"三个字的，他都通通圈掉，改为"毛泽东同志"。

1952年4月，毛泽东的《矛盾论》重新发表，李达又以新的热情从事《〈矛盾论〉解说》的写作。1952年9月，毛泽东应李达的请求，为爱晚亭题字和对《〈矛盾论〉解说》作指导，于9月17日给李达回信说："《矛盾论》第四章第十段第三行'无论什么矛盾，也无论在什么时候，矛盾着的诸方面，其发展是不平衡的'，这里'也无论在什么时候'八字应删，在选集第一卷第二版时，已将这八个字删去。你写解说时，请加注意为盼!"

后来，李达写出《〈矛盾论〉解说》，不知毛泽东是否细致读了。可以肯定的是，他对李达这种以通俗语言宣传马克思主义哲学观点的工作，始终是热情支持和肯定的。

李达的《〈实践论〉解说》于1951年7月由三联书店正式出版，其《〈矛盾论〉解说》先是在《新建设》上连载，后于1953年7月由三联书店正式出版。

1961年夏，毛泽东在庐山和李达谈话时，对李达讲："你的《社会学大纲》就是中国人自己写的第一本马克思主义哲学教科书，起了很大作用，我读了十遍，还做了笔记。"嘱咐他再编一本马克思主义哲学教科书。李达接受这个建议，修改《社会学大纲》，改名为《马克思主义哲学大纲》，1965年排印出上册《唯物辩证法》，约50万字，作为内部讨论稿征求各方面意见时，他也送给毛泽东一本。毛泽东收到后大致翻了一下，很注意书中对唯物辩证法基本特征的论述，于是在第一篇第三章第一节处写了一大段批语：

辩证法的核心是对立统一规律，其他范畴如质量互变、否定之否定、联系、发展等等，都可以在核心规律中予以说明。盖所谓联系就是诸对立物间在时间和空间中互相联系，所谓发展就是诸对立物斗争的结果。至于质量互变、否定之否定，应与现象本质、形式内容等等，在核心规律的指导下予以说明。旧哲学传下来的几个规律并列的方法不妥，这在列宁已基本上解决了，我们的任务是加解释和发挥。至于各种范畴（可以有十几种），都要以事物的矛盾对立统一去说明。例如什么叫本质，只能说本质是事物的主要矛盾和主要矛盾方面。如此类推。

不必抄斯大林。

长期以来，毛泽东除了发挥列宁关于对立统一规律是辩证法的核心思想以外，也讲了马克思、恩格斯所肯定的三条规律。他读李达《马克思主义哲学大纲》所写的批语，则表明他晚年的哲学思想有了发展，认为马克思、恩格斯说的三条规律（对立统一、质量互变、否定之否定），不应是平行的，"辩证法的核心是对立统一规律"，其他两条规律，以及辩证法的其他范畴（如现象与本质、形式与内容等等），"都可以在核心规律的指导下予以说明"，而且都要以对立统一去说明。应该说，毛泽东的《矛盾论》已经蕴藏了这一思想，这一批语是对《矛盾论》的重要发展。

　　在毛泽东看来，李达主编的这本书，仍然没有越出"旧哲学传下来的几个规律并列的方法"。那么，李达的论述是从哪里来的呢？毛泽东批道："不必抄斯大林。"他对斯大林的哲学体系评价确实不是很高。

　　毛泽东的上述观点，并不单是见诸读李达《马克思主义哲学大纲》的文字批语。在此期间，他多次表达过这个观点。

　　1965年12月21日在杭州的一次谈话中，他说：马列主义经典著作，不但要写序言，还要作注释。注释不要搞得烦琐。写序言，政治的比较好办，哲学的麻烦，不大好搞。比如辩证法的规律，过去说三大规律，斯大林说四个规律。三大规律，一直讲到现在。我的意见是，辩证法只有一个根本规律，就是矛盾的规律。质和量、肯定和否定、现象和本质、内容和形式、偶然和必然、必然和自由、可能和现实等，都是对立的统一。哪里有平列的三个基本规律？

　　1966年1月12日，大概是写下上述那些批语之后，毛泽东同陶铸、陈郁等人谈话时，提到看了李达主编的《马克思主义哲学大纲》时说：我翻了一下，还是言必称希腊，而且大纲内容基本上还是照斯大林那几条讲的，不把矛盾的对立统一作为唯物辩证法最根本的规律，离开矛盾对立统一来说明运动、发展和联系，就不是真正的唯物辩证法的观点。

文 / 学 / 情 / 怀

遊赤石進汎海

遊南亭　謝·永嘉

時竟夕澄霽。雲歸日西馳。密林含餘清。遠峯隱半規。久痗昏墊苦。旅館眺郊歧。澤蘭漸被逕。芙蓉始發池。未厭青春好。已覩朱明移。戚戚感物歎。星星白髮垂。藥餌情所止。衰疾忽在斯。逝將候秋水。息景偃舊崖。我志誰與亮。賞心惟良知。

起先用窮景，第六句顯出疎效歧，此間謂法乖，夕陵往往肥之。○良知，謂見賞。

《诗经》是"圣贤"发愤之作

　　《诗经》是中国诗歌的精粹。它来源于民间创作。都是无名作者。创作的年代已经无法查考。这本文献把过去那个久远的年代同我们拉近了。……可以说《诗经》中的诗歌对后来每个有思想的诗人都产生过影响。……他们模仿的不仅是它的修辞特点，而且继承了《诗经》中民间创作的内容实质。

　　——摘自毛泽东1949年12月同苏联俄语翻译费德林的谈话

司马迁对《诗经》品评很高，说《诗》三百篇皆古圣贤发愤之所为作也。大部分是风诗，是老百姓的民歌。老百姓也是圣贤。"发愤之所为作"，心里没有气，他写诗？"不稼不穑，胡取禾三百廛兮？不狩不猎，胡瞻尔庭有悬貆兮？彼君子兮，不素餐兮！""尸位素餐"，就是从这里来的。这是怨天，反对统治者的诗。孔夫子也相当民主，男女恋爱的诗他也收。朱熹注为淫奔之诗。其实有的是，有的不是，是借男女写君臣。

　　——摘自毛泽东1964年8月18日在北戴河同哲学工作者的谈话

《诗经》是中国第一部诗歌总集，收集了西周初年至春秋中叶约500年间的诗歌305篇，其主要有两个来源。一是周朝廷设有专门采集民间歌谣的官员，称"行人"，他们四处采访、收集民歌，以供朝廷考察民情风俗、政治得失。采诗的工作由于得到各诸侯国的协助，采集到的诗涉及的地域相当广阔，因此各地民歌得以集中起来。二是周朝有"献诗"的制度，公卿士大夫在某种场合要给天子献诗。《诗经》中的不少"雅"诗，就是这样汇集起来的。

　　古代赋诗，常常伴以音乐和舞蹈，《诗经》中的诗当初都是配乐的歌词。经过春秋战国的社会大变动，演奏《诗经》中的作品的乐谱和舞姿失传，只剩下歌词。相传孔子曾经删订过《诗经》。

　　《诗经》中的作品按音乐上的不同特点分为风、雅、颂三大类。"风"是各诸侯国的土风歌谣，大多数是民歌，最富于思想意义和艺术价值。"雅"是西周王畿地区的正声雅乐，用于诸侯朝会或贵族宴享。"颂"是宗庙祭祀的舞曲歌辞。

　　《诗经》，特别是其中的《国风》，深刻而生动地反映了周初到春秋中叶的社会面貌和人民的思想感情，其内容非常广泛。有反映人民劳动生活和当时农业生产的作品，有表达人民反抗剥削压迫情绪的作品，有反映繁重的兵役徭役给人民造成沉重痛苦的作品，有揭露统治者无耻丑行的讽刺作品。其中反映恋爱、婚姻、家庭生活的作品数量最多，也最富于情感和文采。

　　《诗经》作为儒家传统的"五经"之一，是毛泽东从少年时代就开始学习的启蒙读物。在韶山毛泽东纪念馆，还保存有毛泽东当年读过的《诗经》，上面有他的签名。后来毛泽东到长沙就学，他对《诗经》也是下过功夫阅读的。1913年在读师范的时候，毛泽东在笔记《讲堂录》里便写下这样的句子："农事不理则不知稼穑之艰难，休其蚕织则不知衣服之所自。《豳风》陈王业之本，《七月》八章只曲详衣食二字。"《豳风》即《诗经·国风》之一，包括《七月》《鸱鸮》等七篇。

1915年秋天，毛泽东向长沙各重要学校发出200余字的《征友启事》，其结尾处所引用的便是《诗经·小雅·伐木》中的"嘤其鸣矣，求其友声"两句诗。

毛泽东在1920年3月14日致周世钊的信中说："像吾等长日在外未能略尽奉养之力的人，尤其发生'欲报之德，昊天罔极'之痛。"这里引用的是《诗经·小雅·蓼莪》里的句子。

到晚年，《诗经》仍是毛泽东喜欢阅读的作品之一。1956年夏天去北戴河开会时，毛泽东听说在专列上当服务员的姚淑贤来不及同自己的男朋友道别便赶来了，就用铅笔在一张16开的白纸上写了《诗经·邶风·静女》中的四句诗送给她。毛泽东写的是："静女其姝，俟我于城隅。爱而不见，搔首踟蹰。"他又对姚淑贤说："你把我写的这个东西拿回去交给他，再把失约的原因讲给他听。"这个手迹，现在还珍藏在姚淑贤那里。

毛泽东在1957年提倡"百花齐放、百家争鸣"文化方针的时候，就针对当时一些人批评流沙河的《草木篇》，批评一篇写爱情的诗歌《吻》，提醒人们，不要把事情看得那么严重，"放一下就大惊小怪，这是不相信人民，不相信人民有鉴别的力量。不要怕"。就像《诗经》第一篇《国风·周南·关雎》，讲"关关雎鸠，在河之洲。窈窕淑女，君子好逑"一样，是正常的，这是那个时代的《草木篇》和《吻》。

毛泽东不仅读《诗经》原作，还十分留心历代注家对《诗经》原作的训解分析。1965年7月21日他给陈毅的那封谈形象思维的信中说，赋可谓"敷陈其事而直言之也"，"比者，以彼物比此物也"，"兴者，先言他物以引起所咏之词也"，便分别出自朱熹《诗集传》里对《周南》中的《葛覃》《螽斯》《关雎》这三篇作品所作的注。

毛泽东对《诗经》，特别是其中的《国风》部分，评价是很高的。

1949年12月，在同苏联俄语翻译费德林谈话时，毛泽东讲道："《诗经》是中国诗歌的精粹。它来源于民间创作，都是无名作者。创作的年代已经无法查考。这本文献把过去那个久远的年代同我们拉近了。《诗经》代表了中国早年的美学。这种诗感情真切，深入浅出，语言很精练。……可以说《诗经》中的诗歌对后来每个有思想的诗人都产生过影响。问题在于如何理解这些古代的民间创作。这是问题的实质。对于那些不理解或者曲解了的人我们就不必去说了。我们可以回顾一下那些不仅理解，而且试图模仿这种古代诗学的人。他们模仿的不仅是它的修辞特点，而且继承了《诗经》中民间创作的内容实质。"

前面所引述的毛泽东1964年8月在北戴河同哲学工作者的谈话，从中也可以看出三点：

一是毛泽东很看重《诗经》里反映不平等的社会关系的作品，并一再强调这些是"老百姓"的民歌。

二是关于诗歌作者的创作动因和思想倾向。孔子评诗三百："一言以蔽之，曰：'思无邪。'"孔子认为这些诗作"怨而不怒"，温柔敦厚，既有美刺之效，又合圣教礼仪。这大概是孔子编辑并推崇《诗经》的初衷和标准。司马迁则不作如是观，他在《史记·太史公自序》里认为，《诗经》作者的创作是"意有所郁结，不得通其道，故述往事，思来者"，作诗明志，抒愤言情，以通其道，故"《诗》三百篇，大抵贤圣发愤之所为作也"。毛泽东明显赞同司马迁的说法，用"心里没气，他写诗?"来发挥司马迁的"发愤"说。这就把"诗言志"的含义引向怨天泄愤，把"思无邪"的"怨而不怒"引向"反对统治者"。

三是《诗经》中有不少男女欢爱之作，毛泽东试图不以文害辞，不以辞害志，力求从大量比兴形象中切入其实质内容：借男女写君臣。至于《诗经》中的男女之作是不是有这方面的特殊指意，在批评史上的看法并不一致。朱熹便基于"存天理，灭人欲"的理学立场，视其为淫奔之诗，评价不高。朱熹在《诗集传·序》里还说：《国风》十五章中只有《周南》《召南》两章，"亲被文王之化以成德"，故"是以二篇独为风诗之正经"，其余十三章，则使"先王之风者，于此焉变矣"。毛泽东不同意这种评价。

关于历代注家对《诗经》的解释，毛泽东在1973年7月17日会见美籍华人物理学家杨振宁时曾说过这样的话：《诗经》是两千多年以前的诗歌，后来作注释，时代已经变了，意义已不一样。这或许就是"诗无达诂"的意思吧！

骚体是有民主色彩的

骚体是有民主色彩的，属于浪漫主义流派，对腐败的统治者投以批判的匕首。屈原高据上游。宋玉、景差、贾谊、枚乘略逊一筹，然亦甚有可喜之处。

——摘自毛泽东《关于枚乘〈七发〉》（1959年8月16日）

屈原如果继续做官，他的文章就没有了。正是因为开除了"官籍"、"下放劳动"，才有可能接近社会生活，才有可能产生像《离骚》这样好的文学作品。

——摘自毛泽东1959年12月至1960年2月读苏联《政治经济学（教科书）》的谈话

《楚辞》是从战国屈原到西汉刘向，运用楚地文学样式、方言声韵和风土物产等创作的辞赋作品总集。汉成帝时，刘向整理古籍，把屈原、宋玉，以及汉代淮南小山、东方朔、王褒，还有他本人的作品汇编成集，定名《楚辞》，共16篇。全书以屈原作品为主，其余诸篇皆承袭屈赋尤其是《离骚》形式，后世因此称这种文体为"骚体"。

　　湖南是楚国旧地。毛泽东自小承受其充满浪漫主义的文化氛围的熏陶，从青年时代起就喜欢读《楚辞》。他1913年在湖南省立第四师范学校（随后并入湖南省立第一师范学校）读书时的笔记，现在保存下来的很少，只有47页，94面。笔记前11页是手抄的《离骚》和《九歌》，后36页冠名《讲堂录》。在手抄《离骚》正文的上面，毛泽东还写有自己对各节内容的概括。

　　1915年9月，毛泽东因写《征友启事》结识了罗章龙。他们第一次见面，便饶有兴趣地谈到《离骚》，毛泽东主张对《离骚》赋予新评价。归后，罗章龙还写诗以记交谈之事，题为《定王台晤二十八画生》。其诗曰："白日东城路，娜嬛丽且清；风尘交北海，空谷见庄生。策喜长沙傅，骚怀楚屈平；风流期共赏，同证此时情。""策喜"一句，指贾谊的《治安策》，"骚怀"一句，便是说屈原的《离骚》。

　　新中国成立后，有关毛泽东阅读和谈论《楚辞》的记载，就更多了。

　　1951年7月7日，毛泽东约周世钊、蒋竹如两位老同学在中南海划船。当话题转到《左传》和《楚辞》，谈起屈原与屈瑕（楚武王封子瑕于屈，即为屈瑕，其后人以"屈"为姓，屈原便是其后裔）的世系关联时，毛泽东说："《左传》《楚辞》虽是古董，但都是历史，有一读的价值。"

1957年12月，毛泽东要身边工作的几位同志把各种版本的《楚辞》以及有关《楚辞》和屈原的著作尽量收集给他。逄先知专门请何其芳列了一个目录，经过两个多月的努力，把古今有价值的各种《楚辞》版本和有关著作收集了50余种。在那段时间里，毛泽东比较集中地阅读了这些书。

1958年1月18日，中央工作会议正在南宁召开，空军雷达部队发现国民党飞机向南宁飞来，因此全城实行灯火管制。卫士让毛泽东进防空洞，毛泽东坚持不去，随即让卫士把蜡烛点燃，继续看书，他看的是《楚辞》，看得聚精会神。

1958年9月，张治中陪同毛泽东到南方视察。从北京上飞机时，张治中看到毛泽东的两箱书被搬上了飞机。到了合肥，毛泽东向省里借来《安徽省志》、朱熹的《楚辞集注》。毛泽东问张治中："你读过《楚辞》吗？"张治中回答："未读过。"毛泽东说："这是好书，我介绍你有空看看。"

1959年夏，庐山会议期间，毛泽东让秘书林克抓紧时间编了一本含几十种评价和研究《楚辞》的书刊目录，经他审定后，印发给了与会代表。正是在这次会议上，毛泽东写了一篇1200字左右的文章，题为《关于枚乘〈七发〉》，逐段阐发枚乘这篇骚体作品的内容，同时对骚体作品作了前面引述的那段评价。毛泽东还在这篇文章中写道："枚乘，苏北淮阴人，汉文帝时为吴王刘濞的文学侍从之臣。他写此文，是为给吴国贵族们看的。后来'七'体繁兴，没有一篇好的。《昭明文选》所收曹植《七启》，张协《七命》，作招隐之词，跟屈、宋、贾、枚唱反调，索然无味了。"看来，在毛泽东心目中，后来一些模仿骚体的作品，成就上远不及屈原、宋玉、贾谊、枚乘等人。

1959年10月23日，毛泽东要外出，在指定带走的书中，便有朱熹的《楚辞集注》、陈第的《屈宋古音义》。

1961年6月16日，毛泽东特别指名要人民文学出版社影印的宋版《楚辞集注》。

1972年，日本首相田中角荣初次访华时，从毛泽东手中得到的礼物，就是一部精印的《楚辞集注》。

《楚辞》中的主要作品是屈原的。屈原是楚国宗室贵族，他学识渊博，明于治乱，长于辞令，官至左徒，很受楚怀王信任。他想辅佐怀王改革楚国政治，富国强兵，常与怀王商议国事，制定政策，发布号令，还接待宾客，应对诸侯。但屈原的主张遭到旧贵族集团的强烈反对，最后导致屈原被人谗害而遭贬黜，被长期流放于沅湘流域。在流放中，他始终不忘国事，但深感政治理想无法实现，眼见楚国日趋危亡，抑郁悲愤，写下了许多著名诗篇，终投汨罗江而死。

《离骚》是屈原的代表作，也是中国古代最早最长的抒情诗。全诗370多句，2400多字，基本内容是表达对"举贤授能""修明法度"这类"美政"的热烈追求。

全诗分为前后两部分。前半部分是对以往历史的回溯，叙述自己的世系、品质、修养、抱负以及辅佐楚王进行政治改革和受谗被疏的遭遇，表明决不同流合污的政治态度和"九死未悔"的坚定信念。后半部分是对未来道路的探索，从历史上兴亡盛衰的经验教训中肯定了自己的政治主张，进而神游天地，上下求索，结果欲见天帝而不得，欲求美女而无获，决定听从灵氛劝告，去国远游，但在乘龙西游之中看见楚国故土，终不忍离去，决心以死来殉自己的理想。前半部分重在叙写现实，后半部分重在驰骋想象。全诗揭露、斥责了楚国的腐败政治和黑暗势力，充分表现了诗人追求理想、热爱国家、疾恶如仇的人格。

毛泽东对《离骚》评价很高。1958年1月南宁会议期间，毛泽东批示印发《离骚》给与会者。在1月16日的讲话提纲中，毛泽东说学《楚辞》，先学《离骚》。在1月21日的结论提纲中，他又用《离骚》中的词句来说明文件写作中的"概念"和"判断"的问题。

毛泽东喜读《离骚》，首先是看重它的思想价值。1958年8月，他在审阅和修改陆定一的《教育必须与生产劳动相结合》这篇文章时，加写了一段"中国教育史有人民性的一面"的代表人物及其思想的话，其中便把屈原的思想概括为"批判君恶"。在前面引述的《关于枚乘〈七发〉》的那篇文章中，毛泽东还评价"骚体是有民主色彩的"，"对腐败的统治者投以批判的匕首"。最有意思的是，毛泽东在1961年秋天，还专门写过一首题为《屈原》的七绝："屈子当年赋楚骚，手中握有杀人刀。艾萧太盛椒兰少，一跃冲向万里涛。"

司马迁说："屈原放逐，乃赋《离骚》。""其文约，其辞微，其志洁，其行廉。其称文小而其指极大，举类迩而见义远。"这把屈原的作品价值同他的人生遭际和人格光辉连在一起评价。毛泽东很同意这一点，认为自古以来的好诗，都是如司马迁说的那样，处于逆境的人的"发愤之所为作也"。故他说，《离骚》正是因为屈原被开除"官籍"、"下放劳动"才写出来的，从而反映了社会生活。

屈原的崇高人格和爱国主义情操，更是毛泽东所深深敬佩的。1954年10月，在会见访华结束即将回国的印度总理尼赫鲁时，毛泽东引用屈原《九歌·少司命》中"悲莫悲兮生别离，乐莫乐兮新相知"的诗句来表达自己的心情，接着又向尼赫鲁介绍说：屈原是中国一个伟大的诗人，他在两千多年前写了许多爱国的诗，政府对他不满，把他放逐了，最后屈原没有出路就投河而死。几千年来，中国人民就把他死的这天作为节日，就是旧历五月初五的端午节。人们在这天吃粽子，并把它投到河里喂鱼，让鱼吃饱了不去伤害屈原。

　　从文学创作角度看，屈原那浪漫主义的艺术想象和创作方法，他的作品所展示的龙凤图腾、美人香草、百亩芝兰、芰荷芙蓉、望舒飞廉、巫咸夕降、湘君山鬼、流沙毒水等既鲜明又扑朔迷离的缤纷世界，吻合毛泽东的审美趣旨和对艺术风格的追求。

　　1958年1月12日，毛泽东在给江青的一封信中说："我今晚又读了一遍《离骚》，有所领会，心中喜悦。"毛泽东当时领会的是什么，至今是个谜。

曹操：真男子，大手笔

　　北戴河、秦皇岛、山海关一带是曹孟德（操）到过的地方。他不仅是政治家，也是诗人。他的碣石诗是有名的，妈妈那里有古诗选本，可请妈妈教你们读。

　　——摘自毛泽东1954年7月23日致李敏、李讷的信

　　曹操的文章诗词，极为本色，直抒胸臆，豁达通脱，应当学习。

　　——摘自毛岸青、邵华《回忆爸爸勤奋读书和练习书法》

曹操是东汉末年到三国时期杰出的政治家、军事家、文学家。曹操死后其子曹丕称帝，追尊他为魏武帝。现存其创作的乐府诗20余首，较完整的散文40多篇。其诗内容深沉，气魄雄伟，慷慨悲凉，开启并代表了文学史上"建安风骨"的特色。

在古代帝王中，兼有文采武功的人也有一些，但像曹操这样在政治、军事、文学诸方面皆为一流则很罕见。因此，毛泽东在审视历史人物的时候，只说秦皇汉武、唐宗宋祖、成吉思汗这些人，或"略输文采"，或"稍逊风骚"，或"只识弯弓射大雕"，偏偏没有提曹操，看来并没有把曹操简单看成是马上天子。另一些非马上天子，比如南唐李后主，算是有艺术气质和创作才能的一代词家，但严格说来算不上政治家，因其既无开疆拓土的寸功，连守住父业也不能。对此，毛泽东在1957年4月的一次谈话中说李后主虽"多才多艺，但不抓政治，终于亡国"。

数来数去，毛泽东对曹操确实是格外看重的。原因之一，大概是因为，毛泽东本人，属于在政治实践、军事战略、理论创新和诗词创作诸方面，同时登上高峰的人物，他是政治家诗人，也是诗人政治家。环顾历史，曹操大体上也是如此。

1927年鲁迅在《魏晋风度及文章与药及酒之关系》一文中说："其实，曹操是一个很有本事的人，至少是一个英雄，我虽不是曹操一党，但无论如何，总是非常佩服他。"毛泽东在20世纪50年代读到鲁迅此文中的上述评论时，用粗重的红铅笔画了着重线，表示对鲁迅关于曹操的看法是非常赞同的。这篇文章还说曹操的文词风格是"清峻""通脱"。清峻，就是"简约严明"；通脱，就是"随便之意"，"想说什么便说什么"。这个说法，显然被毛泽东吸收进"极为本色，直抒胸臆，豁达通脱"的评价之中。

毛泽东很爱读曹操的诗。他曾对工作人员说："我还是喜欢曹操的诗。气魄雄伟，慷慨悲凉，是真男子，大手笔。"在毛泽东故居藏书里四种版本的《古诗源》和一本《魏武帝魏文帝诗注》中，曹操的《短歌行》《观沧海》《土不同》《龟虽寿》《薤露》《蒿里行》《苦寒行》《却东西门行》等诗，毛泽东都多次圈画过，并且大多数诗的标题前画着圈，诗中密密圈画。

　　在一本《古诗源》中的"武帝"旁，毛泽东用红铅笔画着两条粗线，"武帝"下编者评注曹操的诗风说："孟德诗，犹是汉音。子桓以下，纯乎魏响。沉雄俊爽，时露霸气。"毛泽东对此圈点断句，足见其重视这个评价。曹操的《短歌行》是很有名的，诗曰："对酒当歌，人生几何？譬如朝露，去日苦多。慨当以慷，忧思难忘。……何以解忧？惟有杜康。……月明星稀，乌鹊南飞。绕树三匝，何枝可依？山不厌高，海不厌深。周公吐哺，天下归心。"在这些句子旁，毛泽东都加了密圈。这首诗既有对时光流逝、功业未成的深沉感慨，又有收揽人才以完成统一事业的宏伟怀抱，在忧郁之中激荡着一股慷慨激昂的情绪，很是本色、通脱。毛泽东在该诗标题前，用红、蓝两种笔色作了圈记。

　　《观沧海》是曹操于建安十二年（207年）率军平定辽东、辽西、右北平三郡乌桓（又称乌丸，是北方的少数民族）后，班师途中经渤海之滨的碣石山（今河北秦皇岛附近）时所作。全诗通过辽阔雄壮的沧海景色表现了诗人开阔的胸襟，象征着诗人叱咤风云的气概和艰苦征战获得胜利的豪迈喜悦心情，被古代诗评家誉为"有吞吐宇宙气象"。毛泽东在好几部诗集里都圈画过这首诗，还用他那龙飞凤舞的草体手书了全诗，作为练习书法的内容。

1954年夏天，毛泽东来到北戴河。据他的保健医生徐涛回忆，有些天，毛泽东在海岸沙滩漫步，嘴里总是念念有词地背诵《观沧海》；在夜里工作疲劳后，稍作休息，出门观海，有时也低声吟诵这首诗。他还找来地图查证，说"曹操是来过这里的"，曹操"建安十二年五月出兵征乌桓，九月班师经过碣石山写出《观沧海》"。前面所引的毛泽东1954年7月23日致李敏、李讷的信，专门谈曹操的"碣石诗"，就是在这种情况下写的。也是在这个时候，毛泽东酝酿创作了他的名篇《浪淘沙·北戴河》："往事越千年，魏武挥鞭，东临碣石有遗篇。萧瑟秋风今又是，换了人间。"这首词触景生情，壮歌抒怀，缅怀千古雄杰，追步雄豪诗风而又超越之。其中，"萧瑟秋风"一句是由曹操《观沧海》中"秋风萧瑟"化用而来。

汉高祖刘邦算不得什么诗人，但一次衣锦还乡，酒酣耳热之际，禁不住击筑自歌，唱出一首不同凡响的《大风歌》："大风起兮云飞扬，威加海内兮归故乡，安得猛士兮守四方。"直朴的几句诗，活脱脱展露出一代雄主的豪阔胸襟，其诗风同曹操的《观沧海》相似。在一次谈话中，毛泽东认为，"这首诗写得很好，很有气魄"，并认为刘邦没有读过几天书，能写出这样的好诗很不容易。诗风出于本色，刘邦写诗的气魄同他立业的气魄是一体的。毛泽东显然是把二者糅在一起来推崇，如同他推崇曹操的功业和诗词文章一样。

《龟虽寿》是曹操在平定乌桓后班师途中写的。起因大概是他的重要谋士郭嘉在这次班师途中病死了，年仅38岁，从而引发他时不我待的感慨。全诗12句，恰分三层意思：一是人终究是要死的，这是对生命的达观态度；一是要在有生之年积极进取；一是不信天命，要自己掌握自己的命运。这就是清代沈德潜在编选的《古诗源》中于该诗的末尾所注评的："盈缩之期，不独在天，言己可造命也。"

对这首具有朴素唯物论色彩而又具有积极进取的人生观的作品，毛泽东是很欣赏的。他不仅自己书写这首诗，还经常把它写下来寄赠给别的同志。毛泽东1961年8月25日给胡乔木的信中说："你须长期休养，不计时日，以愈为度。曹操诗云：盈缩之期，不独在天。养怡之福，可以永年。此诗宜读。"1963年12月14日，他又给林彪写信说："曹操有一首题名《龟虽寿》的诗，讲长生之道的，很好。希你找来一读，可以增强信心。"

《南史》卷二十二《王僧虔传》叙述刘宋时光禄大夫刘镇之30岁时得过一场大病，家人皆以为其定死无疑，已置棺材，不料不久病情转好，最后活到90多岁。史家由此写道："因此而言天道未易知也。"毛泽东读《南史》至此，随即以曹操的《龟虽寿》批注道："盈缩之期，不尽在天。养怡之福，可以永年。"意即并非是"天道"不可知，全在人们自己的"养怡"而已，实乃"己可造命也"。

所谓"己可造命"，就是达观的生命意识。毛泽东还认为，这里面有唯物的因素。他曾对自己的保健医生说：曹操多年军旅生涯不会很安逸，可在1700多年前，医疗条件也不会怎么好，他懂得自己掌握命运，活了65岁，该算是会养生的长寿老人啰。你们搞医学的应该学学，不要使人养尊处优，主要是乐观，心情开朗，锻炼身体。他又说：曹操讲"盈缩之期，不独在天。养怡之福，可以永年"，陆游讲"死去元知万事空"，这都是唯物的。

李白的诗有奇异脱俗之气

娃：

你身体是不是好些了？妹妹考了学校没有？我还算好，比在北京时好些。登高壮观天地间，大江茫茫去不还。黄云万里动风色，白波九道流雪山。这是李白的几句诗。你愁闷时可以看点古典文学，可起消愁破闷的作用。久不见甚念。

爸爸

八月六日

——摘自毛泽东致刘松林的信（1959年8月6日）

李白的诗，文采奇异，气势磅礴，有脱俗之气。

——摘自毛岸青、邵华《回忆爸爸勤奋读书和练书法》

毛泽东一生喜欢李白的诗歌，从不讳言自己的这个偏好。

1942年4月13日，毛泽东约见何其芳、严文井、周立波等交换文艺工作意见时，有人问他："主席喜欢中国古典诗歌，您是喜欢李白，还是杜甫？"毛泽东回答说："我喜欢李白，但李白有道士气，杜甫是站在小地主的立场。"

1949年12月，同苏联俄语翻译费德林谈话时，毛泽东也说道：李白是唐代杰出诗人。他像天才诗人普希金对俄国人民的贡献那样，为中国人民写了许多珍贵的艺术诗篇。李白的诗是登峰造极的，他是空前绝后的不朽艺术家。

1957年3月7日，毛泽东在一次会议上谈到学校课程的设置时提出：文学课各地就可以讲些本地作家的作品，四川就可以讲李白、杜甫的东西。1958年3月，在成都召开中央工作会议期间，毛泽东亲自选编唐宋诗人有关四川的一些诗和词，其中编入的诗词有李白的《蜀道难》《峨眉山月歌》《峨眉山月歌送蜀僧晏入中京》《送友人入蜀》《上三峡》《早发白帝城》等。

毛泽东喜欢李白的诗歌，首先是推崇他那洒脱的艺术气质。而在李白这种艺术气质背后，事实上传达出一种追求个性解放、反抗各种世俗规范的人生价值观。在李白笔下，总是充满着笑傲王侯、蔑视世俗、不满现实、指斥人生、纵情欢乐的浓烈情感。毛泽东说李白有道士气，又说其作品"文采奇异，气势磅礴，有脱俗之气"，大体就是指这种精神状态。

《梁甫吟》这首诗，是李白被唐玄宗召进长安，过了3年布衣翰林的客卿生活，满怀"济苍生""安黎民"的远大政治抱负，却未受重视，反被统治阶级排挤出长安后所作。诗中大量引用历史故事、神话传说中有为之士遭受的挫折，比拟自己的怀才不遇，控诉权奸当道的黑暗政治。这首诗，气势磅礴，色彩缤纷，极富浪漫主义的艺术特色。

毛泽东喜爱这首诗，早在20世纪60年代，他就在5页红格信纸上，凭记忆手书过这首诗。毛泽东晚年对李白这首政治上失意后的悲愤之作，从思想性和艺术性方面有着更深刻的理解，表露出特殊的倾心。毛泽东故居藏书里，有一份李白《梁甫吟》的手抄本。这首诗是用1寸大小楷体的毛笔字，抄录在16开毛边纸上的，共7页。首页右上角，有毛泽东用铅笔画着读过2遍的圈记。了解情况的同志说：这是毛泽东晚年由于眼疾视力减退，为了读这首诗，特意让人用大字抄写出来的。在另一本20世纪70年代出版的大字本《唐诗别裁集》的这首诗里，他在"君不见高阳酒徒起草中""指挥楚汉如旋蓬"两句旁，用红铅笔画着直线，在函套上也画着读过2遍的大圈。

1973年7月4日，在同别人的一次谈话中，毛泽东讲道：

李白讲秦始皇，开头一大段也是讲他了不起，"秦王扫六合，虎视何雄哉。挥剑决浮云，诸侯尽西来"一大篇，只是屁股后头搞了两句"但见三泉下，金棺葬寒灰"，就是说他还是死了。你李白呢？尽想做官！结果充军贵州，走到白帝城，普赦令下来了。于是乎，"朝辞白帝彩云间"。其实，他尽想做官。《梁甫吟》说现在不行，将来有希望。"君不见高阳酒徒起草中"，"指挥楚汉如旋蓬"。那时神气十足。我加上几句，比较完全："不料韩信不听话，十万大军下历城。齐王火冒三千丈，抓了酒徒付鼎烹"，把他下了油锅了。

毛泽东不无挑剔地指出李白在自己诗歌中抒发的傲视一切的勃勃雄心，与他在现实生活中的尴尬处境（想当官而不得）之间的深刻矛盾，可以说是点出了古代大多数有成就的诗人的普遍命运。这虽然反映出封建社会不合理制度压抑人才的痼疾，但从诗人角度看，也是书生式的空好议论的必然结果。李白虽志向远大，但并无实际才干，再加上他为人放荡不羁，这就必然导致他四处碰壁，可惜他至死未悟。从这个角度一比较，纯粹诗人与政治家在毛泽东心目中的天平上自然发生倾斜。

毛泽东随口引出李白在《梁甫吟》中的诗句用典来指出李白的弱点。李白在《梁甫吟》里引用了刘邦谋士、嗜酒如命的高阳人郦食其的事迹。郦食其只是一介书生，因游说楚汉之间而受重用，李白对此有点推崇神往，故说"君不见高阳酒徒起草中""指挥楚汉如旋蓬"。毛泽东却不这样看，他随口说出几句打油诗，用史实指出郦食其的悲剧下场。据《史记》载，刘邦手下大将军韩信引兵东向，欲攻齐国时，为刘邦所用的郦食其抢先说降了齐王，意在争功。不料韩信仍率兵攻齐，连下七十二城，齐王以为是郦食其以缓兵之计欺骗了自己，便把他抛入油锅烹死了。从毛泽东富有情趣的调侃打油诗中，不难看出他对纯粹诗人心态的超越，对自视过高的书生意气的轻视。

在一本《注释唐诗三百首》中，在李白《将进酒》的标题前，毛泽东画着一个大圈，标题后连着画了三个小圈，天头上又批注："好诗。"这首诗虽有人生短促之感慨，但情感豪迈、奔放、自信，事实上是从一个侧面（或以洒脱的方式）反映了李白对当时社会压抑人才的不满。对李白那些强烈追求个性解放、不畏权贵、不崇拜偶像的诗，毛泽东都很欣赏。如《庐山谣寄卢侍御虚舟》中的"我本楚狂人，凤歌笑孔丘"，《梦游天姥吟留别》中的"安能摧眉折腰事权贵，使我不得开心颜"，《宣州谢朓楼饯别校书叔云》中的"弃我去者，昨日之日不可留。乱我心者，今日之日多烦忧。长风万里送秋雁，对此可以酣高楼""抽刀断水水更流，举杯销愁愁更愁"等诗句，毛泽东在句旁画了着重线。在毛泽东的好几本诗集中，这些诗的标题前都画着两三个圈，有的书中，标题前画圈，标题后连画三个小圈，足见毛泽东重视之深。

《唐诗三百首》中，毛泽东在《蜀道难》这首诗的天头上画着一个大圈，并批注说："此篇有些意思。"全诗极意夸张蜀道的险峻壮丽，当现实中的事物不足以形容和比喻奇情壮美的景观时，便以神奇莫测之笔，全凭渺茫虚幻的神话和种种奇丽惊人的传说来烘托气氛。这首诗的开头、结尾和中间有三处赞叹："蜀道之难，难于上青天！"这部作品，实在是把山高道难写到了极境，所以毛泽东说"使人仿佛到了'难于上青天'的蜀道上面了"。

毛泽东在1975年同芦获的一次谈话中说道："李白的《蜀道难》写得很好。有人从思想性方面作各种猜测，以便提高评价，其实不必。不要管那些纷纭聚讼，这首诗主要是艺术性很高，谁能写得有他那样淋漓尽致呀，它把人带进祖国壮丽险峻的山川之中，把人们带进神奇优美的神话世界，使人仿佛到了'难于上青天'的蜀道上面了。"

为什么说不必从思想性方面作各种猜测呢？这是因为古今注家对这首诗的内在意义有不同说法。如萧士赟的《分类补注李太白诗》说，这首诗是安史之乱后，讽刺玄宗逃难入蜀之作。朱东润主编的《中国历代文学作品选》在该诗前面的"题解"中说:"唐时,蜀中商业经济极为发达,入蜀的人们乐不思返,而没有意识到这一地区形势险要,自古为封建割据之地,随时有发生变乱的可能。诗中强调'所守或匪亲,化为狼与豺',就是指此而言的。"毛泽东不同意这些内容分析,而是认为这首诗主要是艺术性高。

在《毛泽东手书古诗词选》里,还收有《庐山谣寄卢侍御虚舟》全诗,间或有几个别字,当是凭记忆而写。这首七言古风,乃李白登山有感以寄友人之作。在诗中,李白强烈地表达了他"手持绿玉杖,朝别黄鹤楼。五岳寻仙不辞远,一生好入名山游"的漫游旨趣。在诗的结尾处,李白甚至表示:"遥见仙人彩云里,手把芙蓉朝玉京。先期汗漫九垓上,愿接卢敖游太清。"毛泽东曾两次手书该诗中的四句:"登高壮观天地间,大江茫茫去不还。黄云万里动风色,白波九道流雪山。"一赠儿媳孩辈,一赠庐山党委。其所重者,在于这四句所写浩阔雄浑之境,概与他自身的浩阔胸襟相吻合。书以赠人,当是他劝导他人开阔胸襟之意。

此外,李白的《赠汪伦》《黄鹤楼送孟浩然之广陵》《子夜吴歌》等诗,语言明快爽朗,形象生动,感情真切,朗朗上口,具有"慷慨吐清音,明转出天然"的民歌乐府风韵,毛泽东也多次圈画,很是爱读。

写政治诗的杜甫

他是中国古代最伟大的人民诗人。他的作品是中国后代人艺术欣赏的不朽文献。杜甫的诗，代表了中国人民天才的独特风格，也是给全人类留下的优秀文学遗产。

——摘自毛泽东1949年12月同苏联俄语翻译费德林的谈话

赋也可以用，如杜甫之《北征》，可谓"敷陈其事而直言之也"，然其中亦有比、兴。

——摘自毛泽东致陈毅的信（1965年7月21日）

中国诗歌史上，李白与杜甫并称，一为"诗仙"，一为"诗圣"。唐代天宝三载（744年），二人于洛阳相遇，从此订交，曾同游梁、宋、齐、鲁等地。

安史之乱爆发后，安禄山攻陷长安，唐玄宗奔蜀，唐肃宗即位灵武。杜甫投奔灵武，途中为叛军俘获，羁陷长安近一年。后逃出，杜甫至凤翔投奔唐肃宗，拜左拾遗，故又称杜拾遗。后入蜀，杜甫靠友人资助，于成都西郊浣花溪畔筑草堂以居。杜甫晚年漂泊于荆、湘，以舟为家，居无常所，欲北返而不得。唐代宗大历五年（770年），杜甫病死于湘江之上。

毛泽东喜读杜诗，但评价不太高。他曾对人说："我喜欢李白，但李白有道士气，杜甫是站在小地主的立场。"1957年在同臧克家等人的谈话中，毛泽东甚至毫不掩饰地表示，对杜甫的诗"不甚喜爱"。

1958年1月16日在南宁会议上的讲话中，毛泽东还说："光搞现实主义也不好，杜甫、白居易哭哭啼啼，我不愿看，李白、李贺、李商隐，搞点幻想。我们党建党以来，几十年没正式研究过这问题。"看来，他不太喜好杜甫诗，主要是从创作风格和欣赏旨趣角度而言。

但毛泽东也说过，杜诗是"政治诗"。杜甫的思想中占主导地位的是儒家思想，他一生抱着忠君爱国、积极用世之心，时刻忧国忧民。对于藩镇割据，宦官专权，统治阶级横征暴敛，回纥、吐蕃等统治者的掠夺侵扰，杜甫都力加反对，客观上表达了人民的愿望。他生活在唐王朝由盛到衰的动乱时代，加之仕途坎坷，流离漂泊，历经祸乱，因而能够体念和同情广大人民的疾苦。其诗在抒写个人情怀时，往往能紧密结合时事，内容深厚，意境广阔，有强烈的现实意义，深刻地反映了当时的社会生活和历史面貌，后世誉之为"诗史"。毛泽东说杜诗是"政治诗"，大概就是据其现实意义说的，特别是其体现了杜甫"致君尧舜上，再使风俗淳"的创作动机。

从创作角度讲，杜甫的诗作，特别是一些咏史叙事之作，赋多于比、兴，这也是毛泽东对杜诗评价不是很高的原因。此外，毛泽东晚年有扬李抑杜的想法，是因为他感到杜甫的诗注家太多，号称"千家"，李白的诗注家太少，同为大诗人，注家却相差如此悬殊，觉得有点不公平。在他看来，李白诗的成就与艺术价值并不在杜诗之下。

毋庸讳言，毛泽东的扬李抑杜，是包含了他个人的欣赏偏好的，但这并不影响他时常读杜甫之诗。

1958年3月，成都会议期间，毛泽东游览了杜甫草堂，在"诗史堂"称杜甫的诗是"政治诗"。毛泽东还借阅了杜甫草堂的各种版本的杜诗12部，共108本。在《杜诗选》（明·杨慎选）这个版本上，他用铅笔圈了2首诗：《白帝城登高》《至后》。毛泽东还阅读了唐、宋、明三朝的一些杰出诗人的作品，专门圈阅选出了"唐宋人写的有关四川的一些诗和词"（共17位诗人的诗词64首）、"明朝人写的有关四川的一些诗"（共12位诗人的诗19首）。其中陆游的8首，李白的6首，杜甫的诗最多，有25首［包括《剑门》、《蜀相》、《水槛遣心二首》（选一首）、《赠花卿》、《野望》、《狂夫》、《客至》、《登楼》、《绝句四首》（选一首）、《咏怀古迹五首》、《秋兴八首》、《登高》、《白帝城最高楼》、《观公孙大娘弟子舞剑器行》］。当时，毛泽东还为到会的同志挑选了一部分有关四川的历史资料和文学作品并印发给大家，其中有《都江堰资料》《司马错论伐蜀》《成都由来》《武侯祠、杜甫草堂全部对联》等。

从毛泽东故居藏书中看，他读过杜甫不少诗，仅圈画过的就有67首。对杜甫的诗，毛泽东圈画三四遍的有《梦李白二首》《咏怀古迹五首》《蜀相》《闻官军收河南河北》《登高》《登楼》《阁夜》《春望》《佳人》等。在一本《注释唐诗三百首》中，毛泽东在这些诗的标题前都画着大圈，标题后连画三个小圈，这说明毛泽东对杜甫的诗虽然"不甚喜爱"，但仍然大量地认真阅读其作品，重视其精华，能背诵他的很多诗。

例如，1964年毛泽东由湖南返京，火车经过岳阳地段时，索笔手书了杜甫的《登岳阳楼》："昔闻洞庭水，今上岳阳楼。吴楚东南坼，乾坤日夜浮。亲朋无一字，老病有孤舟。戎马关山北，凭轩涕泗流。"这一手书墨迹后来由两位退休老工人刻制，装嵌在新修整的岳阳楼三楼上。

据周世钊日记记载，1971年"九一三"事件之后，毛泽东改写过李攀龙的一首七绝，原诗是："豫章西望彩云间，九派长江九叠山。高卧不须窥石镜，秋风怒在侍臣颜。"有人曾问过周世钊，"侍臣"指的是谁。周世钊说，毛主席把这两个字改成了"叛徒"，这自然是指林彪。周世钊还说，毛主席在吟诵这首诗时，还戏改了杜甫的《咏怀古迹五首》之三咏王昭君的诗句。这首杜诗原是七律，前四句是："群山万壑赴荆门，生长明妃尚有村。一去紫台连朔漠，独留青冢向黄昏。"毛泽东将诗中的"明妃"二字戏改为"林彪"后，则为："群山万壑赴荆门，生长林彪尚有村。一去紫台连朔漠，独留青冢向黄昏。"这四句诗便变成对林彪讥嘲的诗了。

对杜甫的《北征》这首诗，毛泽东是肯定的。他把这首诗推荐给别人读。毛泽东在给陈毅的信中谈到写诗要用赋、比、兴的手法时，曾举这首诗为例。他说："杜甫之《北征》，可谓'敷陈其事而直言之也'，然其中亦有比、兴。"《北征》这首长达700多字的五言长诗是唐朝安史之乱时，杜甫从长安逃至唐肃宗所在地凤翔后写的，其时家在鄜州，即诗人在小注中所说："归至凤翔，墨制放经鄜州作。"鄜州在凤翔东北，因此诗名《北征》。诗中分别叙述诗人回家探亲时忧国忧民的情怀，旅途见到的战争创伤，久别还家时家人的凄惨境况；切望以官兵为主力收复两京，对借兵回纥怀有的隐忧；最后对唐朝中兴寄予希望。杜甫在诗中采取"敷陈其事"叙述所见、所闻、所思，但在形容旅途中见到的"山果""或红如丹砂""或黑如点漆"，即用比喻；"阴风西北来，惨淡随回纥"，即用兴的手法。所以毛泽东说："其中亦有比、兴。"

杜甫写过一首五言古风《前出塞》，主要是反对统治者穷兵黩武的，其中写道："挽弓当挽强，用箭当用长。射人先射马，擒贼先擒王。杀人亦有限，列国自有疆。苟能制侵陵，岂在多杀伤！"

毛泽东不仅读过这首诗，而且在20世纪60年代末，他还借用这首诗来表达他的外交战略。据吴旭君回忆，在美国总统换届选举时，毛泽东曾预测过尼克松可能当选，还说准备请他到北京来。吴旭君说，尼克松是反共老手，同他会谈会有舆论压力。毛泽东接着让吴旭君背杜甫的《前出塞》，然后说：在保卫边疆，防止入侵之敌时，要挽强弓，用长箭。这是指武器在战争中的重要作用，但不是决定性的因素，决定的因素是人。射人先射马，擒贼先擒王。这是民间流传的一句极普通的话。杜甫看出了它的作用，收集起来写在诗中。这两句话表达了一种辩证法的战术思想。我们要打开中美的僵局，不去找那些大头头，不找能解决问题的人去谈行吗？选择决策人中谁是对手这点很重要。当然，天时、地利、人和都是不可排除的诸因素。原先中美大使级会谈，马拉松，谈了15年，136次，只是摆摆样子。现在是到了亮牌的时候了。

钻研韩愈文章，学会古文文体

学校里有一个国文教员，学生给他起了"袁大胡子"的绰号。他嘲笑我的作文，说它是新闻记者的手笔。他看不起我视为楷模的梁启超，认为他半通不通。我只得改变文风。我钻研韩愈的文章，学会了古文文体。所以，多亏袁大胡子，今天我在必要时，仍然能够写出一篇过得去的文言文。

——摘自毛泽东1936年在保安同美国记者埃德加·斯诺的谈话

唐朝韩愈文章还可以，但是缺乏思想性。那篇东西（指韩愈《论佛骨表》——引者注）价值并不高，那些话大多是前人说过的，他只是从破除迷信来批评佛教而没有从生产力方面来分析佛教的坏处。《原道》也是如此。但是，韩愈的诗文有点奇。唐朝人也说"学奇于韩愈，学涩于樊宗师"。韩愈的古文对后世很有影响，写文学史不可轻视他。

——摘自毛泽东1965年6月20日在上海同刘大杰、周谷城的谈话毛泽东在湖南省立第一师范学校求学期间，一连几年的国文教员都是清末举人袁仲谦。毛泽东此前喜欢梁启超的文章，并学梁启超半文半白的笔法作文。袁仲谦不喜这种文体，要学生写地道的古文，毛泽东只好去钻研韩愈的文章。

在中国散文史上，韩愈被誉为"文起八代之衰"的大家。毛泽东从长沙玉泉街的一家旧书铺里买回一部廉价的宝庆（今邵阳）版《韩昌黎诗文全集》，发觉不但页面有破损，文字也有讹误。于是他到学校图书室借来一部善本韩集，逐页逐字校勘，改正讹误，修补破烂。毛泽东就这样花了几个月的闲余工夫，原本有误的那部韩集居然也成了一部"善本"了。

有一段时间，他每天清早都诵读韩愈的诗文，当然不像幼时读私塾只知死背了。毛泽东当时的同班同学周世钊回忆说："读韩集时，除开那些歌功颂德的墓志铭，叹老嗟卑的感伤诗一类毫无意义的作品外，他（毛泽东）都一篇一篇地钻研阅读。从词汇、句读、章节到全文意义，首先凭借一部字典和注释的帮助，进行了解、领会，使其达到融会贯通的地步。在这个基础上，进行反复的默读和朗读，这样就懂得更深，记来易熟。通过这样持久的努力，韩集的大部分诗文都被他读得烂熟，背得很流利。"

对韩文，毛泽东不单是诵读，而且还动笔批注、圈画。周世钊在《毛主席青年时期刻苦学习的几个故事》一文中说："他读《韩昌黎诗文全集》时，不但注意它的文字技巧，更注意的是它的思想内容。凡是他认为道理对、文字好的地方，就圈圈点点，写上'此论颇精''此言甚合吾意'等眉批；认为道理不对、文字不好的地方，就画叉画杠，写上'不通''此说非是'

等眉批。他不因为这是‘文起八代之衰’的古文大师韩愈的文章，就不问青黄皂白地一概加以接受，却要在同一个人的作品中认真深入地分辨出它的是非优劣，以期达到吸取精华、吐弃糟粕的目的。”

师范生毛泽东记的《讲堂录》，后半部分便是读韩文的笔记，涉及韩愈的作品有《郓州溪堂诗并序》《猫相乳》《元和圣德诗》《改葬服议》《谏臣论》《复志赋》《感二鸟赋》《闵己赋》《答李翱书》《与于襄阳书》等十几篇。毛泽东读《韩昌黎诗文全集》记下的文字多是摘录原文或原诗中他感兴趣的字句，也摘了不少后代注家对韩文的解释、评论和对某些词句渊源及意义的解释，还有一些是毛泽东读韩文的感想和发挥。

《讲堂录》中有关议论和评论较多的，是读《闵己赋》的笔记，其中记有苏轼《颜乐亭诗并序》中的话："古之观人也，必于其小焉观之，其大者容有伪焉。人能碎千金之璧，不能无失声于破釜；能搏猛虎，不能无变色于蜂虿。孰知箪食瓢饮之为哲人之大事乎。"《讲堂录》中又记司马光《颜乐亭颂·序》中评论韩愈的话："光谓韩子以三书抵宰相求官，《与于襄阳书》，求朝夕刍水仆赁之资，又好悦人以志诏而受其金，其戚戚于贫贱如此，乌知颜子之所为乎？"然后毛泽东引用韩愈文章的句子作为辩护的议论："司马苏氏之论当矣。虽然，退之常答李习之书（即韩愈《答李翱书》）曰：孔子称颜子一箪食一瓢饮，人不堪其忧，回也不改其乐。彼人者，有圣者为之依归，而又有箪食瓢饮足以不死，其不忧而乐也，岂不易哉。若仆，无所依归，无箪食瓢饮，无所取资，则饿而死，不亦难乎。"由此几例，可见周世钊有关毛泽东读韩文的回忆是很确切的，毛泽东对韩文确是熟悉之至。

由于对韩文反复熟读，会背大部分，并细心揣摩，加之原就有很好的古文基础，毛泽东很快改变了文风，写得一手很出色的古文。所以，1936年毛泽东同斯诺谈话时，还特别提到，"我钻研韩愈的文章，学会了古文文体""今天我在必要时，仍然能够写出一篇过得去的文言文"。毛泽东很感谢"袁大胡子"袁仲谦，1952年他还专门为袁仲谦墓写了"袁仲谦之墓"几个字。

毛泽东青年时代写给黎锦熙、萧子升的信，大都气势沛然，情感炽烈，义理跌宕，也可以说很得韩愈笔意。1915年8月，毛泽东在写给萧子升的信中抄录了自己的一段日记，辩论"匏瓜"与"牡丹"之别。这篇文章在《毛泽东早期文稿》中可以查到，这里不再详述。总的来说，这是一篇充满想象和哲理的散文，比托恰当，文采斐然。文中以匏瓜和牡丹比托粗野有实和妍艳无果这两种人格境界，形象生动，跃然纸上。文章中还设立"客"与"我"的问答，让对方提出问题，层层推进，从而真诚地解剖自己身上存在的那种"耸袂轩眉"的"浮嚣之气"，义理力透纸背。最后"我"的状态是"涩然汗出，戚然气沮"，自然地暗示了"我"的真实选择。这一文风，明显透露出庄子、孟子、韩愈、苏轼之类擅长雄辩而重气势的散文大家的风格痕迹。这样的文风训练，对毛泽东后来写出在议论、煽情和气势上都十分出色的政论文章，是有影响的。

新中国成立后，毛泽东依然注重读韩愈的文章。1965年8月10日，他指示工作人员替他找《韩昌黎全集》。《新唐书·李汉传》说李汉"少事韩愈，通古学，属辞雄蔚。为人刚，略类愈，愈爱重，以子妻之"。毛泽东读至此，特意批注说："韩愈文集，为李汉编辑得全，欧阳修得之于随县，因以流传，厥功伟哉。"足见他对韩愈文集的编辑情况的熟悉，把韩愈文集得以传世视为了不起的事情。

在读到《新唐书·姚崇传》叙姚崇向唐玄宗上书论佛教一段："梁武帝身为寺奴，齐胡太后以六宫入道，皆亡国殄家。近孝和皇帝发使赎生，太平公主、武三思等度人造寺，身婴夷戮，为天下笑。"毛泽东又批注说："韩愈《佛骨表》祖此。"

唐宪宗派人将凤翔法门寺内藏释迦文佛指骨迎入宫内供养三日，韩愈上《论佛骨表》谏诤，触怒唐宪宗，被贬为潮州刺史。《论佛骨表》算得上韩愈文章的代表作，但毛泽东对这篇文章评价并不高。1965年6月20日，毛泽东在上海同刘大杰、周谷城谈话时，便认为"那些话大多是前人说过的，他只是从破除迷信来批评佛教而没有从生产力方面来分析佛教的坏处"。

之所以谈到韩愈的《论佛骨表》，是因为刘大杰告诉毛泽东，他正在修改自己的《中国文学发展史》一书。从刘大杰的回忆来看，主要是该文从"破除迷信"的角度要求禁佛，用韩愈的话来说这种"诡异之观"是"伤风败俗"，其中虽有"弃其业次"之语，但只是偶然提及而已，没有谈到狂信佛教对发展生产力的消极影响。同时，从破除迷信的角度排佛，前人已多有论述。这是毛泽东对《论佛骨表》评价不高的原因，但这并不妨碍他对韩愈在文学史上的特殊地位的认可，因此说"韩愈的诗文有点奇""韩愈的古文对后世很有影响，写文学史不可轻视他"。

韩愈在政治思想和哲学思想上是保守的，他以维护道统自居，打着复古的旗帜，主张恢复孔孟儒家思想的正统地位。对韩愈的政治主张，毛泽东不是很感兴趣。比如，《韩昌黎全集》里有一篇《伯夷颂》，称道伯夷兄弟不做新朝臣民，宁肯饿死首阳山也"不食周粟"，以保持作为商朝遗民气节的举动，这反映了韩愈维护"正统"的思想。毛泽东在1949年写的《别了，司徒雷登》中便批评说："唐朝的韩愈写过《伯夷颂》，颂的是一个对自己国家的人民不负责任、开小差逃跑，又反对武王领导的当时的人民解放战争、颇有些'民主个人主义'思想的伯夷，那是颂错了。"

关于韩愈提倡古文运动的文学思想，毛泽东赞同他反对骈文、革新文体、文从字顺、务去陈言等形式方面的思想。1957年3月8日在同文艺界谈话时，毛泽东说：韩愈是提倡古文的，其实他那个古文，是新的。毛泽东对韩愈的文章评价较好的，是那些跳出道统古意说话的篇章，比如其《师说》一文提出："圣人无常师……是故弟子不必不如师，师不必贤于弟子。闻道有先后，术业有专攻，如是而已。"1940年秋，毛泽东在延安对邓力群等人说，韩愈的《师说》是有真知灼见的。

韩愈不仅是散文家，还是诗人。但韩愈"以文为诗"，为人诟病，也是毛泽东所不太欣赏的。1959年4月在中共八届七中全会上，谈到做工作要留余地时，毛泽东说："韩愈作诗，他就是统统把话讲完了。人们批评他的缺点，就是他的文章同诗都是讲完的，讲尽了，不能割爱。特别是他的那首《南山》诗。"这首《南山》铺写山势景物，列写四时变幻，连用带"或"字的诗句51个，叠字诗句14个，可以说是一篇雕肝呕肺的散文，显然把诗歌的含蓄精练、比兴象征撇在了一边。

但毛泽东对韩愈的诗，也不是完全否定。在1965年7月21日致陈毅的信中，毛泽东专门评价说："韩愈以文为诗；有些人说他完全不知诗，则未免太过，如《山石》《衡岳》《八月十五酬张功曹》之类，还是可以的。据此可以知为诗之不易。"其中，"还是可以的"《山石》一诗，便是记游写景的名作，风格清新，语言平易，如"山石荦确行径微，黄昏到寺蝙蝠飞。升堂坐阶新雨足，芭蕉叶大栀子肥"等，颇为耐读。

1974年开始"评法批儒"运动后，一些报刊把韩愈说得一无是处。1975年8月2日，文学史家刘大杰为修改自己的著作《中国文学发展史》给毛泽东写信，信中说："韩以道统自居，鼓吹天命，固然要严加批判。但细读韩集，其思想中确存在着矛盾。"其诸多作品，"都与儒家思想不合，而倾向于法家。再加以他的散文技巧……如果全部加以否定，似非所宜"。毛泽东于1976年2月12日回信说："我同意你对韩愈的意见，一分为二为宜。"

○ 要有刘禹锡的气概

　　唐人诗云：沉舟侧畔千帆过，病树前头万木春。再接再厉，视死如归，在同地球开战中要有此种气概。

　　——摘自毛泽东1959年4月24日在一个报告上的批语

刘禹锡是中唐诗坛巨匠，白居易称他为"诗豪""国手"。他有忧国忧民的远大抱负，反对当时的宦官专权和藩镇割据等政治弊端。唐顺宗时，刘禹锡与柳宗元等在王叔文领导下进行政治革新，采取了一些进步措施，革新失败后被贬为朗州司马。刘禹锡一生两次被贬，长期过着流放的生活，但他坚持革新的政治主张，始终不悔。

毛泽东对刘禹锡诗作是比较欣赏的，刘禹锡的不少诗他都圈画过五六遍。在一本《唐诗别裁集》中，毛泽东在诗人刘禹锡这个名字上面，用红铅笔画着一个大的圈记；旁边，用黑铅笔画着一条粗重的着重线。毛泽东在《酬乐天扬州初逢席上见赠》一诗中，用红、黑两种铅笔作了圈画、批注：用红铅笔在这首诗的标题前画着圈；在"沉舟侧畔千帆过，病树前头万木春"两句诗旁，用红铅笔画着着重线；又用黑铅笔在这首诗的第一句前画着圈，每句诗后加了圈。《唐诗别裁集》的编者还写了这样一个注解："沉舟二语，见人事不齐，造化亦无如之何。悟得此旨，终身无不平之心矣。"毛泽东注意到这个注解，在"造化亦无如之何"下画着着重线，批注："此种解释是错误的。"

为什么说这种解释是错误的呢？这首诗是刘禹锡在唐敬宗宝历二年（826年），从和州刺史被征还京，和白居易在扬州相逢时所写，虽自比为"沉舟""病树"，但从全诗以及刘禹锡一贯的世界观和人生态度来看，作者在这两句中所表达的，总体上认为历史是要向前发展的，其中包含了刘禹锡本人积极进取的人生精神。《唐诗别裁集》的编者把它理解为一种消极的、在命运面前无能为力的人生哲学，很难说不是脱离作者的唯物主义思想和政治上的硬骨头精神的一种误解。所以，毛泽东不同意这种解释，指出它是"错误的"。1959年4月24日他在一个报告上的批示中，引"沉舟"二句，也是注重它积极进取的大无畏气概。

从刘禹锡的经历来看，他长期处于政治逆境之中。他第一次被贬时，只有23岁，10年后被召回长安，写了一首著名的《元和十年自朗州至京，戏赠看花诸君子》："紫陌红尘拂面来，无人不道看花回。玄都观里桃千树，尽是刘郎去后栽。"恰恰因为这首诗对新贵有讽刺，他再度被贬。14年后刘禹锡又被召回，又写下了《再游玄都观》："百亩庭中半是苔，桃花净尽菜花开。种桃道士归何处？前度刘郎今又来。"他不顾政治上一再遭受打击，仍用嘲讽的口吻写下"种桃道士归何处？前度刘郎今又来"，表现了政治上的硬骨头精神。毛泽东很喜爱这两首诗，曾经挥毫手书过。这两首诗，与"沉舟""病树"二句，精神是一致的，可互为印证。

毛泽东也很爱读刘禹锡的一些咏史诗。在一本《注释唐诗三百首》中刘禹锡的《蜀先主庙》一诗旁，毛泽东批注："略好。"这首诗为："天地英雄气，千秋尚凛然。势分三足鼎，业复五铢钱。得相能开国，生儿不象贤。凄凉蜀故伎，来舞魏宫前。"诗人赞扬刘先主刘备，贬讥刘后主刘禅，全诗写得含蓄凝练，具有史论性质。《乌衣巷》一诗，毛泽东圈画过六次。这首诗为："朱雀桥边野草花，乌衣巷口夕阳斜。旧时王谢堂前燕，飞入寻常百姓家。"诗人从感叹东晋豪门贵族王导、谢安的兴衰，借古讽今。诗意味深长，发人思索。

1958年3月，在成都召开中央工作会议期间，毛泽东亲自编选了一本《诗词若干首（唐宋人写的有关四川的一些诗和词）》，其中便收入了刘禹锡的《松滋渡望峡中》《酬乐天扬州初逢席上见赠》两首作品。

1975年春天，毛泽东已经82岁高龄。当时任北京大学中文系讲师的芦荻被调到毛泽东身边工作，为他读书。初次见面，问过姓名之后，毛泽东问她："会背刘禹锡的《西塞山怀古》这首诗吗？"接着他便铿锵有力地吟诵起来："王濬楼船下益州，金陵王气黯然收。千寻铁锁沉江底，一片降幡出石头。人世几回伤往事，山形依旧枕寒流。今逢四海为家日，故垒萧萧芦荻秋。"芦荻的姓名恰好镶嵌在这首诗的最后一句里，因此毛泽东很快联想到这首他所熟悉的诗。

西塞山在今湖北黄石附近。晋武帝时大举伐吴，王濬统领水军自蜀出击，占领武昌，修巨型战舰，破吴于水中所设铁锁等障碍，顺流而下，直取吴都建业，吴降。诗人刘禹锡通过缅怀历史，抒发他对国家兴亡的关注之情，指出割据分裂局面不能持久，统一是历史的必然趋势。毛泽东对这首诗先后圈画过六遍。在一本《注释唐诗三百首》中这首诗的标题前，他画着一个大圈，标题后又连画三个小圈。在另一本《唐诗别裁集》中这首诗的标题前，他用红铅笔画了一个大圈。《唐诗别裁集》的编者在诗后注释："时梦得与元微之、韦楚客、白乐天各赋金陵怀古，梦得诗成，乐天览之曰：'四人探骊龙，子已获珠，余皆鳞爪矣。'遂罢唱。""梦得"是刘禹锡的字。毛泽东对这段注解，逐句圈点断句。

长期流落在巴山蜀水一带的刘禹锡，一方面有机会广泛接触民间疾苦，使他的诗歌创作具有一定的思想性；另一方面从那些地方的民间歌谣中汲取了艺术的营养，因而使他的诗歌创作具有新的风格。他的《竹枝词》《杨柳枝词》等都具有民歌清新爽朗的情调与响亮和谐的音韵节奏，表露的情感真挚、细腻、含蓄。毛泽东对这类诗都有圈画。

除了阅读，毛泽东还很喜欢引用刘禹锡的诗作来表达自己的一些政治观点。1958年11月，毛泽东在新华社编印的《参考资料》上看到一段美国官员评论中国制度的文字："毛泽东正在孤注一掷，看这个制度是否能养活这个国家""这些灾害已经使中国的饥荒，几乎成为司空见惯的事""这个制度的成功或失败所产生的影响，远远地超过中国的疆界"。读完此段话，毛泽东随手批注："高髻危冠宫样装，春风一曲杜韦娘。司空见惯浑闲事，断尽苏州刺史肠。"该诗即刘禹锡所作的《赠李司空妓》，原诗是："高髻云鬟宫样妆，春风一曲杜韦娘。司空见惯浑闲事，断尽江南刺史肠。"

1958年12月9日，毛泽东在中共八届六中全会的讲话提纲中写到"个人要准备随时有灭亡的可能"时，随即写下刘禹锡的名句："沉舟侧畔千帆过，病树前头万木春。"

1959年4月24日，毛泽东读到周恩来报送的一份材料，里面说江浙沿海一带遭受海洋风暴袭击后，当地大力救灾，修船补网，渔民们又开始陆续驾船出海了。毛泽东随即批示："唐人诗云：沉舟侧畔千帆过，病树前头万木春。再接再厉，视死如归，在同地球开战中要有此种气概。"

显然，毛泽东喜欢刘禹锡的诗作，正在于刘禹锡诗作中有这种自信、达观的精神和不屈奋斗、迎接光明前景的气概。

爱搞点幻想的李贺

李贺除有很少几首五言律外，七言律他一首也不写。李贺诗很值得一读，不知你有兴趣否？

——摘自毛泽东致陈毅的信（1965年7月21日）

他专门作古怪的诗的。（杨尚昆：李贺的诗不容易懂。）有些还是容易懂。人们说他写的是鬼诗，不是人诗。

——摘自毛泽东1960年5月2日在山东同杨尚昆和舒同的谈话

李贺一生，仕途很不得意，只做了3年奉礼郎便郁郁而死，年仅27岁。他以诗为业，所作多为古诗、乐府，极少近体律诗。贺诗内容上多批判现实，慨叹身世之作，字里行间常常流露出悲愤的感情。贺诗有不少描写神仙鬼魅的作品，宋人钱易、宋祁据此称其为"鬼才"。

　　艺术上，贺诗上承《楚辞》《九歌》和南朝乐府的传统，下继李白的浪漫主义精神，并直接受韩愈的影响，形成想象丰富、构思奇特、意境迷离、语言瑰丽的浪漫主义风格，在中唐诗坛上独树一帜，并对后世产生一定影响。不足之处在于他的某些诗过于求新求奇，流于晦涩荒诞。

　　李贺是毛泽东极喜欢的诗人之一。在读王勃《秋日楚州郝司户宅饯崔使君序》时所作的批语中，毛泽东称李贺"英俊天才，惜乎死得太早了"。在1958年1月16日南宁会议上的讲话中，毛泽东说："光搞现实主义一面也不好，杜甫、白居易哭哭啼啼，我不愿看，李白、李贺、李商隐，搞点幻想。"在他的心目中，李贺是浪漫主义的代表诗人之一，而浪漫主义，恰是毛泽东的文化性格特点。注重想象，是大胆创造、跳出圈圈想问题的心理条件之一。

　　1958年3月22日，毛泽东在成都会议上谈到要大胆创造，不要迷信时，说：中国的儒学家，对孔子就是迷信，不敢称孔丘。唐朝李贺就不是这样，对汉武帝直写其名，曰刘彻、刘郎，称魏夫人为魏娘。一有迷信就把我们的脑子镇压住了，不敢跳出圈子想问题。总之，在毛泽东看来，"李贺诗很值得一读"。

　　在毛泽东故居书房里藏有多种版本的李贺诗集。如《李长吉歌诗集》《李长吉集》《李昌谷诗集》《李昌谷诗注》等。翻开这些书，每本都有毛泽东的圈画。在《李长吉歌诗集》杜牧所写的序言中，毛泽东多处画着曲线和圈。李贺流传于世的诗约有240首，毛泽东圈画过的有83首，有些诗圈画过四五次。

此外，在一本毛泽东读过的《新唐书》第二百三十卷《李贺传》中，他在天头上标写着"李贺"两个醒目的大字，在记载李贺写诗"未始先立题，然后为诗，如他人牵合程课者"等处，逐句加了旁圈。

毛泽东圈画得较多的是李贺的《南园十三首》和《马诗二十三首》。这两组诗是诗人托物、托景、托事寄情，抒发自己对政治、对人生的抱负、见解和感慨。毛泽东除了在几部李贺的专集中圈画了这些诗外，在《唐诗别裁集》中也作了圈画，而以《南园十三首》中的"男儿何不带吴钩，收取关山五十州。请君暂上凌烟阁，若个书生万户侯"和"寻章摘句老雕虫，晓月当帘挂玉弓。不见年年辽海上，文章何处哭秋风"两首圈画得最多。这两首诗抒发了诗人要求参加削藩平叛的战斗豪情，同时嘲讽那些死读经书、庸懦无为的书生。

这类诗还有《致酒行》。李贺以汉朝的主父偃、唐太宗时的马周先遭厄运、后被重用的历史人物自勉自励，不以遭际"零落栖迟""幽寒"而气馁。诗的最后四句"我有迷魂招不得，雄鸡一声天下白。少年心事当拏云，谁念幽寒坐呜呃!"，表达了诗人希望有一天自己的壮志得以实现的愿望。"雄鸡一声天下白"，音韵高亢，意境开阔，是诗人积极进取、胸怀蓬勃朝气凝铸的心声。毛泽东在写《浣溪沙·和柳亚子先生》一词时，化用"雄鸡一声天下白"这一诗句，用"一唱雄鸡天下白"形容新中国成立后，中国由黑暗走向光明。

李贺的《金铜仙人辞汉歌》，通过魏明帝搬迁汉武帝所铸金铜仙人这一段历史，用拟人化的表现手法，赋予金铜仙人以真挚深沉的思想感情，着力刻画了金铜仙人离开京都长安时的哀伤、愤慨和对汉武帝的眷恋。其中"天若有情天亦老"一句，更是写金铜仙人离京时的感叹，诗意是深邃的。毛泽东在写《七律·人民解放军占领南京》一诗时，引用了这一诗句并赋以新意。

杜牧盛赞李贺的诗为"骚之苗裔"。他的《巫山高》《湘妃》《神弦》《雁门太守行》等诗，都被誉为"胎息《楚辞》"，是毛泽东圈画得比较多的。毛泽东多次圈画过《雁门太守行》这首诗："黑云压城城欲摧，甲光向日金鳞开。角声满天秋色里，塞上燕脂凝夜紫。半卷红旗临易水，霜重鼓寒声不起。报君黄金台上意，提携玉龙为君死。"这首诗写唐元和年间在易水一带进行的平叛战争，全诗色彩浓重，气势悲壮，意境苍凉，是一幅有声有色的战斗画卷，反映了诗人要求削平藩镇、统一国家的思想，风格很像《九歌》中的《国殇》。毛泽东对李贺的这类诗流露出喜爱之情。

李贺以他旷达奔放的激情，瑰丽多彩的语汇，奇峭独特的构思，天马行空的想象力驰骋于神话世界，写下一些游仙诗，如《天上谣》《梦天》等。《梦天》中写诗人梦游太空，看到奇丽变幻的天光月色；俯视人间，沧海桑田，千年如瞬息。辽阔的中国大地上，九州和海洋，渺小得像九点烟、一杯水。这首诗美丽而富哲理，感染力很强。毛泽东在一本黄陶庵评本《李长吉集》中，在"遥望齐州九点烟，一泓海水杯中泻"两句末画着圈；在天头编者的评语"论长吉每道是鬼才，而其为仙语，乃李白所不及，九州二句，妙有千古"处，每句都圈点断句，说明他很重视这一评论。

1960年5月2日，毛泽东在山东视察工作时，便专门同杨尚昆和舒同等谈到《梦天》。毛泽东提出能否研究和利用海水的问题，说把海水变淡水，水就多了。舒同说正在搞实验，但大量地搞还不行。毛泽东接着说：

从前有人描写这个海水是"黄尘清水三山下，更变千年如走马。遥望齐州九点烟，一泓海水杯中泻"。"三山"，就是海里头三个神仙住的山。"更变千年如走马"，就是世事变得很快。那个时候他所讲的"齐州"，不单是山东，是指整个中国。"九点烟"，是讲九州。后头它缩小到你们济南附近的那个九点烟了。这是唐朝李贺的诗。这个诗人只有二十七岁就死了。他专门作古怪的诗的。（杨尚昆：李贺的诗不容易懂。）有些还是容易懂的。人们说他写的是鬼诗，不是人诗。

毛泽东对李贺诗歌的偏爱和熟悉，还可从这样一个例子中得到说明。1959年3月，文物出版社刻印了一册线装本的《鲁迅诗集》，其中有一首《湘灵歌》，是鲁迅于1931年3月5日写给日本友人松元三郎的。"湘灵"是古代楚人神话里的湘水女神，鲁迅借用这个神话典故来表达对倒在国民党反动派屠刀下的死难者的哀思。全诗为："昔闻湘水碧如染，今闻湘水胭脂痕。湘灵妆成照湘水，皎如皓月窥彤云。高丘寂寞竦中夜，芳荃零落无余春。鼓完瑶瑟人不闻，太平成象盈秋门。"毛泽东在该诗末句旁边批注："从李长吉来。"李贺在《自昌谷到洛后门》一诗中有"九月大野白，苍岑竦秋门"之句，足见毛泽东读李贺诗之精细。

李商隐的诗可存疑

李商隐要重视……无题诗要一分为二，不要一概而论。

——摘自毛泽东1965年6月20日在上海同刘大杰、周谷城的谈话

李义山无题诗现在难下断语，暂时存疑可也。

——摘自毛泽东致刘大杰的信（1976年2月12日）

晚唐诗人李商隐，以近体诗和律诗的成就为高，与杜牧齐名，人称"小李杜"。其诗题材广泛，内容丰富，有揭露宦官专权，批判藩镇割据，反映政治腐败的；有借咏史以暗讽时政的；有抒情写景、托物言志的；等等。但最受后人重视的还是其表现爱情的"无题"诗，如《无题》《锦瑟》等。这类诗感情浓郁，情思委婉，语言精丽，音调和美，读来令人回肠荡气，最能体现其诗歌深情绵邈、绮丽精工的艺术特色。李商隐这类诗艺术成就甚高，无论感时、吊古、咏物、言情，无不蕴含着诗人的深厚感情。

李商隐善于通过景物的描写来渲染气氛，传达感情，极少直抒胸臆，而具有一唱三叹的韵味。其诗语言上凝重而又不失流畅，古朴而又不失清新。然其少数作品用典过多，过分讲究辞藻，不免流于艰涩，后人有"獭祭鱼"之讥。李商隐的爱情诗，对后世影响很大。

20世纪六七十年代，毛泽东同上海复旦大学中文系教授刘大杰两次谈到过对李商隐和韩愈的评价。毛泽东非常喜欢李商隐的诗，尤其是他的"无题"诗。

刘大杰所著的《中国文学发展史》是一部较有影响的著作，毛泽东翻阅过这本书，直到逝世，还把这本书摆放在书架上。在"评法批儒"的政治形势下，刘大杰决定再次修改《中国文学发展史》。1975年8月2日，他给毛泽东写了一封信，就如何评价韩愈和李商隐的诗，谈了自己的看法，信中谈道："关于李义山的无题诗，说有一部分是政治诗，也有少数是恋爱诗，这样妥当吗？""如果能得到主席的指教，解此疑难，那真是莫大的光荣和幸福。"于是，毛泽东于1976年2月12日的回信中，发表了"现在难下断语，暂时存疑可也"的意见。这个意见是遵循学术研究规律的。其实，早在1965年6月20日，毛泽东在上海接见刘大杰，在讨论文学史的写作时，毛泽东就明确讲"李商隐要重视"，并谈到李商隐的"无题"诗，说："无题诗要一分为二，不要一概而论。"

毛泽东对李商隐诗歌的熟悉，可从下面这个例子中知其一二。据史学家周谷城回忆，1965年他在上海见到毛泽东，"谈话的范围真够广了。……毛泽东学问渊博，对古今中外文、史、哲等都有兴趣。关于旧体诗，我们谈到了李商隐，我当即忘乎所以，随便把李商隐的一首七言律诗，用湖南腔调哼起来，曰：

> 海外徒闻更九州，他生未卜此生休。
> 空闻虎旅传宵柝，无复鸡人报晓筹。
> 此日六军同驻马，当时七夕笑牵牛。

把五六两句哼了几遍，七八两句居然哼不出来。他知我已忘记了，便笑着，自己代我念出，曰：'如何四纪为天子，不及卢家有莫愁'"。

毛泽东读李商隐的诗，特别喜欢两类作品：一是他的咏史诗，一是他的"无题"诗。上面同周谷城一道背出的，便是叫《马嵬》的咏史诗，它是写安禄山之乱，唐明皇赐死杨贵妃的咏史诗。从毛泽东故居藏书中看，这首诗毛泽东有三处圈画。李商隐写咏史诗也是卓然成家的，毛泽东圈画过一些李商隐的咏史诗。如《贾生》："宣室求贤访逐臣，贾生才调更无伦。可怜夜半虚前席，不问苍生问鬼神。"这首诗说汉文帝召见贾谊这样有才能的人，不向他征询国家大事，却问鬼神之道。这首诗笔触含蓄，语意却辛辣。对这首诗，毛泽东有六处圈画。1965年6月20日在上海同刘大杰谈话时，毛泽东还特意问："《贾生》一诗能背得出来吗？"刘大杰背诵后，毛泽东喟然叹道："写得好哇！写得好！"

李商隐的"无题"诗，大部分是写爱情的，也有一部分是咏史的内容。李商隐的爱情诗，辞藻朴实而自然，情致缠绵而不庸俗，有感人的艺术魅力。《无题》曰："相见时难别亦难，东风无力百花残。春蚕到死丝方尽，蜡炬成灰泪始干。晓镜但愁云鬓改，夜吟应觉月光寒。蓬山此去无多路，青鸟殷勤为探看。"毛泽东在这首诗的标题上连画三个圈，圈画过五遍。对含有"身无彩凤双飞翼，心有灵犀一点通""春心莫共花争发，一寸相思一寸灰"等著名诗句的"无题"诗，毛泽东画着大圈、小圈，流露出极为赞赏之情。另外如《夜雨寄北》《嫦娥》等诗，毛泽东也多次圈画。

李商隐的"无题"诗，因其大多无所确指，成为后世文人评论的一个热点。毛泽东读李商隐的诗，是很精细的，他很注意古人对李商隐一些难懂的作品的解释。对《锦瑟》这首诗和"五十弦"的解释，历来众说纷纭。《历代诗话》中的《锦瑟》一文，记叙了苏东坡的解释："此出《古今乐志》。锦瑟之为器也，其弦五十，其柱如之，其声也，适、怨、清、和。按李诗：'庄生晓梦迷蝴蝶'，适也；'望帝春心托杜鹃'，怨也；'沧海月明珠有泪'，清也；'蓝田日暖玉生烟'，和也。"《历代诗话》的作者在按语中还辑录了另外几种不同的解释：有的认为上述四句诗，说的是锦瑟的四种曲子；有的说锦瑟是令狐楚家的婢女名字；也有的认为对这首诗"不解则涉无谓，既解则意味都尽"。《历代诗话》的作者还从《汉书》《史记》等史籍中考证了瑟弦的数目。毛泽东对这些解释和考证，一路密加圈画。正因为他了解历史对李商隐这类诗众说纷纭，故强调"存疑可也"，不要下"断语"。

毛泽东还注意了解李商隐的生平事迹。譬如，他曾给田家英写过这样一封信："田家英同志：苏雪林著《李义山恋爱事迹考》，请去坊间找一下，看是否可以买到，或者商务印书馆有此书？"

这封信只署了一个"七月二十七日"，年代不详，应当是在20世纪五六十年代，"文化大革命"以前。

此外，毛泽东还时常以李商隐的诗作为书法练习的内容。《毛泽东手书古诗词选》里，便收有李商隐的《锦瑟》、《筹笔驿》、《无题》（相见时难别亦难）、《马嵬》、《嫦娥》、《贾生》，这几首都是毛泽东很喜欢的作品。

读宋词，偏于豪放，不废婉约

　　词有婉约、豪放两派，各有兴会，应当兼读。读婉约派久了，厌倦了，要改读豪放派。豪放派读久了，又厌倦了，应当改读婉约派。我的兴趣偏于豪放，不废婉约。婉约派中有许多意境苍凉而又优美的词。范仲淹的上两首（指《苏幕遮·碧云天》和另一首《渔家傲·塞下秋来风景异》——引者注），介于婉约与豪放两派之间，可算中间派吧；但基本上仍属婉约，既苍凉又优美，使人不厌读。婉约派中的一味儿女情长，豪放派中的一味铜琶铁板，读久了，都令人厌倦的。人的心情是复杂的，有所偏但仍是复杂的。所谓复杂，就是对立统一。人的心情，经常有对立的成分，不是单一的，是可以分析的。词的婉约、豪放两派，在一个人读起来，有时喜欢前者，有时喜欢后者，就是一例。睡不着，哼范词，写了这些。

　　——摘自毛泽东1957年8月1日对范仲淹两首诗的批语

词的创作，自晚唐五代以降，逐步形成绮靡婉约的作风，人们习惯于用它来写艳情。北宋柳永、李清照为此种词风的代表；同朝苏轼翘首高歌，时见奇怀逸气，于婉约词家之外，别立豪放一宗。后人论宋词，遂有婉约、豪放之别。

　　毛泽东本性近于豪放，最看重苏轼、辛弃疾、张孝祥等豪放词家。而前面引述的他说自己偏于豪放、不废婉约那段话，说明他读宋词时对作品风格的选择，有两个角度：一是由阅读节奏引起的自然调节，它对风格的选择有时间的阶段性；一是从个性情趣出发的主观需要，它对风格的选择不受时间阶段性的限制，反映接受主体与作品风格的较为稳定的对应关系。

　　在1957年8月1日的批语中，毛泽东先是抄写了范仲淹的两首词，即《苏幕遮·碧云天》与《渔家傲·塞下秋来风景异》，接着引发出前面引的那段关于婉约与豪放两派的评论。这段评论，集中表达了毛泽东欣赏和阅读宋词的情况。

　　范仲淹是北宋名臣，官至经略副使、参知政事。他是有远大抱负的政治家，并不以词知名。青年时代，毛泽东曾经把范仲淹和曾国藩并列，定位成"办事而兼传教之人"，看来也不是注重他的词作才华。

　　毛泽东书写、推荐、评论的这两首词，确是范仲淹流传的五六首词中的精品。《苏幕遮·碧云天》上片写秋色，下片写乡愁，是向来词家多次重复过的内容，却依然给读者比较新鲜的感受。这是由于作者胸襟开朗、感情真挚，而没有一些婉约派词家的忸怩作态。《渔家傲·塞下秋来风景异》词意，上承唐代边塞神韵，通过边塞的凄清景象表现边防将士的忧国深心，从而将文人词扩大到边塞的广阔天地，意境雄阔，具大家气象。

从词史上说，这首词是五代以来婉约的柔靡词风转变的开端，当然，还没有后来东坡词"须关西大汉，铜琵琶、铁绰板，唱《大江东去》"那样豪迈宏伟的气势和韵味，也没有稼轩词那样的豪爽和意气，但已明显区别于缠缠绵绵的柔靡词风了。由此，毛泽东认为《苏幕遮·碧云天》与《渔家傲·塞下秋来风景异》，"介于婉约与豪放两派之间，可算中间派吧"。

宋词中，豪放派的代表词人是苏轼和辛弃疾。毛泽东说他的欣赏阅读，是"偏于豪放"。这一点，反映他在对辛词的阅读上。

臧克家在《毛泽东同志与诗》一文中说："毛泽东同志在阅读《词综》时，曾经把自己喜爱的作品，用三种颜色的笔在题目上画大圈，在字句上浓圈密点。这个本子曾经复制过。我从友人处得悉详况，也照样标志在自己的《词综》上。他圈得较多的是辛弃疾、张元幹这样一些爱国词人的豪放作品。田家英曾在电话中告诉我：毛泽东的某首词的起头，是有意仿照稼轩《永遇乐·京口北固亭怀古》的。"

毛泽东说他"不废婉约"，实际上是他对创作风格多样化的一种主张。1963年2月26日，在一次中央工作会议上，几位中央领导人曾有这样一段对话。刘少奇说：我们的广播电台，每天播一小时的轻音乐，主要是一些讲爱情的歌曲，孩子们每天收听，听得入迷。陆定一说：何谓轻音乐，何谓重音乐也说不清楚。有人说：轻音乐是抒情的，重音乐是战斗的。毛泽东指出：那战士就没有抒情？诗、词也有同音乐一样的情况。在同一朝代，如宋朝，有柳永、李清照一派的词，也有辛弃疾、苏东坡、陆游一派的词。柳、李的词只讲爱情。

毛泽东的"不废婉约",在他的阅读圈画中,也有反映。

婉约派的代表词人是柳永,其创作多从都市生活中汲取素材,主要表现男女的离情别绪和悲叹个人沦落江湖,其有《乐章集》行世。在毛泽东故居书房里有一本柳永的《乐章集》,在这本专集和《词综》里,毛泽东圈画过柳永的35首词,有的词是反复圈画的。

柳永在政治上遭受的沉重打击,反映在他写的《鹤冲天》这首词里:"黄金榜上。偶失龙头望。明代暂遗贤,如何向?未遂风云便,争不恣狂荡。何须论得丧。才子词人,自是白衣卿相。烟花巷陌,依约丹青屏障。幸有意中人,堪寻访。且恁偎红翠,风流事、平生畅。青春都一饷。忍把浮名,换了浅斟低唱。"毛泽东在这首词的天头上画着大圈,词内每句都加了圈点。柳永在这首词里,傲然以"白衣卿相"自居,视"功名"为"浮名",其还不及"浅斟低唱"有意义。"忍把浮名,换了浅斟低唱"是词人宦途失意后,玩世不恭的自我解嘲。毛泽东密密圈画了这两句词,说明对它的重视。

柳永还写下了描述杭州市井富庶、风光壮丽的《望海潮》——"东南形胜,三吴都会,钱塘自古繁华";也写下了抒发别恨离愁,景、事、情浑然一体,极富艺术感染力的《雨霖铃》——"寒蝉凄切,对长亭晚,骤雨初歇";还写下了把他一生奔波漂泊的"游宦"经历及厌倦功名利禄的心情委婉表达出来的《八声甘州》——"对潇潇暮雨洒江天,一番洗清秋。渐霜风凄紧,关河冷落,残照当楼";等等。对这些被称为柳永代表作的词,毛泽东都圈画过,但圈点得比较多的,是《乐章集》中的《满江红·桐川》(三首)。这三首词情景交融,真切动人。

除柳永的婉约词作外，毛泽东还读其他人的婉约词作。

毛泽东读了不少南唐后主李煜的婉约纤绵之词。李煜的两首名作《浪淘沙·帘外雨潺潺》和《虞美人·春花秋月何时了》，毛泽东都将之作为书法练习的内容书写过。这两首词中"流水落花春去也，天上人间"和"问君能有几多愁，恰似一江春水向东流"，都是千古名句。

毛泽东是豪放诗人，但他并不乏婉约情调。除读婉约作品外，他还把这一情调形于笔端。1923年他填写的那首《贺新郎》，是大家都熟悉的。《贺新郎》中那今朝霜重、半天残月、凄清如许的景色描绘，那凄然相向、苦情重诉、眼角眉梢都似恨、热泪欲零还住的情态勾勒，那汽笛一声肠已断、从此天涯孤旅的内心感受，深切表达了毛泽东和杨开慧之间缱绻缠绵的柔情蜜意，透射出毛泽东并不常露的"重感慨"这一方面的内心底色。值得注意的是，20世纪20年代初，毛泽东还写过一首《虞美人》，也是写给杨开慧的：

堆来枕上愁何状，江海翻波浪。夜长天色总难明，寂寞披衣起坐数寒星。

晓来百念都灰尽，剩有离人影。一钩残月向西流，对此不抛眼泪也无由。

这显然是一首地道的爱情诗，分明的婉约派。1957年，早年从杨开慧处得知该词的李淑一写信给毛泽东，想请他写出来，被毛泽东婉拒。但是，1961年，毛泽东又将该词书写给卫士张仙朋，并叮嘱："这个由你保存。"

金戈铁马辛弃疾

辛词里"不尽长江滚滚流",是借引杜甫诗的句子。"生子当如孙仲谋",是借引曹操的话。《三国演义》中曹操煮酒论英雄一节,曹操说:夫英雄者,胸怀大志,腹有良谋,有包藏宇宙之机,吞吐天地之志者也。刘备说:谁能当之?曹操以手指刘备后自指说:今天下英雄唯使君与操耳。

——摘自毛泽东1957年3月20日同林克的谈话

宋朝辛弃疾写的一首词里说,当月亮从我们这里落下去的时候,它照亮着别的地方。(指辛弃疾《木兰花慢·可怜今夕月》中,"可怜今夕月,向何处,去悠悠?是别有人间,那边才见,光影东头?"诸句——引者注)晋朝的张华在他的一首诗里也写到"太仪斡运,天回地游"。

——摘自毛泽东《关于人的认识问题》(1964年8月24日)

辛弃疾是宋代豪放派词人的代表，在宋人词作中，毛泽东阅读圈画得最多的，是辛弃疾的作品，大约有98首。1959年中华书局影印出版的《稼轩长短句》共有4册，每册的封面上，毛泽东都用粗重的红铅笔画着读过的圈记。毛泽东对该书中60多首词的标题，也画了圈记，书中用黑、红两色铅笔画着圈、点、曲线。从圈画用的不同笔迹估计，这部书可能是他在不同时期陆续读完的。在他经常翻阅的几部《词综》里，对辛弃疾的词也是反复多次圈画。

辛弃疾不光是词人，他还拥有不多见的军事和政治才能。22岁那年，他聚众2000人，起事抗金，后加入农民耿京的起义队伍，任为掌书记。次年，他奉耿京之命，赴建康（今南京）奏归附事。他在归途中听说耿京被降金的张安国所杀，毅然率五十骑突袭济州，生擒张安国，押回后斩首示众，此壮举盛传一时。南归后，辛弃疾历任湖北、湖南、江西、福建等地安抚使等职，还创建了雄镇一方的飞虎军。他几次进奏朝廷，提出抗金恢复失地的大政方略，但均不被采纳，40岁出头便被弹劾落职。此后20余年间，除短期赴福建、镇江、浙东任职外，辛弃疾主要闲居乡间。

总的来说，辛弃疾不像李白，李白天生是诗人，搞政治、军事非其所长，而辛弃疾本该在政治和军事上一展宏图，专注于词作是他的不幸。他矢志收复中原山河的满腔忠愤，不得不寄情于词，于悲歌慷慨之中，唱出时代强音。由此，他的作品以豪迈奔放为主，亦不拘一格，兼有苍凉、婉转、明丽、俊秀等多种风貌。其善于用典，亦长白描，刚柔相济，灵活多样，与苏轼并称为"苏辛"。其作品有《稼轩长短句》与《稼轩词》

2种刊本，存词600余首，数量、质量都堪称两宋词人之冠。

辛词中最为人称道的是两首登京口北固亭怀古之作。《永遇乐·京口北固亭怀古》写道："千古江山，英雄无觅，孙仲谋处。舞榭歌台，风流总被，雨打风吹去。斜阳草树，寻常巷陌，人道寄奴曾住。想当年，金戈铁马，气吞万里如虎。元嘉草草，封狼居胥，赢得仓皇北顾。四十三年，望中犹记，烽火扬州路。可堪回首，佛狸祠下，一片神鸦社鼓！凭谁问：廉颇老矣，尚能饭否？"《南乡子·登京口北固亭有怀》写道："何处望神州？满眼风光北固楼。千古兴亡多少事？悠悠。不尽长江滚滚流！年少万兜鍪，坐断东南战未休。天下英雄谁敌手？曹刘。生子当如孙仲谋。"

这两首词的风格虽不一致，但表达的是同样的思想感情，一向被认为是辛弃疾爱国主义诗篇的代表作。毛泽东多次圈画过这两首词，非常喜爱它们。1957年3月，在一次由南京飞往上海的途中，当飞机飞临镇江上空时，毛泽东书写了《南乡子·登京口北固亭有怀》，并向同行工作人员解释这首词的意义和所用典故。京口北固亭在今江苏镇江东北，京口曾是三国时吴国孙权建都的地方。南朝宋武帝刘裕（小名寄奴），早年也是在京口起兵，率军北伐，战胜侵扰中原的鲜卑人，后来推翻东晋做了皇帝。这两首怀古词是辛弃疾去世前两年，即在他66岁任镇江知府时的佳作。他借古喻今，通过对孙权、刘裕等历史人物的歌颂，说明作者南归43年来，一直不忘金戈铁马、征战疆场的抗金斗争，并讽喻南宋统治集团投降主义的怯懦无能，并以廉颇自喻，表示其想要实现收复中原的理想，老骥伏枥、雄心不已的壮志。

辛弃疾长期落职闲居，致使他英雄无用武之地，收复中原的理想不能实现，郁郁终生。他的词，有相当数量是抒发对往昔战斗生活的怀念和壮志难酬的苦闷。毛泽东对这类词也圈画了不少，如《破阵子·为陈同甫赋壮词以寄之》："醉里挑灯看剑，梦回吹角连营。八百里分麾下炙，五十弦翻塞外声。沙场秋点兵。马作的卢飞快，弓如霹雳弦惊。了却君王天下事，赢得生前身后名。可怜白发生。"陈同甫即陈亮，是南宋著名的爱国词人，也是辛弃疾志同道合的密友。辛弃疾在这首赠给朋友的词中，真切地反映了他上述的思想感情。毛泽东对这首词，至少圈画两遍以上。在一本《词综》中，他在这首词的天头上画着一个大圈。

辛弃疾有一首《水调歌头·舟次扬州和杨济翁、周显先韵》，里面写道："落日塞尘起，胡骑猎清秋。汉家组练十万，列舰耸层楼。谁道投鞭飞渡？忆昔鸣髇血污，风雨佛狸愁。季子正年少，匹马黑貂裘。今老矣，搔白首，过扬州。倦游欲去江上，手种橘千头。二客东南名胜，万卷诗书事业，尝试与君谋。莫射南山虎，直觅富民侯。"对这首词，毛泽东至少圈画过两遍，标题的天头上，画着大的圈记。他还细心地在一本《词综》里把"列槛耸层楼"中印错的"槛"字改为"舰"字。

悲歌慷慨，气势豪迈，是辛词的主流，但辛词中也不乏描写细腻感情的抒情写景内容，如《太常引·建康中秋夜为吕叔潜赋》："一轮秋影转金波，飞镜又重磨。把酒问姮娥：被白发、欺人奈何？乘风好去，长空万里，直下看山河。斫去桂婆娑，人道是、清光更多。"对这首词，毛泽东至少圈画过两遍，在天头上画着大圈。

从 1974 年 5 月至 1975 年 6 月，毛泽东读了大量诗词曲赋。按他的要求，有关部门选注了陆游、张孝祥、辛弃疾、张元幹等南宋爱国词人的一些作品，印成大字本给他读。这期间，毛泽东还让文化部录制了一套古诗词演唱磁带，有王安石《桂枝香·金陵怀古》、辛弃疾《南乡子·登京口北固亭有怀》、陆游《渔家傲》、岳飞《满江红·写怀》、陈亮《念奴娇·登多景楼》、张元幹《贺新郎·送胡邦衡待制赴新州》、萨都剌《满江红·金陵怀古》等。这套磁带共 59 盒，请当时的著名歌唱家和乐曲演奏家演唱配器。1975 年 7 月，毛泽东是听着岳飞的《满江红》上手术台做摘除白内障手术的。术后打开眼帘纱布的当晚，他读的是陈亮《念奴娇·登多景楼》的大字本。

读听这类作品，与毛泽东当时复杂的思绪和心情有关。这些诗词曲赋，展示的题材和传达的情绪多是悲壮慷慨、志气沉雄一类，蕴含的主题也多是把个人命运与爱国精神融在一起。这很容易引发毛泽东关于理想和现实，关于壮志和暮年这样一些问题的思考，也容易在他的感情世界掀起波澜。他从中能寻求到相应的心志勉励，相应的忧虑抚慰，相应的情感表达。

《水浒传》：革命和建设的"工具书"

　　《水浒传》要当作一部政治书看。它描写的是北宋末年的社会情况。中央政府腐败，群众就一定会起来革命。当时农民聚义，群雄割据，占据了好多山头，如清风山、桃花山、二龙山等，最后汇集到梁山泊，建立了一支武装，抵抗官军。这支队伍，来自各个山头，但是统帅得好。

——摘自毛泽东同薄一波等人的谈话

　　《水浒传》上宋江三打祝家庄，两次都因情况不明，方法不对，打了败仗。后来改变方法，从调查情形入手，于是熟悉了盘陀路，拆散了李家庄、扈家庄和祝家庄的联盟，并且布置了藏在敌人营盘里的伏兵，用了和外国故事中所说木马计相像的方法，第三次就打了胜仗。《水浒传》上有很多唯物辩证法的事例，这个三打祝家庄，算是最好的一个。

——摘自毛泽东《矛盾论》（1937年8月）

毛泽东对《水浒传》这部小说的阅读和关注，贯穿了他的一生。

青年时代主持新民学会期间，毛泽东建议同学会友读一读《水浒传》。在大革命时期从事农民运动的时候，他谈起过《水浒传》和宋江的造反。在江西苏区的艰苦斗争环境里，《水浒传》是他爱读的作品之一。长征途中，打下一座县城，《水浒传》是他急于要找来一读的书，由于警卫员没有听清楚，竟匆忙给他抱来一个"水壶"。1938年10月，中共扩大的六届六中全会召开，一次休息时，他同贺龙、徐海东等人聊天，开玩笑地说：不看完《三国》《水浒》和《红楼梦》这三部小说，不算中国人。延安时期，在他丰富的著述中，《水浒传》里的故事是经常引用的例子。新中国成立后，《水浒传》是他书架上的必备之书，20世纪70年代他先后要过12种版本的《水浒传》阅读。晚年在身体健康状况和视力大减的情况下，《水浒传》仍是他爱读的书，并几次同人谈论他的看法。

毛泽东与《水浒传》的特殊缘分，在小时候就建立起来了。

1936年，他对美国记者斯诺讲述了自己读私塾时的事情："我熟读经书，可是不喜欢它们。我爱看的是中国旧小说，特别是关于造反的故事。"正是这种阅读心理，使毛泽东私下里读了《水浒传》等被私塾先生讨厌的"禁书"。《水浒传》里的许多故事，他几乎背得出来，比村里的老人知道得还要多些。"我认为这些书大概对我影响很大，因为是在容易接受的年龄里读的。"

《水浒传》中所展示的英雄好汉们的造反传奇和令人神往的侠义作风，对于受到韶山冲那片封闭土地的束缚、耳闻目睹旧中国种种不平等现象的少年毛泽东来说，可以说起到了政治启蒙的作用。在他成为革命家以后的文章和讲话中，水浒故事和人物总是能信手拈来，娓娓道出，借此传达他对革命和建设实践中的一些问题的思考和主张。

《水浒传》描绘了众多英雄走上梁山泊造反的深刻的社会动因和历史必然性，后人把它概括为"官逼民反"。应该说，这是这部小说最有价值的思想内容，也是毛泽东看重这部小说的一个方面。"官逼民反"，由此成为毛泽东解释20世纪中国革命历史必然性的最通俗的例证，并赋予它历史唯物主义的思想内涵。在革命年代，他总是说，中国共产党搞革命，就像《水浒传》里的起义者一样，是"逼上梁山"的选择。

即使在新中国成立后，回顾中国革命的历史，他得出的经验依然如此。比如，1962年1月14日，在会见阿尔巴尼亚外宾时，他说道："中国有部小说叫《水浒传》，写了一百零八个农民战争的英雄，他们都是被逼上梁山的，在山上建立了根据地，统统是被政府逼上梁山的。……人不受压迫就是不革命，无产阶级不被压迫是不会革命的。"

1964年1月，毛泽东和安娜·路易斯·斯特朗谈话时又说："革命者并不是一开始就是革命者的，他们是被反动派逼迫革命的。""每次起义都是被逼上梁山的。他并不想去，但压迫者使他无路可走。""我原先是湖南省的一个小学教员……我是被逼迫这样的。"

毛泽东为什么喜欢《水浒传》？回答这个问题并不难。《水浒传》描写的各路好汉被逼上梁山举旗造反的原因、过程和道路，梁山英雄们的精神、品格和能力，梁山干部集团的组织、策略和方法，与中国共产党领导的中国革命过程，或者有近似的同构，或者有直接的启发，或者有深刻的镜鉴。毛泽东在阅读《水浒传》时引发的共鸣，已远远超出文学欣赏。他通过对原著内容的提炼和提升，将其精髓融入时代变革，让这部描写古代农民起义的作品，在中国革命和建设的历史上发挥出罕见的"古为今用"的作用。

伴随革命的风风雨雨，毛泽东同《水浒传》一路同行的情景，颇为精彩。不妨按时间顺序，把他一生的有关论述，择其要者列述如下。

1926年，毛泽东在广州农民运动讲习所给农民运动骨干讲课时，不无深意地说：梁山泊宋江等人英勇精明，终不能得天下者，以其代表无产阶级利益，不容于现时社会，遂至失败。但中国的皇朝崩溃，就是农民起来了，有领袖组织造反。

1927年，国共合作的大革命失败时，瞿秋白请毛泽东到上海中央工作，他说愿意上山"和绿林好汉交朋友"。他领导的秋收起义失败后，为说服部队上山，拿出的理由就是历史上的官军从来剿不灭土匪。在井冈山，他果然同农民自卫军首领袁文才、王佐交了朋友，并把他们融入自己的队伍，站稳了脚跟。但远在上海的中央负责人，在1927年12月21日给朱德的信中，批评毛泽东等人所为，"在群众眼内看来是替他们打抱不平"的"梁山泊英雄侠义的行为"。毛泽东没有理会这套批评，成功的实践让他依然故我。1936年7月15日，他向陕北的哥老会写了这样一个宣言："你们主张打富济贫，我们主张打土豪分田地。"双方可以"共抱义气"，一同奋斗！

1936年，在《中国革命战争的战略问题》中，谈到"战略退却"的理由，他说：两个拳师放对，聪明的拳师往往退让一步，而蠢人则气势汹汹。"《水浒传》上的洪教头，在柴进家中要打林冲，连唤几个'来''来''来'，结果是退让的林冲看出洪教头的破绽，一脚踢翻了洪教头。"

1937年，他在《矛盾论》里讲起三打祝家庄的故事，认为"《水浒传》上有很多唯物辩证法的事例，这个三打祝家庄，算是最好的一个"。举此例，意在提倡解决问题必须从分析矛盾的特殊性入手。

1938年，针对延安的一些同志愿意上前线，不愿在后方做保卫工作的情况，他是这样做工作的：《水浒传》写的梁山政权，有军队有政府，也有保卫侦察这些工作。108位高级将领中就有做特务工作的。梁山的对面，朱贵开了一个酒店，专门打听消息，然后报告上面，如果有大土豪路过，就派李逵去搞了回来。

1942年，为了强调合法斗争和秘密斗争相结合的策略，他在陕甘宁边区高干会上的讲话中，再次谈三打祝家庄故事，说其中第三打之所以成功，原因是"有一批人假装合作打宋江，祝家庄便欢迎得很，相信他们，这是合法的。但这些人暗中准备非法斗争，等到宋江打到面前，内部就起来暴动……我们对敌人如此，敌人对我们也是如此"。

1944年，他看了京剧《逼上梁山》，很受启发，提出编演《三打祝家庄》，并对主创人员说：要写好梁山主力军、梁山地下军、祝家庄的群众力量三个方面。这个思路，显然与当时发展敌后抗战的背景有关。

1945年，中共七大召开期间，为了阐述党的一些政策思想，他反复谈及《水浒传》。为了说明党的统一战线政策和延安整风的重要性，他说：梁山泊就实行了这个政策，内部政治工作相当好，当然也有毛病，他们里面有大地主、大土豪，没有进行整风，那个卢俊义是被逼上梁山的，是用命令主义强迫人家上去的，不是自愿的。为了解除延安整风给知识分子干部带来的压力，他借用《水浒传》里吴用和萧让这类"秀才"的故事，来强调革命队伍不能缺少知识分子，要让他们发挥作用。为了让干部们辩证地看待中国共产党在发展中自然形成的"山头"问题，他多次讲，《水浒传》里的农民聚义，群雄割据，占据了好多山头，如清风山、桃花山、二龙山等，最后汇集到梁山泊，建立了一支武装，抵抗官军。这支队伍，来自各个山头，但是统帅得好。毛泽东借《水浒传》，讲山头，与中共七大选举来自五湖四海的中央委员直接有关。

1949年，新中国成立前夕，在《论人民民主专政》中为了说明新中国实行人民民主专政的必然性，他说：我们要学景阳冈上的武松。在武松看来，景阳冈上的老虎，刺激它也是那样，不刺激它也是那样，总之是要吃人的。或者把老虎打死，或者被老虎吃掉，二者必居其一。

1955年，他讲到对待犯错误的人，"要准许他继续革命"，不要心地褊狭，搞孤家寡人，并提醒：不要当《水浒传》上的白衣秀士王伦，他也是不准人家革命。凡是不准人家革命，那是很危险的。白衣秀士王伦不准人家革命，结果把自己的命革掉了。

1957年，为了提倡领导干部继续发扬战争年代的革命热情和拼命精神，他说：什么叫拼命？《水浒传》上有那么一位，叫拼命三郎石秀，就是那个"拼命"。

1959年，为了克服"大跃进"期间犯的主观主义错误，他在郑州会议上再次讲三打祝家庄的故事：一打时石秀探庄解决了道路问题；二打时拆散三庄联盟，结成了统一战线问题；三打时孙立假投降，解决了内部斗争问题。由此引申出来的现实要求是：纠正"大跃进"在工作方法上的失误，要从调查研究入手去解决矛盾，要让主观认识符合客观实际。

1959年，在庐山会议上批评人民公社化运动中出现的"共产风"倾向，他想到了梁山英雄的劫富济贫：宋江立忠义堂，劫富济贫，理直气壮，可以拿起就走。晁盖劫的是"生辰纲"，是不义之财，取之无碍，刮自农民归农民。现在刮"共产风"，取走生产大队、小队之财，肥猪、大白菜，拿起就走，这样做是错误的。

1964年，为了说明当时日益激化的中苏论战气氛，他在中共中央政治局常委会上说：《水浒》第一回叫做"张天师祈禳瘟疫，洪太尉误走妖魔"。现在赫鲁晓夫就是洪太尉，他发动公开论战，就是揭开石板，把下面镇着的108个妖魔放出来，天下大乱了。108将就是梁山好汉，我们就是赫鲁晓夫放出来的妖魔。

1965年，谈到三线建设部署的必要性，他说：如果出了赫鲁晓夫，我们搞的小三线就好造反。我们这些人还不是好造反，跟宋江差不多。

从上面这些罗列，不难看出，毛泽东一生与《水浒传》的关联，何其紧密。一言以蔽之：《水浒传》在毛泽东那里成了中国革命和建设的"工具书"和"教科书"。

从《三国演义》看战争，看组织

　　你们读《三国演义》和《三国志》注意了没有，这两本书对曹操的评价是不同的。《三国演义》是把曹操看作奸臣来描写的；而《三国志》是把曹操看作历史的正面人物来叙述的，而且说曹操是天下大乱时期出现的"非常之人""超世之杰"。可是因为《三国演义》又通俗又生动，所以看的人多，加上旧戏上演三国戏都是按《三国演义》为蓝本编造的，所以曹操在旧戏舞台上就是一个白脸奸臣。这一点可以说在我国是妇孺皆知的。现在我们要给曹操翻案。

　　——摘自毛泽东1958年11月20日在武汉东湖召开的座谈会上的讲话

看这本书（指《三国演义》——引者注），不但要看战争，看外交，而且要看组织。你们北方人——刘备、关羽、张飞、赵云、诸葛亮，组织了一个班子南下，到了四川，同"地方干部"一起建立了一个很好的根据地。曹操下江南，东吴谁当统帅成了问题，结果找了个"青年团员"周瑜，29岁当了都督，大家不服，后来加以说服，还是由周瑜当，结果打了胜仗。选拔干部，不能统统按资历，要按能力。

——摘自毛泽东1960年12月上旬同薄一波的谈话

元末明初的罗贯中，在元代出现的《三国志平话》基础上，重点描写汉末以降魏、蜀、吴三国之间的军事、政治、外交斗争及其兴衰过程，形成《三国演义》。这部小说善于抓住每次战争的特点，把描写重点放在具体条件下不同战略战术的运用、指导战争的主观能动性的发挥上，无论大的战役或小的战斗，都写得各具特色、摇曳多姿、毫不雷同。在人物塑造上，它善于把人物置于尖锐复杂的斗争中，通过各自的言行表现其思想性格，运用略貌取神的手法，通过粗线条的勾勒、环境气氛的渲染来取得传神的艺术效果，塑造了一系列栩栩如生的人物形象，其中曹操、刘备、诸葛亮、关羽、张飞等已成为不朽的艺术典型。

毛泽东从少年时代起就爱读《三国演义》。后来到了井冈山，开始领导中国革命战争，毛泽东便想到再看看《三国演义》，于是派人到一户地主家里去找，结果一个农民说："没有了！没有了！昨天共了产。"意思是昨天把《三国演义》这类书分给别人或者烧掉了。1938年5月3日，毛泽东在延安抗大讲话时，还很遗憾地谈起这件事。

为什么隔了10年的时间，还要谈及此事呢？因为在中央苏区时期，"左"倾教条主义在批判毛泽东的时候，曾说他虽然能指挥打仗，但不过是"把古代的《三国演义》无条件地当作现代的战术，古时的《孙子兵法》无条件地当作现代战略"。言下之意，是说毛泽东还缺少马列主义军事理论。毛泽东的回答也很鲜明：当年指挥打仗的时候，没有读到《孙子兵法》，但读了《三国演义》。

的确，毛泽东自从领导革命战争以后，在讲话和文章中，常常引用《三国演义》中的一些事例。

古田会议后，为了阐述宣传鼓动重于指派命令，毛泽东给大家讲了《三国演义》中老将黄忠大败夏侯渊的故事：黄忠本来年老体衰，很难取胜夏侯渊。可是诸葛亮使用了"激将法"，把黄忠的勇气鼓动起来了。于是黄忠表示，如不斩夏侯渊于马下，提头来见。结果，黄忠果然杀了夏侯渊。

1936年12月，毛泽东在《中国革命战争的战略问题》一书中，讲到"双方强弱不同，弱者先让一步，后发制人"，举了中国古代六个有名的战例，其中袁曹官渡之战、吴魏赤壁之战、吴蜀夷陵之战这三次战役，都是《三国演义》中用浓墨重彩着力渲染过的，分别见《三国演义》第三十回、第四十九回、第八十四回。

在《三国演义》塑造的人物中，毛泽东很推崇曹操、孙权和诸葛亮。早在1913年写的《讲堂录》里，他就说："天下无所谓才，有能雄时者，无对手也。以言对手，则孟德、仲谋、诸葛尚已。"在1971年8月29日同汪东兴的谈话中，毛泽东还谈到诸葛亮，说"司马懿这个人，怀疑心很重，诸葛亮没有兵力守城，赵子龙一时又赶不回来，城内空虚，结果诸葛亮就对他用了空城计"。

读《三国演义》，毛泽东注意到战争对人类生存带来的巨大危害。他在1959年末至1960年初读苏联《政治经济学（教科书）》的谈话中，还算了一笔账："古代生产力水平很低，养兵过多，打起仗来，对经济的破坏确实很大。有时确实像蝗虫一样，飞到哪里就把哪里吃光。三国时董卓把长安到洛阳一带的人都杀光了，把洛阳完全毁灭了。"毛泽东从《三国演义》里看到了战争的残酷性，及其对人口、对经济的破坏作用。

1957年11月在莫斯科期间，毛泽东请胡乔木、郭沫若及十来名工作人员一道吃饭时，毛泽东说："我们论三国，替古人担忧吧。"毛泽东随即与郭沫若纵谈三国历史，官渡之战、赤壁之战、夷陵之战，讲了诸多战例。你一段，我一段，夹叙夹议，谈到热烈处，毛泽东忽然转向翻译李越然问："说说，曹操和诸葛亮这两个人谁更厉害？"

李越然回答不出。毛泽东接着说："诸葛亮用兵固然足智多谋，可曹操这个人也不简单。唱戏总是把他扮成个大白脸，其实冤枉，这个人很了不起。"毛泽东又说："古时候打仗没有火箭和原子弹，刀枪剑戟打了起来，死人也不见得少。汉桓帝时有多少人口？"

郭沫若随口应道："《晋书·地理志》作五千六百万。"

毛泽东说："现在还统计不全，到处有不入户人口，那时就能统计全？估计算是五千六百万。到了三国混战还剩多少人口？"

郭沫若回答："史书载，黄河流域'户口骤减，十不存一'。三国合计，人口六七百万。"

"出门无所见，白骨蔽平原。"毛泽东引王粲《七哀诗》后说：曹操回原籍，"旧土人民，死丧略尽。国中终日行，不见所识"。第一次世界大战死了多少人？第二次世界大战又死了多少人？比什么，三国又死多少人？原子弹和关云长的大刀究竟哪个死人多？

毛泽东深深叹息，继续说："现在有人害怕战争，这一点不奇怪。打仗这东西实在把人害苦了。战争还要带来饥荒、瘟疫、抢掠……为什么要打仗哟！应该防止它，打不起来再好不过。可是光顾怕，这不行。你越怕，它就越要落在你头上。我们要着重反对它，但不要怕它。这就是辩证法。"

20世纪60年代初，毛泽东的案头有一套《三国演义》的连环画册，毛泽东是认真读了的。他对卫士说：小人书不简单哪，言简意赅，道理也一目了然。他还给尹荆山讲赤壁大战，讲夷陵之战，说孙、刘联合一把火烧了曹操，烧出了一个三国鼎立。他还说刘备犯了错误，被火烧连营死在白帝城。诸葛亮安居平五路，稳定了蜀国形势。

毛泽东提出，读《三国演义》，不但要看战争，还要看组织，举的例子是北方人刘备、关羽、张飞、赵云、诸葛亮，组织了一个班子南下，到了四川，同"地方干部"一起建立了一个很好的根据地。他用刘备建立蜀国的这个故事说明外来干部一定要同当地干部搞好团结，才能做出一番事业。此外，毛泽东在讲话和文章中，还时常引用《三国演义》中的其他事例来说明正确处理干部人事关系的道理。

1957年7月9日，他在上海干部会议上的讲话中说："刘备得了孔明，说是'如鱼得水'，确有其事，不仅小说上那么写，历史上也那么写，也像鱼跟水的关系一样。群众就是孔明，领导者就是刘备。"

有意思的是，孙中山在他的《三民主义》里也用诸葛亮作过比喻。他以为，应该是诸葛亮似的有才能的人组织政府，算是人民的公仆；而享有民主权利的人民大众，却不是比作刘备，而是比作平庸无能、听凭诸葛亮摆布的阿斗。一个把群众看作孔明，一个则把群众看作阿斗，这里也可以看出毛泽东同孙中山政治思想的差异。

1959年7月初刚上庐山时，毛泽东心情舒畅，在同周小舟和李锐几个人的谈话中，谈到"大跃进"高指标出现的问题时，毛泽东讲，有些问题不能全怪下面，怪各个部门，否则，人们会像蒋干那样抱怨，曹营的事难办得很哪！毛泽东的一番话引得大家都大笑起来，他也大笑起来。蒋干是曹操的一个谋士，与东吴水军都督周瑜曾是同窗学友。在赤壁大战前夕，蒋干过江到周瑜军营中打探虚实，周瑜利用反间计，假造书信让蒋干窃得，使曹操误杀两员得力的水军大将。蒋干还以为给曹操除去了心腹之患，正欲讨功请赏，却被曹操大骂一顿。所以他说："曹营的事难办得很哪！"

看组织，关键是看人才。战场竞争，靠的也是人才。毛泽东早在读《伦理学原理》写的批注中，就写有这样的话："吾人览史时，恒赞叹战国之时，刘项相争之时，汉武与匈奴竞争之时，三国竞争之时，事态百变，人才辈出，令人喜读。"可见，毛泽东爱读《三国演义》，是基于该书"事态百变，人才辈出"。

毛泽东经常讲的《三国演义》中的青年人才，是周瑜和诸葛亮。1953年6月30日，接见中国新民主主义青年团第二次全国代表大会主席团成员时，他说："要选青年干部当团中央委员。三国时代，曹操带领大军下江南，攻打东吴。那时，周瑜是个'青年团员'，当东吴的统帅，程普等老将不服，后来说服了，还是由他当，结果打了胜仗。现在要周瑜当团中央委员，大家就不赞成！团中央委员尽选年龄大的，年轻的太少，这行吗？"

1957年4月上旬，在四省一市省市委书记思想工作座谈会上，谈到要提拔党龄短、年龄轻但有能力的干部时，毛泽东说："赤壁之战，程普四十多岁，周瑜二十多岁，程普虽是老将，不如周瑜能干。大敌当前，谁人挂帅？还是后起之秀周瑜挂了大都督的帅印。孔明二十七岁成名，也未当过支部书记、区委书记嘛！也是个新干部嘛！赤壁之战以前无名义，之后才当军师、中郎将。古时候可以破格用人，我们为什么不可以大胆提拔？"

孙悟空是反官僚主义的英雄

　　孙悟空这个人自然有蛮厉害的个人英雄主义，自我评价是齐天大圣，而且傲来国的群众——猴子们都拥护他。玉皇大帝不公平，只封孙悟空作"弼马温"，所以他就大闹天宫，反官僚主义。

　　——摘自毛泽东1957年3月8日同文艺工作者的谈话

　　中国也有上帝，就是玉皇大帝。他官僚主义很厉害。有个最革命的孙猴子反对过他专制。这个猴王虽经历了不少困难，像列宁被抓了去一样被人家抓去，后来他又跳了出来，大闹一番。玉皇大帝是很专制的，……一定会被打倒。孙行者很多，就是人民。

　　——摘自毛泽东1957年5月12日会见外宾的谈话

《西游记》是明代作家吴承恩在民间故事传说基础上创作的长篇神话小说。鲁迅在1924年的《中国小说的历史的变迁》中说："因为《西游记》上所讲的都是妖怪，我们看了，但觉好玩，所谓忘怀得失，独存鉴赏了。"五四以前，关于《西游记》的宗旨，虽议论纷纷，但大体也不过是"劝学""谈禅""讲道"之类。

但毛泽东从《西游记》里发掘出其积极的历史内涵。

毛泽东认为，吴承恩塑造了"作反"的英雄猴王孙悟空。在大闹天宫故事中，孙悟空是一个大无畏的叛逆者、反抗者，他蔑视和打破了森严的天庭统治秩序，追求不受任何人统治管辖的绝对自由。取经故事中对孙悟空的描写与大闹天宫存在明显的差异和矛盾，虽然他在反抗天庭失败后屈服于神权，但他仍然是一位积极乐观、勇敢刚毅的战斗者。他为保护唐僧，也为为民除害而积极地扫荡妖魔，疾恶如仇，除恶务尽，具有高度的智慧和高超的斗争艺术，并且对神佛表现出桀骜不驯的态度。在作品中，取经的目的已退居次要地位，而孙悟空降妖除怪的活动则成为主要内容，使小说不再是以表现宗教内容为主的作品，而成为大无畏战斗英雄的颂歌。

毛泽东读《西游记》，最注重大闹天宫的故事，最喜欢孙悟空这一形象，在讲话和文章中，他常常根据小说的情节和孙悟空的特点，来说明和比喻现实中的具体问题。

1938年5月，在《论持久战》里谈到同日本帝国主义的包围和反包围的斗争时，他说："我之包围好似如来佛的手掌，它将化成一座横亘宇宙的五行山，把这几个新式孙悟空——法西斯侵略主义者，最后压倒在山底下，永世也不得翻身。……形成一个使法西斯孙悟空无处逃跑的天罗地网，那就是敌人死亡之时了。……这丝毫也不是笑话，而是战争的必然趋势。"这里说的是《西游记》第七回"八卦炉中逃大圣，五行山下定心猿"，玉皇大帝请来如来佛镇压大闹天宫的孙悟空的故事。

《西游记》第五十九至六十一回中孙行者借芭蕉扇的故事，《毛泽东选集》中曾引用过两次。1942年，毛泽东在《一个极其重要的政策》一文中说："何以对付敌人的庞大机构呢？那就有孙行者对付铁扇公主为例。铁扇公主虽然是一个厉害的妖精，孙行者却化为一个小虫钻进铁扇公主的心脏里去把她战败了。"这里毛泽东说的"把她战败了"，是说得稍早了一点。这一次孙行者借的是一柄假扇，扇不灭火焰山的火。这以后孙行者费了许多心思力气，化作铁扇公主的丈夫牛魔王的形象去骗取扇子，也没有成功；最后是出动了托塔李天王和哪吒太子，才降服了铁扇公主，借得了宝扇。毛泽东不是要讲这个完整的故事，只是借题发挥，讲钻进敌人肚子里面去作斗争的方法。全国胜利前夕，他在中共七届二中全会的报告中说："我们既然允许谈判，就要准备在谈判成功以后许多麻烦事情的到来，就要准备一副清醒的头脑去对付对方采用孙行者钻进铁扇公主肚子里兴妖作怪的政策。只要我们精神上有了充分的准备，我们就可以战胜任何兴妖作怪的孙行者。"因为主客之势已变，所以前者以铁扇公主为妖，后者以孙行者为妖，毛泽东对《西游记》中孙行者借芭蕉扇的故事可说是运用之妙存乎一心了。

1945年，毛泽东在重庆谈判时，同国民党的各种人物接触，他认为国民党是一个政治联合体，有左中右之分，不能看作铁板一块；为了促进谈判，也要找当权的右派。有一次，他去见陈立夫，从回忆大革命前国共合作的情景谈起，然后以孙悟空自比，批评了国民党十年内战的反共政策。他说："我们上山打游击，是国民党'剿'共逼出来的，是逼上梁山。就像孙悟空大闹天宫，玉皇大帝封他为弼马温，孙悟空不服气，自己鉴定是齐天大圣。可是你们连弼马温也不让我们做，我们只好扛枪上山了。"

1957年7月9日，他在上海干部会议上的讲话中，谈到人要锻炼，指出："孙悟空在太上老君的八卦炉里头一锻炼就更好了。孙悟空不是很厉害的人物吗？人家说是'齐天大圣'呀，还要在八卦炉里头烧一烧。不是讲锻炼吗？"这里引用的就是《西游记》第七回"八卦炉中逃大圣，五行山下定心猿"中的故事。孙悟空就是在这八卦炉里炼就一双火眼金睛的。

随着心境的变化，在毛泽东的视野里，《西游记》中的孙悟空越来越有突出的积极革命的价值，特别是这位大圣在前七回里的洒脱表现，这种价值更突显。毛泽东晚年还将各种版本的《西游记》找到一起，对照着读。在他的讲话里，孙悟空具有了正面意义，特别是反对官僚主义、教条主义、勇敢造反的意义。

1956年《西南文艺》刊登了一篇题为《试论〈西游记〉的主题思想》的文章，认为作者"借神佛妖魔讽刺揶揄当时世态，反映了封建社会的丑恶本质；借孙悟空这个英雄形象，反映了在封建统治者压迫下的中国人民，在阶级斗争中，坚持反抗，在生活斗争中，征服自然、克服困难的伟大的创造能力"。毛泽东读后在这段话下面画了着重线，有的地方还画了两道，表明他是重视这个分析的。毛泽东作为一个大国领袖，在日理万机之余，详读一本地方文艺刊物所载关于古代神话小说的评论文章，这本身就是一件很有趣味的事情。

此后，毛泽东对孙悟空的评价，越来越注重他敢于斗争的精神。

《西游记》第二十八回"花果山群妖聚义，黑松林三藏逢魔"，写到孙悟空打杀一批妖魔后说："自从归顺唐僧，做了和尚，他每每劝我话道：'千日行善，善犹不足；一日行恶，恶常有余。'真有此话！我跟着他，打杀几个妖精，他就怪我行凶；今日来家，却结果了这许多猎户。"毛泽东读至此，提笔批注道："'千日行善，善犹不足；一日行恶，恶常有余。'乡愿思想也。孙悟空的思想与此相反，他是不信这些的，即是说作者吴承恩不信这些。他的行善，即是除恶。他的除恶，即是行善。所谓'此言果然不差'，便是这样认识的。"

1957年3月8日，在宣传"双百"方针，提倡帮助共产党整风的背景下，他同文艺界谈到真正的马克思主义者什么都不怕的时候，便说了前面引述的那段话，称孙悟空"大闹天宫，反官僚主义"。

1957年4月上旬，在四省一市省市委书记思想工作座谈会上，毛泽东谈到"双百"方针时，说：孙悟空到龙王那里借一件兵器，兵器那么多，借一件有什么不可以？到后来不给不行，压也压不服。总之，生怕出妖怪来。不要怕世界上出妖怪。

1961年底，毛泽东又激情洋溢地"欢呼"着孙大圣，使其成为自己的反修诗作的主要英雄人物，渴望着"金猴奋起千钧棒，玉宇澄清万里埃"那样壮观激越的乐观景象。其内在的意蕴在1964年1月同安娜·路易斯·斯特朗的谈话中又有进一步发挥，他说：同修正主义斗争的转折点是1963年7月14日苏共公开信对中国的攻击。"从那时起，我们就像孙悟空大闹天宫一样。我们丢掉了天条！记住，永远不要把天条看得太重了。我们必须走自己的革命道路。"

与此同时，毛泽东更关注着国内问题。1966年3月30日在上海西郊的一次谈话中他反复提出："孙悟空闹天宫，你是站在孙悟空一边，还是站在天兵天将、玉皇大帝一边？""要保护孙悟空。"

不过，从《西游记》的描写来看，孙悟空的反抗性及不受拘束的个性，主要表现在前七回的描写中。后来，他被如来佛降伏后，为成佛，就保唐僧去西天取经，沿途降妖捉怪，前后判若两人。他似乎也是不得已，因为头上有顶紧箍。毛泽东注意到这个问题。著名作家张天翼在1954年2月号《人民文学》上发表了一篇题为《〈西游记〉札记》的长篇论文，毛泽东根据该文的一个重要观点，进一步提出："不读第七回以后的章节，不足以总结农民起义的规律和经验教训。"在1958年的一次讲话中毛泽东开玩笑说，猴子反教条主义，戴了紧箍，就剩下一半了。

1966年7月在给江青的信中，毛泽东说他的性格中"有些猴气"，不知道是不是从孙悟空性格中得到的启发。如果把"猴气"理解为不满现状，崇尚创造，不拘成规，追求变动，不搬教条，注重灵活，不求刻板庄重，习惯洒脱机趣，应该说他与"猴气"是有些联系的。在毛泽东成为马克思主义者之前，他就坚信，"具体""鲜明""热烈"，是人类社会运动具有革命性和创造性的必要条件，由此他谈到自己的个性，"总难厉行规则的生活"。在晚年，当他作为党和国家的最高领导人来剖析自身的"猴气"，显然就不是一个个人的性格问题了。当他多次向人们谈起并称赞"孙悟空"这一形象的时候，多少透露出其他方面的想法。

《聊斋志异》：要有不怕鬼的精神

　　《聊斋志异》是封建主义的一种温情主义。作者蒲松龄反对强迫婚姻，反对贪官污吏，但是不反对一夫数妻，赞美女人的小脚。主张自由恋爱，在封建社会不能明讲，乃借鬼狐说教。作者写恋爱又都是很艺术的，鬼狐都会作诗……《聊斋志异》其实是一部社会小说。鲁迅把它归入"怪异小说"，是他在没有接受马克思主义以前的说法，是搞错了。蒲松龄很注意调查研究。他泡一大壶茶，坐在集市上人群中间，请人们给他讲自己知道的流行的鬼、狐故事，然后回去加工……不然，他哪能写出四百几十个鬼狐精来呢？

　　——摘自毛泽东 1939 年 5 月 5 日在延安同萧三的谈话

　　《聊斋志异》，可以当作清朝的史料看。

　　——摘自毛泽东 1942 年 4 月在延安同何其芳等的谈话

清代蒲松龄的文言短篇小说集《聊斋志异》，内容分三大类：揭露封建社会政治的黑暗和官场的罪恶；讽刺八股取士的科举制度；通过花妖狐鬼与人的恋爱，反对封建礼教对人性人情的束缚。

这部小说的最大特点是，把花妖狐鬼和幽冥世界等非现实的幻想事物组织到社会生活中来，又极力把花妖狐鬼人格化，把幽冥世界社会化，通过人鬼相杂、幽冥相间的生活画面深刻地反映了现实矛盾；同时，又充分利用花妖狐鬼和幽冥世界所提供的超现实力量，以惩恶扬善，突出地表现了作者理想的人物和生活境界。正是在这个意义上，毛泽东称赞这部书"写得好"，"其实是一部社会小说"，并认为鲁迅把它归入"怪异小说"之列，"是他在没有接受马克思主义以前的说法，是搞错了"。

毛泽东认为《聊斋志异》可以当作清朝的史料看，他举的例子，就是其中的《席方平》。《席方平》写席方平的父亲席廉得罪富豪羊某，羊某死后买通冥间的狱吏将席廉蹂躏而死。席方平代父申冤，魂赴冥司告状，可是从城隍到郡司直至冥王，都收了羊某的贿赂，席方平不仅冤屈未伸，反遭种种毒刑。显然，这是直接影射封建社会的现实状况。在延安同鲁迅艺术学院学员的一次谈话中，毛泽东特别赞赏席方平受锯刑时忍而不号，使行刑的两个鬼大加钦佩，故意锯偏才没有伤他那颗心的细节，还说："这篇小说的主人公觉得，阴曹之暗昧尤甚于阳间。"

鬼魅志怪之作，也是来源于生活的。毛泽东说蒲松龄很注意"调查研究"，广采素材来源进行加工，也是有依据的。作者在《聊斋自志》中说得很清楚："四方同人又以邮筒相寄，因而物以好聚，所积益夥。"另据邹弢《三借庐笔谈》载，蒲松龄在写此书时，常设茶烟于道旁，"见行者过，必强与语，搜奇说异，随人所知"。由此可见，毛泽东除了读《聊斋志异》外，还读了一些与这部小说有关的笔记书籍。

毛泽东与《聊斋志异》的缘分，最著名的就是讲"不怕鬼"和指导何其芳编选《不怕鬼的故事》一书。

1959年4月15日，毛泽东在第十六次最高国务会议上通报当前的形势和党的大政方针。他回忆起1958年炮击金门的事，讲道：这是"我们祖国的土地"，我们有理由捍卫，别人（美国）管不着。所以，"我看要奋斗下去，什么威胁我们都不怕"。说到这里，毛泽东来了灵感，古代小说里不怕鬼的故事，成为他的语言素材：

《聊斋志异》里有一个狂生，晚上坐着读书，有个鬼吓他，从窗户口那个地方伸一个舌头出来，这么长，它以为这个书生就会吓倒了。这个书生不慌不忙，拿起笔把自己的脸画成张飞的样子，画得像我们现在戏台上的袁世海的样子，然后也把舌头伸出来，没有那么长就是了。两个人就这么顶着，你望着我，我望着你。那个鬼只好走了。《聊斋志异》的作者告诉我们，不要怕鬼，你越怕鬼，你就不能活，他就要跑进来把你吃掉。我们不怕鬼，所以炮击金门、马祖。

毛泽东这番话，说得人们哄堂大笑。据会议记录，有六处注明"笑声"。

这是毛泽东在郑重的会议上，第一次讲不怕鬼的故事。在毛泽东看来，一切敌人、对手和困难，都属于"鬼"，只有不怕它，才能战胜它，克服它。

　　1959年5月6日，毛泽东、周恩来在中南海紫光阁会见11个国家的访华代表团和这些国家的驻华使节。他们要借此机会向国际上表明中国对西藏问题及随之陡然紧张的中印关系的态度。在周恩来、陈毅讲得差不多的时候，毛泽东说了一番话："世界上有人怕鬼，也有人不怕鬼。鬼是怕它好呢，还是不怕它好？……经验证明鬼是怕不得的。越怕鬼就越有鬼，不怕鬼就没有鬼了。"

　　在这次谈话中毛泽东特别说道："中国的小说里有一些不怕鬼的故事。我想你们的小说里也会有的。我想把不怕鬼的故事、小说编成一本小册子。"接着他又讲了《聊斋志异》里耿去病夜读，涂面伸舌与鬼相视的故事。

　　毛泽东对自己提出的不怕鬼的话题，似乎特别感兴趣。4天后，5月10日晚上，在中南海勤政殿会见民主德国人民议院访华代表团，谈到西藏问题以及中印关系问题时，毛泽东说得很轻松："所以我们应该欢迎并迎接这种挑战，不要花多少力量就可以还击，不要用十个指头，用几个指头就行了。我对朋友们说，不要怕鬼，鬼是这样的，越怕它，它就越多；不怕它，它就没有了。你们德国文学中有无这种材料，说明有人怕鬼，有人不怕？"

　　毛泽东接着说："马列主义教我们别怕鬼。资本主义这个鬼确有其事，不过不要怕。希特勒是大鬼，蒋介石这个鬼也不小，在他以前还有袁世凯、清朝皇帝等鬼。"

其言下之意，世界和中国的历史都表明，任何鬼都是可战胜的。

外宾中一个叫狄克曼的人接过了话头，指向了现实。他说："波恩也有个鬼，我们不怕它。"

毛泽东说道："不怕鬼就好。如果以为怕鬼鬼就会退，那我就赞成鬼了。问题是越怕鬼，它越多。"

就是在这期间，毛泽东提议编选一部《不怕鬼的故事》。他把任务交给了当时属于中国科学院的文学研究所，并由时任所长何其芳具体负责。到这年夏天，《不怕鬼的故事》便基本编成了。何其芳把这个基本编成的小册子呈送给毛泽东，毛泽东是看了的。在一次中央工作会议上，他还选了其中的一部分故事印发与会者。不久，1959年夏季的庐山会议，出现了毛泽东未预料到的事情，《不怕鬼的故事》的定稿工作中断了。

1960年，毛泽东指示何其芳把已经编好的《不怕鬼的故事》的初稿，再加以精选、充实，遂成70篇，共6万多字。全书定稿后，何其芳请毛泽东为这本书写个序言，以说明在这个时候编选出版这本书的用意，引导读者结合现实更好地阅读。毛泽东让何其芳先起草一个，再给他看。这样，何其芳几易其稿，写了一篇近万字的序言，然后把这篇序言呈送给毛泽东。毛泽东看完这篇序言后，于1961年1月4日上午11时左右，在中南海颐年堂约见了何其芳。谈话中，毛泽东说道："除了战略上藐视，还要讲战术上的重视。对具体的鬼，对一个一个的鬼，要具体分析，要讲究战术，要重视。不然，就打不败它。"接着，毛泽东举了《不怕鬼的故事》中收入的《宋定伯捉鬼》和《妖术》两篇故事为例。说完这两个故事，毛泽东特别叮嘱何其芳："你可以再写几百字，写战术上重视。"

何其芳回去后，根据毛泽东的意见对序言作了修改。1月16日，何其芳将修改后的序言又寄给毛泽东。毛泽东收到这个修改稿时，正在北京主持召开中共八届九中全会。在1月18日的会议讲话中，他向与会者谈到了这本书，说："我也60多岁了，我就是不怕鬼。我们很快要出版一本不怕鬼的书。"

与此同时，毛泽东读了何其芳的这个序言修改稿后，又亲自执笔在结尾处以何其芳的口吻增写了一大段话。此外，毛泽东还有两处重要修改。一处是在序言的"难道它们有气，我们反而没有气吗？难道按照实际情况，不是它们怕我们，反而应该是我们怕它们吗？"一段话后，毛泽东加写道："难道我们越怕'鬼'，'鬼'就越喜欢我们，发出慈悲心，不害我们，而我们的事业就会忽然变得顺利起来，一切光昌流丽，春暖花开了吗？"另一处是在序言谈到一切革命工作中的困难和挫折"都是可以克服，可以扭转的"时候，毛泽东加写了一句话："事物总是在一定条件下向着它的对方变换位置，向着它的对方转化的。"

1961年1月23日下午，毛泽东又约见何其芳。见面后，他对何其芳说："你写的序文我加了一段，和现在的形势联系起来了。"他把上面那段话念给何其芳和在座的其他同志听，然后又传给大家看。大家传阅后，毛泽东又对何其芳说："你这篇文章原来政治性就很强，我给你再加强一些。我是把不怕鬼的故事作为政治斗争和思想斗争的工具。"

何其芳临走时，毛泽东又嘱咐把改的稿子誊清打印后，再给他看看。当天回去后，何其芳连夜根据毛泽东对序言的意见进行修改誊清并嘱人打印出来。1月24日一早，他让通信员把稿子送到中南海转交给毛泽东。当天，毛泽东便审完了这份稿子，退给了何其芳。

经过这样一个过程，《不怕鬼的故事》终于在1961年2月由人民文学出版社正式出版了。可以说，这本薄薄的小册子，从编选到写序、到出版，毛泽东不仅是以读者的身份介入，而且是以"作者"的身份出现的，书中凝聚了他由谈《聊斋志异》而引发强调的"不怕鬼"的精神。

《红楼梦》：艺术性、思想性最高的中国小说

中国小说，艺术性、思想性最高的，还是《红楼梦》。而读《红楼梦》，不读五遍，根本不要发言。因为你不能把它的阶级关系弄清楚。《红楼梦》的作者，是生在康熙、雍正之后的曹雪芹。在雍正年代他是受整的，抄家了的。他这个书写了八十回吧，续是高鹗写的，没有按照曹雪芹的思想。原来预先判定的《红楼梦》的大概，最后四十回是没有按照那条做的。虽然笔法写了不少，但思想没有一致。

——摘自毛泽东1973年5月25日在中共中央政治局会议上的讲话

许世友同志，你现在也看《红楼梦》了吗？要看五遍才有发言权呢。……中国古代小说写得好的是这一部，最好的一部。创造了好多文学语言呢。

——摘自毛泽东1973年12月21日的谈话

在中国古典小说中，最令毛泽东倾心的，无疑是《红楼梦》，他认为《红楼梦》是中国古典小说中写得最好的一部。直到晚年，他还一而再，再而三地建议高级干部要读《红楼梦》，一两遍不行，至少要读三遍。

说起来，还有一桩有趣的逸事。中国人民解放军的开国上将许世友，听说毛泽东提倡读《红楼梦》，还要读五遍，有些想不通，认为那是一部"吊膀子"的书，有什么必要读呢？这个话大概也传到了毛泽东耳里，他这才在1913年12月召开中央军委扩大会议的时候，当面对许世友说了前面引述的第二段话。在许世友回到南京后，毛泽东还托人给他带去一本大字本《红楼梦》，看来是督促他继续阅读。

曹雪芹的《红楼梦》，原名《石头记》，是以其家族生活为素材，"披阅十载，增删五次"而成。该小说以贾宝玉、林黛玉、薛宝钗的爱情婚姻悲剧为主线，描述了贾家宁、荣二府由盛而衰，终于一败涂地的全过程，展现了以贾宝玉、林黛玉为代表的具有叛逆精神的青年不被社会理解以及与社会格格不入的悲剧。

据目前看到的材料，在毛泽东笔下第一次出现《红楼梦》中的文字，是1913年做的《讲堂录》笔记。《讲堂录》里面记有《红楼梦》里的"意淫"之说，以及第五回"贾宝玉神游太虚境，警幻仙曲演红楼梦"里"世事洞明皆学问，人情练达即文章"的相关文字。

在井冈山时，有一次，贺子珍谈起她喜欢《三国演义》《水浒传》，不喜欢《红楼梦》。她说："《红楼梦》里尽是谈情说爱，软绵绵的，没有意思。"毛泽东一听，就反驳她说："你这个评价不公正，这是一本难得的好书哩！《红楼梦》里写了两派，一派好，一派不好。贾母、王熙凤、贾政，这是一派，是不好的；贾宝玉、林黛玉、丫环，这是一派，是好的。《红楼梦》写了两派的斗争。我看你一定没有仔细读这本书，你要重读一遍。"到延安后，毛泽东特意托人从国统区给她买来《红楼梦》《水浒传》等小说。1965年10月10日的一次谈话中，毛泽东还提到这件事。

1938年4月28日，毛泽东在鲁迅艺术学院的讲话中，第一次表达了对《红楼梦》艺术成就的总体评价。他说："《红楼梦》这部书，现在许多人鄙视它，不愿意提到它，其实《红楼梦》是一部很好的小说，特别是它有极丰富的社会史料。"《红楼梦》好在哪？毛泽东还举了一个例子："比如它描写柳湘莲痛打薛蟠以后便'牵马认镫去了'，没有实际经验是写不出'认镫'二字的。……艺术家固然要有伟大的理想，但像上马鞍子一类的小事情也要实际地研究。"

这个评价，意在纠正当时革命队伍里对《红楼梦》这种爱情小说的偏见。在延安同文化人交谈时，毛泽东经常发表对《红楼梦》的看法。著名作家茅盾曾回忆说：1940年6月在延安时，一次毛泽东来问候，"和我畅谈中国古典文学，对《红楼梦》发表了许多精辟的见解"。

在《论十大关系》中，毛泽东在谈到中国和外国的关系、中国的缺点和优点的时候，说过这样的话：我国"除了地大物博，人口众多，历史悠久，以及在文学上有部《红楼梦》等等以外，很多地方不如人家，骄傲不起来"。毛泽东对《红楼梦》评价之高，可以说是无以复加了。

1954年3月毛泽东在杭州和人谈起《红楼梦》，便说他已经看过五遍。在这以后，他继续阅读《红楼梦》。据李锐回忆，1958年1月南宁会议后不久，一天晚上，他到丰泽园毛泽东的住所，谈论关于《工作方法六十条》的草稿等，漫谈很久。李锐上卫生间时，看到一张方凳上放着一本翻开的线装《红楼梦》，可见此书不离毛泽东左右。

另据毛泽东身边工作人员回忆，在1964年以后，毛泽东又至少十次向工作人员要过不同版本的《红楼梦》。工作人员回忆："我们多次送给毛泽东的各种不同版本的《红楼梦》，除少数的用后退给我们还有关单位外，大多数都一直放在他的身边。毛泽东逝世后，我们整理翻阅他中南海故居（包括在丰泽园住地和后来的游泳池住地）里的全部图书，从中看到，有线装木刻本《红楼梦》，也有线装影印本、石刻本，还有各种平装本，一共有二十种之多。"其中有两种版本的《红楼梦》，毛泽东用铅笔圈画过：一种是《脂砚斋重评石头记》，一函八册，影印本；一种是《增评补图石头记》，四函三十二册，木刻本。他圈画的时间大概是20世纪50年代中后期或60年代初期。此外，曾任上海市文教书记的石西民也保存过一套毛泽东批注过的《红楼梦》，大约是20世纪60年代初期，毛泽东在南方视察时，把随身带的一部自己做有许多批语的《红楼梦》赠给上海当时的一位负责人，这位负责人又把它交给石西民，叮嘱其好好研究，但在"文化大革命"中被抄，至今无下落。

由于毛泽东读《红楼梦》读得极熟，因此他平日讲话、作文，书里的人物故事以及一些人们不大注意的细节，常常不经意就引了出来。

1938年5月，毛泽东到鲁迅艺术学院给学员们作报告。讲到鲁迅艺术学院与社会的关系时，他说：《红楼梦》里有个大观园。大观园里有个林黛玉、贾宝玉。你们鲁艺是个小观园。你们也就是林黛玉、贾宝玉（说到这里，毛泽东两只手臂抱在胸前，笑了起来）。但是，我们的女同志不要学林黛玉，只会哭。我们的女同志比林黛玉好多了，会唱歌，会演戏，将来还要到前方打仗。抗日民主根据地就是大观园。你们的大观园在太行山、吕梁山。

1949年初，国民党战败求和，提出以他们的"军队有确实的保障"为和平谈判的条件之一。毛泽东在《评战犯求和》这篇评论中，这样挖苦地予以反驳："大观园里贾宝玉的命根是系在颈上的一块石头，国民党的命根是它的军队，怎么好说不'保障'，或者虽有'保障'而不'确实'呢？"

1973年7月4日，毛泽东在同王洪文、张春桥谈话时，有人提到：有些人盼十大，开过十大，开人大，人大一开就要解决工资问题。毛泽东答道："各有各的心事。贾母一死，大家都哭，各有各的目的。如果一样就没有个性了。哭是一个共性，至于个人想的，伤心之处不同，那是个性。我劝人们去看柳嫂子同秦显家的争夺厨房那几回。"

毛泽东说过：《红楼梦》的"语言是古典小说中最好的，人物也写活了"。在讲话、作文中，他经常引用《红楼梦》中的语言来表达自己的观点。

《红楼梦》第六回"贾宝玉初试云雨情，刘姥姥一进荣国府"中，凤姐向前来求告的穷亲戚刘姥姥哭穷："外头看着虽是烈烈轰轰的，殊不知大有大的艰难去处。"毛泽东很欣赏这句话，作比喻时，不止一次引用过。例如，1963年9月28日，在中央工作会议上谈到国际形势时说："我总相信《红楼梦》上王熙凤说的那句话，'大有大的难处'。现在，美、苏两国都很困难。……不要忘记这一点。还是《红楼梦》上冷子兴说的，'百脚之虫，死而不僵'。"

《红楼梦》第六十八回"苦尤娘赚入大观园，酸凤姐大闹宁国府"中，记凤姐发觉贾琏偷娶尤二姐，到宁国府撒泼一事，当时她的长篇讲话中有一句："俗语说：'拼着一身剐，敢把皇帝拉下马。'"这话毛泽东很感兴趣，在谈话、开会时，不止一次引用过。在中共八届二中全会上的讲话中，他曾说过"舍得一身剐，敢把皇帝拉下马"。几个月之后，在中国共产党全国宣传工作会议上的讲话中，谈到整风的时候，他又引了这句话。经过他的一再引用，后来这句话流传得很广。

《红楼梦》第八十二回"老学究讲义警顽心，病潇湘痴魂惊恶梦"中，记林黛玉听到袭人评论尤二姐惨死的事之后，说："这也难说。但凡家庭之事，不是东风压了西风，就是西风压了东风。"这话毛泽东也不止一次在会议上引用过。在中共八届二中全会上，谈到北京城里有两个司令部的时候，毛泽东曾说，古人林黛玉讲，不是东风压倒西风，就是西风压倒东风。1957年在莫斯科共产党和工人党代表会议上的发言中，他用此话来说明"世界大好形势"："现在我感觉到国际形势到了一个新的转折点。世界上现在有两股风：东风，西风。中国有句成语：不是东风压倒西风，就是西风压倒东风。我认为目前形势的特点是东风压倒西风，也就是说，社会主义的力量对于帝国主义的力量占了压倒的优势。"毛泽东给"东风"和"西风"赋予了如此重要的政治内容。

毛泽东最集中引用《红楼梦》里的警句，是1973年11月17日同周恩来等人的一次谈话：

切记不要忘记凤姐说的话：大有大的难处。刘姥姥向她要钱，听了这个话就冷了半截。后头又转弯，说皇帝也有三门子穷亲戚，不要让你空手回去了。给了她二十两银子。刘姥姥一听，通身都发热，说："你老拔一根汗毛比我们的腰还壮呢！"……许世友反对读《红楼梦》，说尽是吊膀子。你没有看，怎么知道是吊膀子。你没有调查，就下断语，大概是听什么人说的吧。我则不然，我说它是部政治小说。从康熙到乾隆年间，有两大派，一派胜利者即雍正皇帝，抄另一派失败者的家。写的是从兴盛到灭亡，贾、史、王、薛四大家族的兴亡史。"坐山观虎斗"也是凤姐的话。"大有大的难处"，特别对我们有用。"千里搭长棚，没有不散的宴席"。美国、苏联就是"千里搭长棚"。"不是东风压倒西风，就是西风压倒东风"，出自林黛玉，没有调和的余地。

我是把《红楼梦》当历史读的

　　《红楼梦》里有这样的话："陋室空堂，当年笏满床。衰草枯杨，曾为歌舞场。蛛丝儿结满雕梁，绿纱今又在蓬窗上。"这段话说明了在封建社会里，社会关系的兴衰变化，家族的瓦解和崩溃。

　　——摘自毛泽东1959年12月至1960年2月读苏联《政治经济学（教科书）》的谈话

《红楼梦》不仅要当作小说看，而且要当作历史看。他写的是很细致的、很精细的社会历史。

——摘自毛泽东1961年12月20日在中共中央政治局常委和各大区第一书记会议上的讲话

《红楼梦》第二回上，冷子兴讲贾府"安富尊荣者尽多，运筹谋划者无一"，讲得太过。探春也当过家，不过她是代理。但是贾家也就是那么垮下来的。

——摘自毛泽东1963年5月7日在杭州召开的中央工作会议上的讲话

对《红楼梦》这部书，尽管喜欢的人甚众，但各人所得不同。鲁迅说过，读《红楼梦》，"单是命意，就因读者的眼光而有种种：经学家看见《易》，道学家看见淫，才子看见缠绵，革命家看见排满，流言家看见宫闱秘事"。欣赏，本来就是一种再创造，即在作者的作品中，掺入了欣赏者自己的立场、观点、思想、经验，以及现实的需要。见《易》、见淫、见缠绵、见排满、见宫闱秘事，均因此而出。

毛泽东读《红楼梦》，另是一路。如果说，他少年时把小说当作有趣的故事读，那么后来，特别是在他掌握了马克思主义学说之后，小说就不是单纯当作文学来读，而是首先当作社会生活的反映，当作历史书来读的，是一种对社会历史生活的解剖考察。这个观点，他反复申明，从不讳言。

1961年12月20日，在中共中央政治局常委和各大区第一书记会议上，当刘少奇谈到自己已看完《红楼梦》，说该书"讲到很细致的封建社会的情况"时，毛泽东接着发挥说："《红楼梦》不仅要当作小说看，而且要当作历史看。他写的是很细致的、很精细的社会历史。他的书中写了几百人，有三四百人，其中只有三十三人是统治阶级，约占十分之一，其他都是被压迫的。牺牲的、死的很多，如鸳鸯、尤二姐、尤三姐、司棋、金钏、晴雯、秦可卿和她的一个丫环。秦可卿实际是自杀的，书上看不出来。贾宝玉对这些人都是同情的。你们看过《金瓶梅》没有？这部书写了宋朝的真正社会历史，暴露了封建统治，揭露了统治者和被压迫者的矛盾，也有一部分写得很细致。《金瓶梅》是《红楼梦》的祖宗，没有《金瓶梅》就写不出《红楼梦》。但是，《金瓶梅》的作者不尊重女性，《红楼梦》《聊斋志异》是尊重女性的。"

1965年，毛泽东还同王海容说："你要不读点《红楼梦》，你怎么知道什么叫封建主义。"

在毛泽东看来，把《红楼梦》当故事读，是读小说的初浅层次，把《红楼梦》当历史读，进到了读小说的较深层次。怎么叫把《红楼梦》当历史读呢？从毛泽东的有关评论来说，大致有这样几层意思：

第一，要了解《红楼梦》的历史背景，以及《红楼梦》中的思想反映了怎样的历史进步要求。

1962年1月在扩大的中央工作会议上，毛泽东在谈到西方资本主义的发展从十七世纪开始经过了好几百年的时候说："十七世纪是什么时代呢？那是中国的明朝末年和清朝初年。再过一个世纪，到十八世纪的上半期，就是清朝乾隆时代，《红楼梦》的作者曹雪芹就生活在那个时代，就是产生贾宝玉这种不满意封建制度的小说人物的时代。乾隆时代，中国已经有了一些资本主义生产关系的萌芽，但是还是封建社会。这就是出现大观园里那一群小说人物的社会背景。"

关于《红楼梦》的思想价值，毛泽东的观点是："不满意封建制度。"他说得较有分寸。不满意封建制度的什么，方面很多，人们也有不少论述。毛泽东着重指的是作者、书中人物不满意封建制度对人的摧残，是作者、书中人物对封建家族中被迫害、被侮辱和被毁灭的人的同情，是作者、书中人物对妇女的尊重，是作者、书中人物在黑暗和丑恶中对光明和美好的向往与追求。在1961年12月20日的中央政治局常委和各大区第一书记会议上，毛泽东说：《红楼梦》是尊重女性的。1962年8月在中央工作会议核心小组会上，毛泽东又说：《红楼梦》与谴责小说及《金瓶梅》不同，写得有点希望么。这些说法，最基本的一点，就是"民主性"。一般说来，民主性以及人民性，是毛泽东评论封建社会文化中好的一面常用的概念。

第二，对《红楼梦》的历史内涵，毛泽东谈得较多的是，它成了中国封建社会走向衰败的一个缩影。

我们在前面引述的几段谈话都涉及这个意思。在毛泽东看来，《红楼梦》全书，也就是一部四大家族衰败史。在四大家族中，《红楼梦》其实只写了一个家族——贾府。从一家看四家，从四家看代表整个封建统治阶级的百千个"大族名宦之家"。清代二知道人在《〈红楼梦〉说梦》一书里说得好："太史公纪三十世家，曹雪芹只纪一世家。……然雪芹纪一世家，能包括百千世家。"从贾家的衰落，可以看到中国封建社会走向衰亡的历史必然性。

贾府是怎样衰败下来的呢？这是毛泽东读《红楼梦》特别注重的一个问题。

1954年读李希凡、蓝翎的《评〈红楼梦研究〉》时，读到文中"贾氏的衰败，不是一个家庭的问题，也不仅仅是贾氏家族的兴衰的命运，而是整个封建官僚地主阶级，在逐渐形成的新的历史条件下必然走向崩溃的征兆"这段话，毛泽东特意批注："这个问题值得研究。"该文又说："这样的豪华享受，单依靠向农民索取地租还不能维持，唯一的出路只有大量的借高利贷，因而它的经济基础必然要走向崩溃。"毛泽东在这段话旁又画了竖线，打了一个问号，并批道："这一点讲得有缺点。"他似乎是觉得这样来理解封建家族的经济基础的衰败有些简单。

关于贾府的衰败，毛泽东的理解是：首先，是人的衰败，即统治者阶层自身的腐朽所致。他说：《红楼梦》第二回上，冷子兴讲贾府"安富尊荣者尽多，运筹谋划者无一"，贾家也就是那么垮下来的。面对一代又一代的膏粱纨绔，一两个像探春那样有为的谋划者试图支撑和拯救这烂透了的家族大厦，无疑是徒劳的。

其次，中国封建社会的统治形式是家国一体，家庭既是社会的经济生活细胞，又是社会的政治统治的基本途径。家庭—家族—宗族—社会，形成环环相扣的宗法家长制政治体制。毛泽东认为从《红楼梦》中就可以看出家长制度是在不断分裂。他说："贾琏是贾赦的儿子，不听贾赦的话。王夫人把凤姐笼络过去，可是凤姐想各种办法来积攒自己的私房。荣国府的最高家长是贾母，可是贾赦、贾政各人又有各人的打算。"

再次，毛泽东还注意到《红楼梦》反映了中国封建社会经济关系的变化。他借用《红楼梦》里这样一段话"陋室空堂，当年笏满床……"，说明封建社会里，社会关系的兴衰变化，家族的瓦解和崩溃。这种变化造成了土地所有权的不断转移。

家长制、土地关系、人生态度，事实上是决定封建社会关系兴衰成败的政治、经济、文化三个方面的重要基础。这三个基础都动摇了，整个封建制度的衰败自然就无可挽回。就贾府而言，唯一有思想、有才华、有个性的，却是这个家族和这个制度的逆子——贾宝玉。这样的家族，这样的阶级，还能有什么前途呢？

在曹雪芹笔下，贾宝玉是封建家庭的逆子，但这并不说明曹雪芹主观上就有反对封建制度的思想。在1964年8月关于坂田文章（指《自然辩证法研究通讯》1963 年第一期刊载的日本物理学家坂田昌一的文章《基本粒子的新概念》，1965 年 6 月《红旗》杂志发表时题目改为《关于新基本粒子观的对话》）的谈话中，毛泽东说：曹雪芹写《红楼梦》还是想"补天"，想补封建制度的"天"，但是《红楼梦》里写的却是封建家庭的衰落，可以说是曹雪芹的世界观和他的创作发生了矛盾。这个分析，很容易让我们想起恩格斯评论巴尔扎克的话："他就看出了他所心爱的贵族的必然衰落而描写了他们不配有更好的命运……这一切我认为是现实主义最伟大的胜利之一。"

我就是爱读鲁迅的书

鲁迅是真正的马克思主义者，是彻底的唯物论者。真正的马克思主义者，彻底的唯物论者，是无所畏惧的，所以他会写。……现在的杂文怎样写，还没有经验，我看把鲁迅搬出来，大家向他学习，好好研究一下。

——摘自毛泽东1957年3月10日同新闻出版界代表的谈话

鲁迅的书不大好懂，要读四五次，今年读一遍，明年读一遍，读几年就懂了。

——摘自毛泽东1971年11月20日在武汉同湖北省党政军负责人的谈话

毛泽东对中国现代作家的作品读得不多，论及中国现代作家的文字也不多，鲁迅无疑是一个例外。他对鲁迅及其作品评价之高，在古往今来的中国文化人当中，无出其右。

　　毛泽东是从五四新文化运动时期开始接触到鲁迅作品的，他那时是《新青年》杂志的热心读者，鲁迅最初的重要的白话小说和一些杂文便发表在《新青年》上面。1921年在长沙开办文化书社时，毛泽东还推荐过鲁迅的小说《呐喊》。后来毛泽东曾遗憾地说过："五四时期在北京，弄新文学的人我见过李大钊、陈独秀、胡适、周作人，就是没有见过鲁迅。"

　　1938年之前，毛泽东没有条件系统地阅读鲁迅著作。但长征后一到延安，他就注意收集和阅读鲁迅著作的一些单行本和选本，专门写信让人给他弄一本《朝花夕拾》来。他从设在延安的陕西第四中学只有两间房的图书馆里发现有鲁迅的书，立即高兴地借走了几本；几天后，秘书退回看完的，又借走了几本；第三次，秘书又把鲁迅的几部选本和单行本全部借走了，后来看完后归还给图书馆。

　　曾任毛泽东专职图书管理员的徐中远，在一篇文章中回忆，毛泽东曾说："我就是爱读鲁迅的书，鲁迅的心和我们是息息相通的。我在延安，夜晚读鲁迅的书，常常忘记了睡觉。"

　　毛泽东一生阅读和保存有三种版本的《鲁迅全集》。

　　1938年8月，鲁迅先生纪念委员会编辑的20卷本的《鲁迅全集》（内容包括鲁迅的著作、译作和他所整理的部分古籍），"复社"以"鲁迅全集出版社"名义出版。这是我国第一次出版《鲁迅全集》。该书是在上海出版的，通过党的地下组织，从上海辗转到陕北边区，毛泽东得到了一套。

《鲁迅全集》特印了200套编号发行的"纪念本"。这套"纪念本"，在每册的版权页上注明为"非卖品"。毛泽东得到的是第58号，封面是紫色的，书脊是黑色的，每卷的封底、封面的两角都是用同书脊一样的黑色布料包角。毛泽东收到《鲁迅全集》之后，把书放在自己的办公桌旁。后来新华社发表过一张毛泽东在延安枣园窑洞里工作的照片，办公桌上便放着三卷《鲁迅全集》。毛泽东阅读鲁迅著作十分认真。从他在书上批注、圈画的情形来看，凡是原书中文字排印颠倒、错字漏字的地方，他都把它一一改正过来。

这套《鲁迅全集》在革命战争年代随毛泽东南征北战，被完整无缺地从延安带过了黄河，带到了西柏坡、香山，带进了中南海。新中国成立后，无论是出访苏联，还是视察各地，毛泽东都随身带着它，走到哪里，读到哪里。1949年底，在苏联访问期间，他在一次外事活动后，回到住处因读鲁迅的著作而一再推迟进餐。

1956年到1958年，人民文学出版社相继出版了带注释的10卷本《鲁迅全集》（只收鲁迅的著作，未收鲁迅的译作和他整理的古籍），并发行了单行本。毛泽东对这套新版的鲁迅著作也很珍爱，把它放在床上，经常利用夜晚时间和白天零散时间阅读。该单行本上的许多篇章，他反复读了多次。看一次，他习惯在书上画一个圈；看两次，就画两个圈。1961年，毛泽东在江西的一段时间，把新版的《鲁迅全集》带在身边。毛泽东逝世后，报刊上发表过一张他站在书柜前看书的照片。当时他手里拿着的书，就是新版《鲁迅全集》。

1972年9月，文物出版社出版了北京鲁迅博物馆编的《鲁迅手稿选集三编》（线装本）。这本书共有29篇鲁迅手稿，都是从尚未刊印的鲁迅手稿中选出来的。毛泽东得到这本书后，一方面读鲁迅的手稿，一方面欣赏鲁迅的墨迹。手稿选集里有的字写得太小，他就用放大镜一页一页往下看，一边看，一边还不时用笔在手稿选集上圈圈画画。

1972年，有关部门特意将20世纪50年代出版的带有注释的10卷本《鲁迅全集》排印成少量的线装大字本。这套线装本在北京、上海两地排印。毛泽东收到全套线装大字本的《鲁迅全集》时，又读了一遍。在这套新印的线装大字本的许多册的封面上，他同样画了一些红圈圈，在书中画了许多红道道；在有的封面上，他还亲笔写了"1975.8再阅"。

1975年7月，毛泽东因患老年性白内障动了手术。手术之后，视力不济，他还请身边的工作人员给他朗读鲁迅的作品。《鲁迅全集》第五卷《准风月谈·关于翻译（下）》是篇谈文艺批评的文章。鲁迅在这篇文章里尖锐地批评了文艺批评界那种因为有点烂疤，就一下把整个苹果都抛掉的做法。鲁迅指出，首饰要"足赤"、人物要"完人"的思想是很错误的。鲁迅用吃烂苹果的例子来谆谆告诫人们要正确对待有缺点的人和文艺作品。毛泽东赞同鲁迅的见解。1975年，他在病中还叫工作人员给他读这篇文章。当工作人员读到有关内容时，他高兴得连声称赞说："写得好！写得好！"

1976年9月，毛泽东逝世前夕，他卧室的床上、床边的桌子上、书架上，还摆着这套新印的线装大字本《鲁迅全集》，有的是在某一页折上一个角，有的地方还夹着纸条，有的还翻开放着。

在晚年，毛泽东多次提议要人们读鲁迅著作，支持开展鲁迅研究。1975年11月初，毛泽东对周海婴关于出版带注释的《鲁迅全集》的信作了批示：请政治局"讨论一次，作出决定，立即执行"。1975年底至1976年初在有关理论问题的谈话中，他还强调："建议在一二年内读点哲学，读点鲁迅。"

关于鲁迅的作品，毛泽东最喜欢的是他的杂文。鲁迅一生共写有17部杂文集，毛泽东对鲁迅杂文每本集子以及许多文章，是什么时候写的，什么时候编的，什么时候出版过，都很注意，阅读时基本上在每册封面上都写有批注。他说，鲁迅的文章"很神气"，看了让人"神旺"。

鲁迅杂文中的思想和言论，具有很强烈的思想性和战斗性。1939年12月9日，毛泽东在延安举行的纪念一二·九运动四周年大会上的讲演中，在谈到红军到了陕北，还处在国民党的文化"围剿"的情形时说："关于这一点，我们只要看一看鲁迅先生的杂感，就可以知道。他的抨击时弊的战斗的杂文，就是反对文化'围剿'，反对压迫青年思想的。"

1957年3月中国共产党全国宣传工作会议期间，毛泽东多次谈到鲁迅的杂文。3月8日，同文艺界代表座谈时，毛泽东说，鲁迅不是共产党员，他是了解马克思主义世界观的。他的杂文有力量，就在于有了马克思主义世界观。3月12日，他再次说道：

有人说，几百字、一二千字一篇的杂文，怎么能作分析呢？我说，怎么不能呢？鲁迅不就是这样的吗？分析的方法就是辩证的方法。所谓分析，就是分析事物的矛盾。不熟悉生活，对于所论的矛盾不真正了解，就不可能有中肯的分析。鲁迅后期的杂文最深刻有力，并没有片面性，就是因为这时候他学会了辩证法。……鲁迅式的杂文可不可以用来对付人民内部的错误和缺点呢？我看也可以。当然要分清敌我，不能站在敌对的立场用对待敌人的态度来对待同志。必须是满腔热情地用保护人民事业和提高人民觉悟的态度来说话，而不能用嘲笑和攻击的态度来说话。

1959年12月至1960年2月读苏联《政治经济学（教科书）》时，毛泽东又谈到鲁迅的杂文：

鲁迅的战斗方法的一个重要特点是，把所有向他射的箭，统统接过来，抓住不放，一有机会就向射箭的人进攻。人家说他讲话南腔北调，他就出《南腔北调集》。梁实秋说他背叛了旧社会，投降了无产阶级，他就出《二心集》。人家说他的文章用花边框起来，他就出《花边文学》。《申报》的《自由谈》编者受到国民党的压力，发牢骚说，《自由谈》不要谈政治，只准谈风月，他就出了《准风月谈》。国民党骂他是堕落文人，他的笔名就用隋洛文。他临死时还说，别人死前要忏悔，宽恕自己的敌人，但他对自己的"怨敌"，"让他们怨恨去，我也一个都不宽恕"。我们要学习鲁迅的这种战斗精神和方法。

从前面这些引述来看，毛泽东推崇鲁迅的杂文，主要在于他深刻有力的战斗方法。这主要表现在：1.鲁迅的杂文，真实地反映了进步文化界反对国民党反动派文化"围剿"的历史内容，也就是说，这些杂文是在特定的时代中产生并真切地体现出这个时代的斗争风貌的。2.鲁迅的杂文体现了一种无所畏惧的人格战斗力量，特别是后期杂文，具有沉着应付恶劣环境，敢于斗争、善于斗争的气概。3.鲁迅的杂文，特别是后期的杂文，还体现了马克思主义的辩证方法，具有全面的观点。这就使这些杂文除了具有强烈的情绪感染力，还具有深刻的令人信服的说服力。

毛泽东读鲁迅的杂文著作，十分用心理解、思索，还时有发挥。在《花边文学·正是时候》一文里有这样一段话："倘是旧家子弟呢，为了逞雄，好奇，趋时，吃饭，固然也未必不出门，然而只因为一点小成功，或者一点小挫折，都能够使他立刻退缩。这一缩而且缩得不小，简直退回家，更坏的是他的家乃是一所古老破烂的大宅子。"毛泽东读到这段话时，在"吃饭"后面添加了"夺权"两个字，这样就把"旧家子弟"的本质更深刻地揭示出来了。

《未有天才之前》一文，是鲁迅1924年1月17日在北京师范大学附属中学校友会上的讲话。毛泽东非常赞赏这篇文章，特地在文中"天才并不是自生自长在深林荒野里的怪物，是由可以使天才生长的民众产生，长育出来的，所以没有这种民众，就没有天才"这段话下，画着红笔粗线，可见他对鲁迅这种"天才产生于民众"的观点是很赞同的。

鲁迅的杂文，在一定程度上是毛泽东从事政治和思想工作得心应手的工具。

鲁迅是现代中国的圣人

鲁迅在中国的价值，据我看要算是中国的第一等圣人。孔夫子是封建社会的圣人，鲁迅则是现代中国的圣人。

——摘自毛泽东1937年10月19日在延安陕北公学纪念鲁迅逝世周年大会上的演讲

晋朝人阮籍反对刘邦，他从洛阳走到成皋，叹道：世无英雄，遂使竖子成名。鲁迅也曾对于他的杂文说过同样的话。我跟鲁迅的心是相通的。我喜欢他那样坦率。他说，解剖自己，往往严于解剖别人。在跌了几交（跤）之后，我亦往往如此。

——摘自毛泽东1966年7月8日给江青的信

1936 年 10 月 19 日，鲁迅先生辞世。中国共产党中央委员会、中华苏维埃人民共和国中央政府，于 1936 年 10 月 22 日发布《为追悼鲁迅先生告全国同胞和全世界人士书》，高度评价道："鲁迅先生一生的光荣战斗事业，做了中华民族一切忠实儿女的模范……他的犀利的笔锋，完美的人格，正直的言论，战斗的精神，使那些害虫毒物无处躲避。"

这是中国共产党对鲁迅的第一次正式而崇高的评价。当时，中共中央甚至决定改苏维埃中央图书馆为鲁迅图书馆，搜集鲁迅遗著，翻印鲁迅著作等，同时还向南京国民政府提出：鲁迅先生遗体举行国葬，并付国史馆列传；改浙江省绍兴县为鲁迅县；改北平大学为鲁迅大学，设立鲁迅文学奖金奖励革命文学；设立鲁迅研究院，搜集鲁迅遗著，出版鲁迅全集。

1937 年 10 月 19 日，在鲁迅逝世周年祭日那天，毛泽东在成仿吾任校长的陕北公学作了《论鲁迅》的演讲，这是毛泽东第一次公开全面地评价鲁迅。毛泽东说："我们纪念他，不仅因为他的文章写得好，是一个伟大的文学家，而且因为他是一个民族解放的急先锋，给革命以很大的助力。……鲁迅是从正在溃败的封建社会中出来的，但他会杀回马枪，朝着他所经历过来的腐败的社会进攻，朝着帝国主义的恶势力进攻。他用他那一支又泼辣，又幽默，又有力的笔，画出了黑暗势力的鬼脸，画出了丑恶的帝国主义的鬼脸，他简直是一个高等的画家。"

接着，毛泽东又具体阐述了"鲁迅精神"的三个特点：第一，"是他的政治的远见。他用望远镜和显微镜观察社会，所以看得远，看得真"。第二，"就是他的斗争精神。刚才已经提到，他在黑暗与暴力的进袭中，是一株独立支持的大树，不是向两旁偏倒的小草。他看清了政治的方向，就向着一个目标奋勇地斗争下去，决不中途投降妥协"。第三，"是他的牺牲精神。他一点也不畏惧敌人对于他的威胁、利诱与残害，他一点不避锋芒地把钢刀一样的笔刺向他所憎恨的一切。他往往是站在战士的血痕中，坚韧地反抗着、呼啸着前进"。这三种精神，大概算是毛泽东对鲁迅"圣人"内涵的初步阐发。

1940年1月，在《新民主主义论》中，毛泽东再次对鲁迅的地位和价值作了准确而科学的表述，他讲道：

> 二十年来（指五四以来——引者注），这个文化新军的锋芒所向，从思想到形式（文字等），无不起了极大的革命。……而鲁迅，就是这个文化新军的最伟大和最英勇的旗手。鲁迅是中国文化革命的主将，他不但是伟大的文学家，而且是伟大的思想家和伟大的革命家。……鲁迅的方向，就是中华民族新文化的方向。

文学家、思想家、革命家，尤其是"鲁迅的方向，就是中华民族新文化的方向"一句，可以说是毛泽东对鲁迅"圣人"内涵的正式评价。

"圣人"之说，虽然是个比喻，但突显了毛泽东对鲁迅的思想、作品特别是其精神作风的格外尊重。在中国历史上，只有孔子享有"圣人"之誉，在毛泽东看来，鲁迅在现代中国的价值，是远远超过孔子的。毛泽东对鲁迅的尊重是真诚的，而越到晚年，他越看重鲁迅的价值。毛泽东1971年11月20日在同来京参会的湖北省党政军负责人谈话时，再次重申了鲁迅的"圣人"地位："鲁迅是中国的第一个圣人，中国第一个圣人不是孔夫子，也不是我。我算贤人，是圣人的学生。"毛泽东在1937年说鲁迅是"第一等"圣人，这时候已经成为"第一个"圣人了。

1949年访问苏联时，毛泽东对工作人员说："鲁迅的心和我们是息息相通的。"这里说的是鲁迅和"我们"。到1966年7月毛泽东给江青的那封信中，则换成了鲁迅和"我"，他说："我跟鲁迅的心是相通的。"

"相通"就是思想情感方面共鸣。"圣人的学生"和"圣人"的心，何以"息息相通"？

一是在文化革命上的共鸣。

这里说的文化革命，和20世纪60年代作为运动的"文化大革命"不是一回事。五四新文化运动开启了现代中国的文化革命和创造新文化的过程。作为五四新文化运动的"新生代"，毛泽东在思考新民主主义革命时，总是把文化革命放在突出的位置。在《新民主主义论》中，毛泽东用"旗手""主将""代表""方向"这样的用词，来反映鲁迅在文化革命领域的地位和价值，是其他任何人都无法替代的。

在中国共产党领导层，最早提出毛泽东和鲁迅有思想默契的，是周恩来。他在1945年说："鲁迅的许多思想和毛主席的思想一致。"鲁迅在五四新文化运动后，依然在文化领域不断进取战斗，思想轨迹同毛泽东的主张颇为接近，都特别重视通过文化革命推动文化转型，倡导建立民族的新文化。毛泽东读鲁迅著作，在这方面获得共鸣，实为必然。

二是在透彻分析中国国情问题上的共鸣。

鲁迅和毛泽东，在五四新文化运动时期，一个是"主将"，一个是"前卒"，他们都饱读诗书，对历史文化有深入的研究，对旧中国社会都有深刻的认识，对旧的思想道德都作过分析和批判。对几千年封建压迫，鲁迅概括为"吃人"，毛泽东概括为政权、神权、族权和夫权四大绳索。他们都注重对中国社会进行思想启蒙。鲁迅以"精神界之战士"的身份，致力于"改造国民性"；毛泽东早年组织新民学会，宗旨是"改造学术与人心"。毛泽东在《论鲁迅》中说，鲁迅是从正在溃败的封建社会中出来的，会杀回马枪，朝着他所经历过的腐败社会进攻，"画出了黑暗势力的鬼脸""他简直是一个高等的画家"。毛泽东很欣赏鲁迅分析批判中国社会问题时在方法上的深刻辩证，事实上这也是他和鲁迅的共同特点。

的确，无论是批判旧中国，还是建设新文化，都是很艰巨很复杂的，绝不是单纯提出一些脱离实际的口号就可以大功告成，更不是越激进越好。毛泽东在中央苏区时期，因为立足于中国国情，在大量深入的农村调查的基础上，探索中国革命的新道路，却被党内的教条主义者戴上"右倾""保守""狭隘经验论"的帽子。这个遭遇，很像同时期的鲁迅。大革命失败后，左翼文化界在关于"革命文学"等一场又一场的争论中，创造社、太阳社的言辞很激进，对鲁迅的批判攻击也很激烈，给鲁迅戴上"封建余孽""二重反革命""绍兴师爷""堕落文人"等帽子。

毛泽东在1972年11月同湖北省党政军负责人谈话中，对鲁迅与创造社分歧的高下作了评价："创造社不那么高明。鲁迅写的《上海文艺之一瞥》，就是骂创造社的，后来郭沫若就写《创造十年》驳他，驳得没劲。"毛泽东评价左翼文化界的这段公案，或许会想到自己在中央苏区时期的遭遇。事实上，就在鲁迅写《上海文艺之一瞥》的前一年，毛泽东为反驳"左"倾教条主义，写了一篇《调查工作》，后来改名为《反对本本主义》，提出"中国革命斗争的胜利要靠中国同志了解中国情况"，这和鲁迅的反批评实为异曲同工。

关于毛泽东和鲁迅在深刻了解国情这个问题上的共鸣，有两个文化界的当事人的看法，是很到位的。

一个是萧军。他在1944年3月22日写的日记中说："鲁迅——对于中国国民性认识底深刻性，韧性，战斗的精神，严肃性，深沉性，这和毛泽东底对于中国社会、历史、政治认识的全面性，政治学说，策略运用的灵活性，忍耐的能容的力量——正是对照的。"

另外一个就是曾经批评过鲁迅的周扬。周扬在1977年4月发表的一篇接受采访的文章中，把鲁迅和毛泽东放在一起评论说："我们谈鲁迅的功劳，一个是对社会的了解确实深刻，一个是丰富的历史知识。这两条是很厉害的。毛泽东的伟大也是这两条，其他的许多革命家就不如他。毛泽东、鲁迅对社会、历史的了解是非常透彻的。因为这种了解，所以对马克思的理论可以用。教条主义者，像我们这些人和年轻的人吧，也许读了很多马列主义的书，比方说'创造社'后期的人，都在日本读了很多书，王明这些人也读了些书，但是读了不能用，关键就在这个问题上。"

三是在农民问题上的共鸣。

毛泽东和鲁迅都很重视中国农民问题，都是分析农民问题的高手。鲁迅解剖农民，特别是农民的消极面，异常深刻。他是中国新文学史上第一个把普通农民作为主人公的作家，其农村题材小说，塑造了阿Q、闰土、七斤等典型的农民形象，再现了近代中国封闭、落后、萧条的农村景象，描写了农民在政治、经济和思想上受到的压迫和束缚，同时写了辛亥革命因为没有唤醒底层农民而失败的必然性。

出身农家的毛泽东，一直宣称"严重的问题是教育农民"。他早期从事革命活动，一个重要的切入点就是农村和农民；他开辟农村包围城市的革命道路，也得益于对农村社会和农民处境的深入调查研究。毛泽东和鲁迅的这个共同点不是偶然的巧合，是他们自觉根据中国实际来思考中国问题症结的必然结果。著名记者赵超构1944年访问延安后，在《初见毛泽东》一文中说："毛泽东在尊重农民社会的旧习惯基础上播种共产党的理论和政策。"这个见解，切中肯綮。

四是精神个性上的共鸣。

毛泽东1937年在《论鲁迅》中指出"鲁迅精神"有三个特点：政治远见、斗争精神、牺牲精神。毛泽东在具体论述中，则突出鲁迅一贯不屈不挠地与封建势力和帝国主义作坚决的斗争；向着一个目标奋勇地斗争下去，决不中途投降妥协；一点不避锋芒地把钢刀一样的笔刺向他所憎恨的一切。毛泽东在1940年的《新民主主义论》中又称，"鲁迅的骨头是最硬的，他没有丝毫的奴颜和媚骨，这是殖民地半殖民地人民最可宝贵的性格"，鲁迅是"向着敌人冲锋陷阵的最正确、最勇敢、最坚决、最忠实、最热忱的空前的民族英雄"。凡此种种，可归结到一点，即鲁迅敢于斗争，永不变节。

毛泽东提炼概括的鲁迅这种精神个性，正是他在千难万险的革命斗争中一直期待、提倡和下大力气培育的最可宝贵的革命品格。在毛泽东身上，人们看到的也是这样的精神个性，诸如他不怕鬼、不信邪，在逆境中越挫越勇的个性；他立场鲜明、独立思考、大胆怀疑的个性；等等。这和鲁迅颇为相近。基于此，他读鲁迅著作，很欣赏鲁迅主张打"落水狗"的观点，说"一点没有假慈悲的伪君子的色彩"；很欣赏鲁迅"横眉冷对千夫指，俯首甘为孺子牛"两句诗，说"应该成为我们的座右铭"；很欣赏鲁迅"对自己的'怨敌'，'让他们怨恨去，我也一个都不宽恕'"的说法，表示"我们要学习鲁迅的这种战斗精神和方法"。

五是在以笔著文的战斗方法上的共鸣。

毛泽东在战斗方法上与鲁迅的共鸣，比较集中地体现在他对鲁迅杂文的欣赏和评价上面。鲁迅宣称自己的杂文是对准敌人的"匕首"和"投枪"。毛泽东在《论鲁迅》中说，这些"匕首"和"投枪"之所以能成为有力的战斗武器，是因为鲁迅"用望远镜和显微镜观察社会，所以看得远，看得真"。

毛泽东特别欣赏并提倡学习鲁迅杂文的战斗方法。他说："鲁迅的战斗方法的一个重要特点是，把所有向他射的箭，统统接过来，抓住不放，一有机会就向射箭的人进攻。……我们要学习鲁迅的这种战斗精神和方法。"鲁迅杂文的战斗方法，重要的是分析问题，针砭时弊，既深刻又全面，既有感染力，又有说服力。毛泽东认为，"鲁迅后期的杂文最深刻有力，并没有片面性，就是因为这时候他学会了辩证法"。

毛泽东甚至猜想，鲁迅如果还活着，小说恐怕是写不动了，但一定还会写杂文，对现在的一些事情，他"写出杂文来，就解决问题"。20世纪50年代后期，毛泽东曾设想，自己退休后就给《人民日报》写文章，当然也包括写杂文。实际上，毛泽东从青年时代起，为一些报刊撰写的大量时事政论，不少就是出色的杂文，其风格也颇似鲁迅。

历 / 史 / 智 / 慧

【集解】徐廣曰：「一作霖」。缶……食也，着在地反。」圖案：……如淳曰：細無復有在而堆集着也。德州俗……

【集解】駰案：……

如淳曰：「楚謂陳涉也。敷運取，多所攻取。」

【集解】漢書音義曰：「陳沸也。」

〔六〕【正義】遣長者扶持仁義而西，告諭秦其少，倉陣下也。

〔七〕【索隱】徐廣曰：「一無此字。」

〔八〕【索隱】漢書音義曰：「道由碭也。」

〔九〕【集解】漢書音義曰：「二縣名。」【索隱】成陽在濟陰，韋昭云「在潁川」，非也。服虔云「杠里，縣名。
「秦軍所別屯地名也。」

〔一0〕【集解】徐廣曰：「表云二年十月，攻破東郡尉及王離軍於成武南。」

沛公引兵西，遇彭越昌邑，(二)因與俱攻秦軍，戰不利。還至栗，(三)遇剛武侯，(……

不可謂信王雄邑士可得而聲乎上還陽夏苦若三縣一郡
國志豫州汝南郡

州府太康縣治拓縣故城今屬開封府柘城縣治北苦縣故城
今臨德府鹿邑縣東十里（謝嶺英日富在亳州東南）戶二萬但食武平萬

戶且以分損諸議少減孤之貢也
李安漢曰、文詞絕調也惜
出於操令人不耐讀耳。

十六年春正月

魏書曰庚辰天子報減戶五千分所讓三縣萬五千封三子植為平原侯據為范陽侯

豹為饒陽侯
豹即沛穆王林解見武文世王公傳沛王傳潘眉曰武二十五子飯陽侯沛穆王林也豹即林之初名平原目食邑

初平三年郡國志幽州涿郡范陽薊州安平國饒陽一統志范陽故城今直隸深州饒陽縣東食邑

直隸保定府定興縣南四十里故城銀饒陽故城今

五千戶

天子命公世子不為五官中郎將置官屬為丞相副
續百官志五官中郎將一人比二千

○ 二十四史：一篇读罢头飞雪

人猿相揖别。只几个石头磨过，小儿时节。铜铁炉中翻火焰，为问何时猜得，不过几千寒热。人世难逢开口笑，上疆场彼此弯弓月。流遍了，郊原血。

一篇读罢头飞雪，但记得斑斑点点，几行陈迹。五帝三皇神圣事，骗了无涯过客。有多少风流人物？盗跖庄蹻流誉后，更陈王奋起挥黄钺。歌未竟，东方白。

——毛泽东《贺新郎·读史》（1964年春）

一部二十四史大半是假的，所谓实录之类也大半是假的。但是，如果因为大半是假的就不读了，那就是形而上学。不读，靠什么来了解历史呢？反过来，一切信以为真，书上的每句话，都被当作证实的信条，那就是历史唯心论了。正确的态度是用马克思主义的立场、观点和方法，分析它、批判它，把颠倒的历史颠倒过来。……一部二十四史，写符瑞、迷信的文字，就占了不少，各朝各代的史书里都有。像《史记·高祖本纪》和《汉书·高帝纪》里，都写了刘邦斩白蛇的故事，又写了刘邦藏身的地方，上面常有云气，这一切都是骗人的鬼话。而每一部史书，都是由继建的新王朝臣子奉命修撰的，凡关系到本朝统治者不光彩的地方，自然不能写，也不敢写。如宋太祖赵匡胤本是后周的臣子，奉命北征，走到陈桥驿，竟发动兵变，篡夺了周的政权。《旧五代史》（宋臣薛居正等撰）里却说，他黄袍加身，是受将士们"擐甲将刃""拥迫南行"被迫的结果，并把这次政变解释成是"知其数而顺乎人"的正义行为。……洋洋4000万言的二十四史，写的差不多都是帝王将相，人民群众的生产情形、生活情形，大多是只字不提，有的写了些，也是笼统地一笔带过，目的是谈如何加强统治的问题；有的更被歪曲地写了进去，如农民反压迫、反剥削的斗争，一律被骂成十恶不赦的"匪""贼""逆"。这是最不符合历史真实的假话。

——摘自毛泽东1975年同芦荻的谈话

详细记述从先秦到明朝正史的书，有二十四部，统称"二十四史"。历史研究做得很深的人，大凡都会读这部大书。

毛泽东从青年时代开始读二十四史，但有计划地完整阅读，则是新中国成立后的事情，读后还以诗人的笔调说自己是"一篇读罢头飞雪"，充分感受到了中国历史的"几千寒热"。

1952年，毛泽东添置了一部乾隆武英殿本的线装本二十四史，共850册，2249卷，约4000万字。从此，这成为他最喜爱读的一部史书，许多册的封面和其他一些地方都磨破了。为了便于阅读查找，他在一些列传、本纪的封面上，用苍劲的笔迹标出传、纪的人名；绝大多数书中他都作了圈点、断句；有的封面和天头上画着两三个圈圈的标记，有的地方他还细心地改正了错字。

在《辽史》的封面上，毛泽东除了列出"本纪三十，志三十二，表八，列传四十五，总计为一百一十五卷"的总目数提要，还写了这样一段话："《辽史》总列一百一十五卷，而本纪、志、表、列传，分数总和为一百一十四卷，错在志十七上，又有十七下，和其他条体例不合，按其他各项体例，则应为十七、十八，应加改正。类推，则志当为三十二卷。"为了一卷之差，竟考核如此之细，在史家中也是不多见的，由此可知毛泽东读史之细了。

1958年2月10日，为了查证唐代诗人贺知章在长安居住时是否带家眷一事，毛泽东还查了《唐书·贺知章传》。他在给刘少奇的信中说："复寻《唐书·文苑·贺知章传》（《旧唐书·列传一百四十》页二十四），亦无不带家属之记载。"

1959年5月28日，他送一本《后汉书》给林克，让他研究历史，推荐他读其中的党锢传、董卓传，以及《三国志》里的曹操传、郭嘉传、荀攸传、程昱传、贾诩传、刘晔传、夏侯渊传、田畴传等。毛泽东还对林克说过，西汉高、文、景、武、昭较有意思，东汉两头均无意思，只有光武可以读。

1959年10月23日外出前，毛泽东指名要带走的书籍中便有大字本二十四史和标点本《史记》《资治通鉴》等。1964年5月的一次讲话中，他说自己被史书迷住了，要把二十四史读完，现在正在读《南史》《北史》。

1975年，毛泽东已经病魔缠身，写字时手都有些颤抖了，可他还是认真细致地再一次阅读这些史书。毛泽东手头上的二十四史，有三册《晋书》的封面上写着"1975，8"，有五册《晋书》的封面上分别写着"1975，8再阅""1975，9再阅"的字样。由此可以看出，毛泽东阅读二十四史花费了许多的时间和精力，也是极其认真的。

毛泽东不仅自己读二十四史，还积极支持二十四史的整理出版。1956年，标点本的《资治通鉴》出版后，毛泽东又指示出二十四史标点本，首先指定标点前四史，即《史记》《汉书》《后汉书》《三国志》。中华书局总经理金灿然曾写信给田家英说："主席指示标点出版前四史……现送去《史记》排样两份……如果方便，请转呈主席一阅。"后来齐燕铭、范文澜、吴晗、金灿然等建议将其余二十一史（包括《清史稿》）全部加以整理，毛泽东深表赞成。后由教育部和中国科学院合力负责，组织全国四五十个专家和五个院校通力合作，完成了此项巨业。

从毛泽东对二十四史的批注、圈点、勾画中可以看得出来，他读二十四史，不是每一种都反复看，而是根据他自己的需要和计划来读。他采取的是通读、选读、精读的办法，他读得较细、遍数较多的，有《旧唐书》《新唐书》《汉书》《后汉书》《晋书》《史记》《三国志》《明史》等十六种。《旧唐书》《新唐书》基本上从头至尾都有批注、圈点和勾画，其中一些内容，毛泽东至少看过五次以上。对二十四史中他认为有意义的人物传记，还经常送刘少奇、周恩来、邓小平、彭真、彭德怀等中央领导同志阅读，可谓是读书有乐趣分享，有史识共长。

二十四史中的各朝史，于一千多年间逐步成书，虽体例大致相同，但史家的编纂背景、个性素养、史识史笔各不相同，各书在史料的准确性、史识的深刻性、史笔的生动性上也参差不齐。毛泽东读二十四史，不仅读原著，还习惯评论作者写法和注家注解方面的短长，并给予史学上的评论。

比如，关于《后汉书》，毛泽东的评价是："写得不坏，许多篇章，胜于《前汉书》。"关于《三国志》，毛泽东特别推崇裴松之的注，他在一个批语中说："裴松之注三国，有极大的好处，有些近于李贤，而长篇大论搜集大量历史资料，使读者感到爱看。'青出于蓝而胜于蓝'，其此之谓欤？譬如积薪，后来居上。章太炎说，读三国要读裴松之注，英豪巨眼，不其然乎？"

毛泽东读二十四史，不单单是一般性地了解中国的昨天，不光停留在知其然上面，而是进一步知其所以然，考得失，明事理，以利于今天改造中国的事业。有一次，他正在大学读书的儿媳邵华期末考试时"中国通史"考得了好成绩，毛泽东便让她谈谈刘邦、项羽兴衰的原因。邵华按照所记得的教科书中的内容回答了一遍，毛泽东听后笑着说，这是死记硬背，算是知道了点皮毛，但还没有很好地理解。他又说，要多读史料，多想想，能把"为什么"都说清楚，这一课才算学好了。他还对人谈起：研究中国历史，"必须要扎扎实实把二十四史学好"。

二十四史，主要记载帝王将相的历史。毛泽东晚年对帝王将相是越来越反感，但这并不影响他读这套史书的兴趣。其实，毛泽东对帝王将相并非一概否定，更多的时候，他是从他们的政治决策、军事指挥和经济措施当中发掘对当代中国有用的东西。

毛泽东不是史学癖，也不是一个职业的历史学家。他读史，除了个人爱好外，主要是为了以古鉴今，从古代历史中汲取治国理政的经验教训。应该说，这是毛泽东的一个长处或优势。他时常能从历史中获得灵感，从而提出适合今日需要的对策；也能从古人的失败中得出教训，以免今日重蹈覆辙。

⊙ 读历史是智慧的事

我谓读历史是智慧的事。

——摘自毛泽东致蔡和森等人的信（1920年12月1日）

中国历史遗留给我们的东西中有很多好东西，这是千真万确的。我们必须把这些遗产变成自己的东西。

——摘自毛泽东同英国记者斯坦因的谈话（1944年7月14日）

1920 年 12 月，毛泽东在给蔡和森等人的一封信中说，他读历史时发现一种有意思的现象，那些干出傻事蠢事的统治者，非等到人家来推倒，决没有自己肯收场的。由此，毛泽东提出，"读历史是智慧的事"，让理性和智慧来指导自己的冲动，就会少干点傻事蠢事。此前，袁世凯称帝败亡时，毛泽东也发表过类似的议论，说袁世凯以及劝袁世凯称帝的人，不真正懂得历史，没有汲取"王莽、曹操、司马懿、拿破仑、梅特涅之徒"的教训，是世间"最愚者"。

毛泽东读二十四史，汲取智慧的过程中有这样几个特点。

一是秉承阶级史观。

历史唯物主义的阶级史观，是毛泽东理解中国历史发展运动线索的一把钥匙。从他在三个不同时期对中国历史的整体评述，可知他这个一以贯之的读史立场。

1926 年 5 月至 9 月，毛泽东主持广州第六届农民运动讲习所，为学员讲授"中国农民问题"等课程。据保存下来的学员听课笔记，毛泽东对中国历朝兴衰作过以下分析：

秦朝末年，陈胜吴广不堪其苦，遂辍耕而叹，揭起义旗，他们纯粹是代表农民利益者。同时有汉高祖、项羽等皆起兵讨始皇，结果汉高祖胜，项羽等失败。高祖虽为地主阶级，但他胜利的原因在于，初入秦时，即与关中父老约法三章，得一般人之信仰，故秦人大悦。项羽入关，粗恶无比，不得一般人之信仰，又一至咸阳便大焚秦之故宫，遂大失地主阶级之信仰，此其失败之主要原因也。……均田制是王莽时倡的，可见他注意到农民问题了。因为农民问题最重要者唯其土地，而他先节制田地。地主阶级见王莽所行的政策，诸多不利于己，欲寻一代表本身利益之人，起而代之。而刘秀遂于是时起来了。倡人心思汉，以迷惑一般人之耳目。盖因王莽代表农民利益，不得地主阶级拥护，刘秀则代表地主阶级之利益，故能得最后之胜利。唐末黄巢起兵，所向皆克，由于不代表地主阶级利益，被地主们宣传为强盗、无恶不作，遂失败了。

毛泽东此时的认识，还不像后来那样明确和深刻，表述上也还有逻辑不甚清晰的缺陷，但这毕竟是他直接用阶级分析方法来评说中国历朝兴衰的集中实例，或者说是他的阶级史观的较早表述。他当时的主要认识是：历朝皇权的更替，都是"代表农民的利益"和"代表地主的利益"两种力量斗争的结果。在大革命时期，如此勾连历史线索，和毛泽东着眼于农民运动这个现实需要有关。

1939年12月，在《中国革命和中国共产党》一文中，毛泽东把他的上述历史观表达得更为明确，线索更为清晰，也更有理论深度了：

地主阶级对于农民的残酷的经济剥削和政治压迫，迫使农民多次地举行起义，以反抗地主阶级的统治。……当时的农民革命总是陷于失败，总是在革命中和革命后被地主和贵族利用了去，当作他们改朝换代的工具。

到了晚年，毛泽东立足于阶级史观谈二十四史的立场，越发鲜明强烈。凡被二十四史当作"贼""匪""盗""寇"来描写的历代农民起义及其领袖人物，他都给予很高的历史地位。陈胜、吴广、张角、张鲁、王仙芝、黄巢、李自成等的传记，他是常要看的，而且看得很细。在读《旧唐书·黄巢传》时，毛泽东还特意画了一张黄巢行军路线图。于是，1964年，毛泽东写《贺新郎·读史》，以诗论史。其结论是："二十四史"的内容，以"几行陈迹"一言蔽之；"五帝三皇"的内容，以"骗了无涯过客"一言蔽之；阶级史观的内容，以"彼此弯弓月"一言蔽之；数中国历史上的风流人物，毕竟要从盗跖、庄蹻、陈胜、吴广这些底层造反者说起。

二是坚持国家民族立场。

毛泽东读史，关注中华民族的历史命运和国家的统一，关注中国历史上物质文明和精神文明的创造发展。

中华民族几千年的发展，虽不断经历统一和分裂的斗争，但总体上倾向于统一。对此，毛泽东有过整体的评价。1975年5月30日，他让芦荻给他读《晋书》《南史》《北史》中的一些人物传记，随后发表评论：我们的国家，是世界各国中统一历史最长的大国。中间也有过几次分裂，但总是短暂的。这说明各族人民热爱团结，维护统一，反对分裂，分裂不得人心。《南史》和《北史》的作者李延寿，就是倾向统一的，他的父亲也是搞历史的，也是这种观点。这父子俩的观点，在李延寿所写的《序传》中说得十分明白。

对汉末以来几百年的动乱和分裂，史家评价不一。毛泽东的看法则别具一格。1975年6月18日，他同芦荻谈到对魏晋南北朝历史的看法时说：

（魏晋南北朝时期）南方的广大沃土，全面地得到了开发，生产技术普遍提高了。这是经济上的发展。许多少数民族，纷纷入主中原后，战乱频仍，南北对峙，这不好，但民族大融合，大家庭在新的组合中稳定了，文化也交流了，丰富了。谢安文韬武略，又机智又沉着，淝水之战立了大功，拖住桓温也立了大功，两次大功是对维护统一的贡献。桓温是个搞分裂的野心家，他想当皇帝。……魏晋南北朝时代是个思想解放的时代。

此番论述，有史有论，高屋建瓴，不能不说眼光独到。

正是基于国家民族立场，毛泽东一向主张为历史上担受骂名的商纣王、秦始皇和曹操三人"翻案"。

三是古为今用目的。

二十四史体现中华民族和中国社会发展过程，蕴藏中国历史演变规律，包含丰富的政治、军事、经济、文化各方面的知识、经验和智慧。毛泽东读史，主要目的是把历史智慧"变成自己的东西"。这方面，主要有四个特点。

第一，关注古代经济社会的发展经验。比如，读到《史记》记载萧何曾经实行"耕三余一"的政策，毛泽东就思考："那个时候能够做到这一点，可能是因为地多人少，土地肥沃。现在我们的东北，有些地区也还可以种两三年地，多余出一年的粮食来。但是，全国现在很难做到'耕三余一'，这是什么原因呢？这个问题值得研究一下。"他在《汉书》里读到汉武帝曾经沿汾河乘楼船到闻喜一带，就感慨地说："可见当时汾河水量很大，现在汾河水干了，我们愧对晋民呀！"由此他赞成"引黄济汾"的工程计划。

　　第二，研究历代战局、战略、战役。毛泽东对史书上记载以少胜多、以弱胜强的战例尤为感兴趣，批注最多，评论也最多。诸如《史记》所载楚汉成皋之战，《后汉书》所载刘秀指挥的昆阳之战，《三国志》所载袁曹官渡之战、曹孙赤壁之战、吴蜀夷陵之战，《晋书》所载谢安、谢玄等人指挥的淝水之战，这些大战都是双方强弱不同，弱者先让一步，后发制人，因而取胜。毛泽东读之，批注有加，在论著和谈话中经常引用。这是因为中国共产党领导的中国革命战争也是长期处于弱势地位，这方面的历史经验格外有用，毛泽东对此的体会也很深。他读专业兵书并不是很多，其军事知识和战略战术既源自实践，也多从读史中得来。

　　第三，看重记叙乱世和反映人才辈出的内容。毛泽东早年在读《伦理学原理》的批语中，就表达过这种读史的兴趣："吾人览史时，恒赞叹战国之时，刘、项相争之时，汉武与匈奴竞争之时，三国竞争之时，事态百变，人才辈出，令人喜读。"延安时期，国民政府军事委员会军令部派到延安任联络参谋的徐复观曾向毛泽东请教如何读历史的问题，毛泽东的回答是："中国史应当特别留心兴亡之际，此时容易看出问题。太平时代反不容易看出。西洋史应特别留心法国大革命。"毛泽东读《旧五代史》卷二十六《唐书·武皇本纪》，其中说到李克用解朱全忠合围晋阳城之危的情节，就批注说："沙陀（少数民族的沙陀部，代指唐朝晋王李克用）最危急之秋，亦即转守为攻之会，世态每每如此，不可不察也。"乱世之际，"事态百变"，总有经验可循；乱世之际，"人才辈出"，更说明时势造英雄的规律。毛泽东喜欢读此类史书，说明他注重总结历史发展中的治乱规律，注重思考人才培养锻炼的规律。1969年夏夜，他在武汉读《南史·陈庆之传》，兴奋批注"再读此传，为之神往"，表达的就是这种读史的心境。

第四，汲取古人积累的思想方法和工作作风。这方面的内容，最能方便古为今用，用起来也很具体。诸如，读《史记·陈涉世家》，他认为陈胜率先起义却很快失败，原因在背故旧、用小人这"二误"；读《汉书·元帝纪》，他提出汉元帝靠儒学治国，是"衰国之君"；读《后汉书·陈寔传》，他认为陈寔鼓励小偷重新做人，说明"人在一定条件下是可以改造的"；读《三国志·袁绍传》，他的结论是袁绍多端寡要，"得计迟"；读《北史·王建传》，他批注王建是个庸人，"不懂政治"；读《旧唐书·高祖本纪》，提出李渊"遇事无断制"；读《旧唐书·李百药传》有关李世民的内容，他批注"李世民的工作方法有四"；读《新唐书·姚崇传》有关评论姚崇、宋璟两位名相的治国之策，他批注"二人道同，方法有些不同"。

毛泽东为什么那么酷爱读二十四史，以及他读史的收获何在？答案在他说过的这样五句话里："读历史是智慧的事""读历史的人不等于是守旧的人""只有讲历史才能说服人""马克思主义者是善于学习历史的""看历史，就会看到前途"。

刘邦是高明的政治家

项王非政治家。汉王则为一位高明的政治家。

——摘自毛泽东读司马迁《史记·高祖本纪》的批语

刘邦能够打败项羽，是因为刘邦和贵族出身的项羽不同，比较熟悉社会生活，了解人民心理。

——摘自毛泽东1959年12月至1960年2月读苏联《政治经济学（教科书）》的谈话

刘邦以一平民百姓，在秦末起义群雄中脱颖而出，夺得天下，开创几百年的王朝基业，这在此前的历史上，算是第一个人。司马迁在《史记·高祖本纪》里，也多次强调他"起微细"，还对他早年在沛县乡里颇有些无赖气的行径作了铺叙，如"不事家人生产作业""好酒及色"等，另一方面又"仁而爱人，喜施（舍），意豁如也。常有大度"。这些大抵是刘邦出身"微细"而又有不凡的意气抱负的"老粗"本色。毛泽东读史，很注意人物的出身和生平遭际，对刘邦这样的起于草泽的开国皇帝，尤其如此。所以，毛泽东说刘邦能打败"贵族出身"的项羽，是因为他"熟悉社会生活，了解人民心理"。这个评论，显然与毛泽东一贯主张的卑贱者胜过高贵者的观点有关。

在古代社会，出身与文化程度时常一致，高贵者文化高，卑贱者文化低。由此，毛泽东谈到卑贱者胜过高贵者的时候，总是与他的另一个观点联系在一起的，即人们熟悉的文化低的人打败文化高的人。谈到中国的历史，谈到中国历史上的开国皇帝，毛泽东曾说过"老粗出人物"的话，也正是循着这个思路读史时发出的感慨。他不完全否定知识分子的作用，但对于干大事的老粗们胜过知识分子的地方，却特别感兴趣。

《史记》所载刘邦的情况正是这样。刘邦似乎并无一技之长，但他却有过人的胆魄和组织才能。《高祖本纪》说到刘邦等刚起事时，老百姓杀了沛县县令，想请刘邦做县令，刘邦说："天下方扰，诸侯并起，今置将不善，一败涂地。吾非敢自爱，恐能薄，不能完父兄子弟。"这自然是谦虚之词。司马迁接着叙述，一道起事的"萧、曹等皆文吏，自爱，恐事不就，后秦种族其家，尽让刘季"。也就是说，萧何、曹参这些当时比刘邦地位高的知识分子，看重身家性命，恐怕万一大事不成，以后要被秦朝绝种灭族，故而推举刘邦带头。这里可看出刘邦这位老粗同一般知识分子的差别，相信毛泽东读《高祖本纪》时对这段描述是感兴趣的。这样，知识分子们如萧何、曹参、张良、陈平以及郦食其等，只能归附于刘邦这位老粗，为其所用。

后来，刘邦当了皇帝，也曾自我总结道："夫运筹帷幄之中，决胜于千里之外，吾不如子房（张良）。镇国家，抚百姓，给馈饷，不绝粮道，吾不如萧何。连百万之军，战必胜，攻必取，吾不如韩信。此三者，皆人杰也，吾能用之，此吾所以取天下也。项羽有一范增而不能用，此其所以为我擒也。"

刘邦说的"用"，就是肯于纳谏，善于选择，这也是毛泽东特别称赞的地方，他说刘胜项败"不是偶然的"，指的就是这个情况。于是，毛泽东读《史记》很注意刘邦从谏如流的一些事例，如见郦食其，采纳他攻取陈留之计，此事载《郦生陆贾列传》。1962年1月30日在扩大的中央工作会议上，毛泽东向与会的人员讲述了这个故事，他讲道：

从前有个项羽，叫做西楚霸王，他就不爱听别人的不同意见。他那里有个范增，给他出过些主意，可是项羽不听范增的话。另外一个人叫刘邦，就是汉高祖，他比较能够采纳各种不同的意见。有个知识分子名叫郦食其，去见刘邦。初一报，说是读书人，孔夫子这一派的。回答说，现在军事时期，不见儒生。这个郦食其就发了火，他向管门房的人说，你给我滚进去报告，老子是高阳酒徒，不是儒生。管门房的人进去照样报告了一遍。好，请。请了进去，刘邦正在洗脚，连忙起来欢迎。

郦食其因为刘邦不见儒生的事，心中还有火，批评了刘邦一顿。他说，你究竟要不要取天下，你为什么轻视长者！这时候，郦食其已经六十多岁了，刘邦比他年轻，所以他自称长者。刘邦一听，向他道歉，立即采纳了郦食其夺取陈留县的意见。此事见《史记·郦生陆贾列传》。刘邦是在封建时代被历史家称为"豁达大度，从谏如流"的英雄人物。刘邦同项羽打了好几年仗，结果刘邦胜了，项羽败了，不是偶然的。

在1964年1月7日的一次谈话中，毛泽东还举了其他有关刘邦纳谏的几件事情：一是听张良劝说，封举足轻重的韩信为齐王，此事详载《留侯世家》；二是楚汉划分鸿沟后，听张良、陈平之劝，乘胜追击引兵东向的项羽，此事详载《项羽本纪》；三是刘邦称帝后，欲建都洛阳，听齐人刘敬建议，入都关中长安，此事详载《刘敬列传》。有这么一大帮人为其出主意，且刘邦又善于采纳，所以这位老粗自然胜过刚愎自用的项羽了。于是，毛泽东认为"老粗出人物"。但是，没有几个知识分子也不行。自古以来，能干的皇帝大多是老粗出身。汉朝的刘邦是封建帝王里边最厉害的一个。接着，毛泽东又引申说，南北朝宋、齐、梁、陈，五代梁、唐、晋、汉、周，也有几个老粗，文的也有几个好的，如李世民。

"老粗出人物"，并不是毛泽东读史偶然思考的一个观点，这个话他讲过多次，特别是晚年读史，越来越强调这个观点。1964年3月24日，毛泽东在一次谈话中说，可不要看不起老粗，知识分子是比较没有出息的。历史上的皇帝，有许多是知识分子，是没有出息的。隋炀帝就是一个会作文章、诗词的人。陈后主、李后主，都是能诗能赋的人。宋徽宗既能写诗，又能绘画。一些老粗能办大事情，如成吉思汗、刘邦、朱元璋。在1964年5月12日的一次谈话中，毛泽东又说："《明史》我看了最生气。明朝除了明太祖（朱元璋）、明成祖（朱棣）不识字的两个皇帝搞得比较好，明武宗、明英宗还稍好些以外，其余的都不好，尽做坏事。"

毛泽东在此道出了一个历史上的事实，就是统率之才并非是读书人才行。有些读书不多，乃至不读书的老粗往往能成大业。但如果就此得出知识分子没用的结论，那就大错特错了。

历史上的老粗能成大事，很大一个原因在于他们善于利用读书人的才智，刘邦如此，刘备如此，李世民如此，朱元璋更是如此。老粗们在成大业过程中都或多或少地走向"儒化"。

实际上，这时老粗已然不是"老粗"，而是像毛泽东说刘邦的那样，他们在实践中成长为"高明的政治家"。

项羽为什么失败

宜将剩勇追穷寇，不可沽名学霸王。

——摘自毛泽东《七律·人民解放军占领南京》（1949年4月）

只要是大事，就得集体讨论，认真地听取不同的意见，认真地对于复杂的情况和不同的意见加以分析。……如果不是这样，就是一人称霸。这样的第一书记，应当叫做霸王，不是民主集中制的"班长"。从前有个项羽，叫做西楚霸王，他就不爱听别人的不同意见。他那里有个范增，给他出过些主意，可是项羽不听范增的话。……我们现在有些第一书记，连封建时代的刘邦都不如，倒有点像项羽。这些同志如果不改，最后要垮台的。不是有一出戏叫《霸王别姬》吗？这些同志如果总是不改，难免有一天要"别姬"就是了。

——摘自毛泽东1962年1月30日在扩大的中央工作会议上的讲话

《项羽本纪》是司马迁《史记》里十分有声色的一篇。项羽在历史上的作用，是在中国历史上的第一次农民大起义中，以暴风骤雨的声势摧毁了强大的秦国。当时陈胜、吴广的起义军已经覆灭了；楚军的主力已经被击破，主将项梁战死；赵国被围困，即将破灭；农民革命的形势在逆转，镇压起义军的暴秦统治者声势复振，起义军跟暴秦统治者的斗争已经进入生死存亡阶段。项羽在这时候，完成了陈胜、吴广所不能够完成的事业，以他过人的才气，激励士卒，抱着决死的意志，终于击溃了暴秦的主力军。司马迁也指出了这点，说他"遂将五诸侯灭秦"。灭秦以后，项羽为西楚霸王，刘邦被封为汉王，随即进行了长达八年的楚汉战争，结果项羽败，刘邦胜。

　　关于项羽失败的原因，古人多有总结。毛泽东的总结，则很有特点。1963年1月7日，毛泽东在一次谈话中，曾说到项羽有三个错误：一是鸿门宴不听范增的话，放跑了刘邦；二是楚汉订立了鸿沟协定，项羽当真了，而刘邦却不以为然，不久就违反协定东进攻楚；三是项羽建都徐州，位置没有选好。

　　在毛泽东看来，项羽的失败，除了在战略上发生失误外，最重要的原因是"不爱听别人的不同意见"，即不能知人用人，不肯纳谏，从而在鸿门宴不杀刘邦反而放跑了他，在应该乘胜夺取汉甬道的时候，项羽反而放弃了，这些都是他的谋士范增极力主张的。毛泽东当然不是就史论史，他讲项羽的失败教训，是针对那些缺乏民主作风的干部讲的。在1962年的七千人大会上，毛泽东还说，要对不"认真地听取不同的意见"的干部，"挖苦一点"，"戳得痛一点"，"让这些同志好好地想一想"。为此，他还特意把《项羽本纪》挑出来给一些同志读，以引起他们的注意。从这以后，"西楚霸王"便成为中共党内批评不民主作风的代名词了。

在楚汉战争中，项羽和刘邦逐鹿中原，项羽的军事力量大部分时间处于优势状态，可最后却失败了。这与项羽主观上不肯纳谏和不善用人，确实关系重大。除此之外，在毛泽东看来，项羽还有一个致命的弱点，就是"沽名"。对此，司马迁在《史记·淮阴侯列传》中也说项羽有"妇人之仁"，对此《史记·项羽本纪》多有记叙。

项羽率部经过苦战，击败秦军主力，比刘邦后入关，两军发生冲突时项羽"为人不忍"，为避免负"不义"之名，没有以四十万对十万的军事优势去消灭刘邦，甚至在鸿门宴上莫名其妙地阻止了部下诛杀刘邦之举。注释毛泽东"不可沽名学霸王"诗句者，多以这件事来说明项羽的"沽名"所在。

毛泽东认为尤不可学的，应当还有项羽对诡计多端的敌人姑息宽容的做法。在楚汉战争最激烈的时期，两军在荥阳相持，本来楚军已经切断了刘邦的粮道，刘邦害怕了，便请求休战，以让出荥阳来换取项羽承认荥阳以西为汉的领土，项羽竟同意了。后来，战事几经反复，楚军逐渐失去了优势，"项王乃与汉约，中分天下，割鸿沟以西者为汉，鸿沟而东者为楚"。合约签订后，项羽就解除了戒备，引兵回到了东边，可刘邦却背约出击，打了过来，终于在垓下彻底击败了项羽。

1949年4月毛泽东写"宜将剩勇追穷寇，不可沽名学霸王"的时候，南京国民党政府的和谈代表曾提出划江而治，维持类似历史上南北朝时期的政治形势的谈判方案。了解这一背景，或许能增进对毛泽东"宜将剩勇追穷寇，不可沽名学霸王"含义的理解。

《史记·项羽本纪》还记叙:"楚汉久相持未决,丁壮苦军旅,老弱罢转漕。项王谓汉王曰:'天下匈匈数岁者,徒以吾两人耳,愿与汉王挑战决雌雄,毋徒苦天下之民父子为也。'"所谓项羽"沽名",大体也是指他不忍天下百姓受战乱之苦,从而希望歇兵罢战的心理状态,这就不能不影响他的决策。一向把战争分为正义的和不正义两种,并主张以战争消灭战争、以战争求得和平的毛泽东,在读《史记·项羽本纪》的时候,自然不会赞成这种观点。

毛泽东对项羽败走乌江时,以"与江东子弟八千人渡江而西,今无一人还"为由,觉得无颜见江东父老,于是自杀而死,是不赞同的,但他并不完全持否定的态度,觉得这悲剧结局中还多少体现了一些个性风采,所以借此来讽刺蒋介石在失败时连项羽身上具有的"羞耻心"也没有。1948年10月31日,他在为新华社写的述评《评蒋傅军梦想偷袭石家庄》中这样写道:"蒋介石最近时期是住在北平,在两个星期内,由他经手送掉了范汉杰、郑洞国、廖耀湘三支大军。他的任务已经完毕,他在北平已经无事可做,昨日业已溜回南京。蒋介石不是项羽,并无'无面目见江东父老'那种羞耻心理。他还想活下去,还想弄一点花样去刺激一下已经离散的军心和人心。亏他挖空心思,想出了偷袭石家庄这样一条妙计。"

1963年1月3日,在一个批示中,毛泽东还给其他人推荐新版的《史记》:"《项羽本纪》,送各同志一阅,几天还我不迟。这个新版《史记》,标号及注解,都很醒目,好看。"

讲真理，就要为曹操翻案

此篇注文，贴了魏武不少大字报，欲加之罪，何患无辞。李太白云："魏帝营八极，蚁观一祢衡。"此为近之。

——摘自毛泽东读卢弼《三国志集解·魏书·武帝纪》的批语

现在我们要给曹操翻案。我们党是讲真理的党，凡是错案、冤案，十年、二十年要翻，一千年、二千年也要翻。曹操统一北方，创立魏国，抑制豪强，实行屯田，兴修水利，发展生产，使遭受大破坏的社会开始稳定和发展，是有功的。说曹操是奸臣，那是封建正统观念制造的冤案，这个冤案要翻。

——摘自毛泽东1958年11月20日在武汉东湖召开的工作座谈会上的讲话

在中国，曹操是妇孺皆知的历史人物，也是史家们颇有争议的人物。曾有人评价他为"治世之能臣，乱世之奸雄"，特别是随着《三国演义》的普遍流传和戏剧舞台上对曹操造型的奸相脸谱化，把曹操视为"旷世奸雄"的观点被更多的人接受。新中国成立后的较长一段时间内，人们对曹操基本上是持否定的态度，主要是因为他参加了镇压黄巾农民起义军的活动，残忍嗜杀等。全盘否定的人甚至提出，曹操是"东汉末年的大军阀之一"，"对黄巾起义军多次镇压"，有"独霸中国的野心"和"镇压和屠杀人民的反动性"。

卢弼的《三国志集解》，就有这种倾向。但毛泽东在这本书的《魏书·武帝纪》里，圈画、批注得较多，对曹操给予了充分肯定。

《武帝纪》里说到建安元年（196年），曹操采用枣祗、韩浩等人的建议，实行了屯田政策，由典农官募民耕种，得谷百万斛，后推广到各州郡。这个政策对恢复被战乱破坏的农业、支援战争，起到了积极作用。毛泽东对此很重视，他对《三国志》有关这方面的正文及裴松之、卢弼的注解引文，都圈点、断句，多处画了着重线，有的地方在书页的天头上还画着三个大圈。特别是对曹操所说的"夫定国之术，在于强兵足食。秦人以急农兼天下，孝武以屯田定西域，此先代之良式也"，毛泽东逐句画有着重线，他在书页的天头上还画上圈记。

《武帝纪》叙建安十五年（210年）春，曹操下令征贤，提出"唯才是举，吾得而用之"。接着，裴松之在注解里引用了《魏武故事》里记载的曹操在这年十二月所下的《让县自明本志令》，其内容是曹操叙述自己辗转征战的经历及许多内心活动，表明自己守义为国，并无取代汉室之意，为明此志，决定让出受封的阳夏、柘、苦三县，以解除别人的误会。卢弼在注里说这是"奸雄欺人之语"。曹操在该令文中说，自己之所以不放弃兵权，是因为"诚恐已离兵为人所祸也"，卢弼说这是"肝鬲至言，欲盖弥彰者也"。曹操在该令文中又说，自己打仗，"推弱以克强，处小而擒大"，卢弼在注里又列举他打的败仗，指责他"志骄气盛，言大而夸"。最后，卢弼在注里引别人的话说，这篇令文"文词绝调也，惜出于操，令人不喜读耳"。看来，卢弼似乎是有意同曹操"对着干"。毛泽东对卢弼的注作了圈点，他在书页的天头上写了前面引述的那段批语，认为卢弼这是"欲加之罪，何患无辞"，"贴了魏武不少大字报"。

或许是因为毛泽东1958年11月关于要为曹操翻案的谈话传了出去，1959年的文学、史学界曾在报刊上展开了一场影响很大的关于替曹操恢复名誉的讨论。

这场讨论是由郭沫若发表在1959年1月25日《光明日报》上的《谈蔡文姬的〈胡笳十八拍〉》一文引起的。这篇文章谈到是曹操把蔡文姬拯救出来的，进而评价曹操的"伟大"之处，说他"锄豪强，抑兼并，济贫弱，兴屯田，费了三十多年的苦心经营，把汉末崩溃了的社会基本上重新秩序化了"。所以，"曹操对于民族的贡献是应该作高度评价的，他应该被称为一位民族英雄"。

该文发表后，读者关于曹操的评价也是议论纷纷。1959年2月19日，《光明日报》又发表翦伯赞的《应该替曹操恢复名誉——从〈赤壁之战〉说到曹操》一文，并加了编者按，说"希望对曹操感兴趣的同志们，都来参加对于这一历史人物的讨论"。为此，《光明日报》的《史学》专刊还专门印上"关于如何评价曹操的讨论"的刊头。《人民日报》和上海、广州等地的报刊也发表讨论文章。讨论中，多数人同意郭沫若、翦伯赞的观点。

主张为曹操翻案的论者，大都要提到《三国演义》。他们说是《三国演义》把曹操的形象搞坏了。郭沫若的文章也说道："自《三国演义》风行以后，更差不多连三岁的小孩子都把曹操当成坏人，当成一个粉脸的奸臣，实在是历史上的一大歪曲。"

毛泽东关注这场讨论，并同意郭沫若、翦伯赞的观点。当然，感情的、道德的评价，当然不能代替历史的评价。毛泽东评价历史人物，包括历史上多有贬词的商纣王、秦始皇、朱元璋等，多是看他在历史上有没有起到进步的作用。1954年夏在北戴河时毛泽东还说："曹操统一北方，创立魏国。那时黄河流域是全国的中心地区。他改革了东汉的许多恶政，抑制豪强，发展生产，实行屯田制，还督促开荒，推行法制，提倡节俭，使遭受大破坏的社会开始稳定、恢复、发展。这些难道不该肯定？难道不是了不起？"

那么，曹操这样一个杰出的人物，为什么会被人们贬斥成反面人物呢？郭沫若和翦伯赞都注意到宋以后的封建正统的历史观，以及根据这一历史观写成的《三国演义》对人们的影响。对这个思路，毛泽东作了进一步的发挥。1959年2月，他读了翦伯赞的文章后，进一步发挥说："曹操结束汉末豪族混战的局面，恢复了黄河两岸的广大平原，为后来的西晋统一铺平了道路。……《三国演义》的作者罗贯中不是继承司马迁的传统，而是继承朱熹的传统。南宋时，异族为患，所以朱熹以蜀为正统。明朝时，北部民族经常为患，所以罗贯中也以蜀为正统。"这就揭示出《三国演义》为什么要丑化曹操的原因。

我们知道，明君臣之分，严华夷之辨，是古代文人难以逾越的历史道统观。描写汉末至西晋从乱到治的这一历史过程的《三国演义》，不可避免地表现了皇权正统观念，所以作者罗贯中以蜀汉为正统，抑曹扬刘。那么，除了继承传统观点外，有没有现实方面的原因呢？毛泽东把南宋力倡封建道统的朱熹所处的时代背景，和继承朱熹观点的罗贯中所处的时代背景联系起来考察，指出了两个时代在异族边患问题上的相同之处。

毛泽东要为曹操翻案，也非是一意标新立异，而是尽量做到实事求是，有功说功，有过说过。曹操毕竟功大于过，毛泽东也不讳言他的失误。1966年3月，在杭州的一次小型会议上的谈话中，毛泽东说，曹操打过张鲁之后，应该打四川。刘晔、司马懿建议他打。刘晔是个大军师，很能看出问题，说刘备刚到四川，立足未稳。曹操不肯去，隔了几个星期，后悔了。曹操也有缺点，有时也优柔寡断。这个人很行，打了袁绍，特别是打过乌桓，进了五百多里，到东北迁安一带，不去辽阳打公孙康。袁绍的儿子袁尚等人，要谋害公孙康，公孙康杀了袁尚兄弟送头给曹操，果然不出所料。"急之则相救，缓之则相害。"

《武帝纪》里记叙，建安八年（203年），曹操曾下令说："《司马法》：'将军死绥。'故赵括之母，乞不坐括。是古之将者，军破于外而家受罪于内也。自命将征行，但赏功而不罚罪，非国典也。其令诸将出征，败军者抵罪，失利者免官爵。"毛泽东读至此认为，曹操亲率大军攻吴，招致"赤壁之败，将抵何人之罪"？这就明确指出，赤壁之败是曹操的一个重大失误，但其并未自罪，可见言不由衷。

在这里，毛泽东不因个人喜好评价历史人物，反映出政治家读史的客观态度。

到了晚年，毛泽东对曹操的评价还是很高的。1975年，他对为他读书的芦荻说，汉末开始大分裂，黄巾起义摧毁了汉代的封建统治，后来形成三国，这是向统一发展的。三国的几个政治家、军事家，对统一都有所贡献，而以曹操为最大。司马氏一度完成了统一，主要就是曹操那个时候打下的基础。

多端寡要的袁绍

　　袁绍这个人多端寡要，多谋难断，见事迟，得计迟。慢了，得出一个方针就处于被动。翦伯赞在《光明日报》上写了一篇论赤壁之战的文章，他说，刘备这个英雄，跟曹操同等水平，是厉害的，但是事情出来了，不能一眼看出就抓到，慢一点。

　　——摘自毛泽东1959年3月2日在中共中央政治局扩大会议上的讲话

新闻工作，要看是政治家办，还是书生办。有些人是书生，最大的缺点是多谋寡断。刘备、孙权、袁绍都有这个缺点，曹操就多谋善断。

要反对多端寡要，没有要点，言不及义。要一下子看到问题所在。曹操批评袁绍，"志大而智小，色厉而胆薄"，没有头脑。还批评袁绍有其他缺点，兵多而分工不明，将骄而政令不一，地虽广，粮虽多，完全可为我所用。

——摘自毛泽东1959年6月同吴冷西的谈话

袁绍出身于四世三公的大士族。在汉末群雄混战中，起初他的势力最大，曾是讨伐董卓的盟主，地广兵多，手下谋臣武将也不少，但时间不长，便在官渡之战中大败于曹操。他的失败，与他的见识、能力和胸怀有关。对此，《三国志》里的《袁绍传》《郭嘉传》《武帝纪》都有所描述和评论。毛泽东读《三国志》，很注意作者对袁绍失败原因的描写。

　　1959年庐山会议期间，7月11日晚，毛泽东找周小舟、胡乔木、田家英、李锐、周惠谈话，说到由陈云出来主管计委工作这个话题时，毛泽东讲，袁绍优柔寡断，不会用将，《三国志》的《武帝纪》《郭嘉传》中对此都有反映。当时，袁绍打败公孙瓒，兼并四州之地，率领数十万军队，准备进攻许昌。诸将都以为不可抵挡，曹操却说："吾知绍之为人，志大而智小，色厉而胆薄，忌克而少威，兵多而分画不明，将骄而政令不一，土地虽广，粮食虽丰，适足以为吾奉也。"

　　毛泽东还多次谈到郭嘉对袁绍的评价。《郭嘉传》记载，郭嘉起初在袁绍手下做事的时候，曾私下对袁绍的谋士辛评、郭图说："袁公徒欲效周公之下士，而未知用人之机。多端寡要，好谋无决，欲与共济天下大难，定霸王之业，难矣！"

　　毛泽东很同意曹操、郭嘉对袁绍的评价，并从中提炼出两点：一是好谋无决，多端寡要，从而不能采纳正确意见，不能用人；二是见事迟，得计迟，这样行动起来总是丧失机会，慢半拍。这两点，在《袁绍传》里都有不少记载。

　　例如，郭图劝袁绍迎接天子到邺县建都，袁绍不同意。正好碰上曹操迎天子在许昌建都，由此借天子声威收复黄河以南地区，关中也归附曹操，"绍悔，欲令太祖徙天子都鄄城，以自密近，太祖拒之"。这就是见事迟，得计迟。

袁绍进军黎阳，派手下大将颜良在白马攻打刘延，谋士沮授劝阻说，颜良生性急躁狭隘，有勇无谋，难独担此重任。袁绍不听。曹操出兵救刘延，结果颜良败死，这就是不能知人、用人。

官渡之战中，沮授屡屡向袁绍献计，都未被袁绍采纳。更有意思的是，在官渡之战前，袁绍的另一个谋士田丰曾劝袁绍不要南下打曹操，宜巩固所占领的北方四州，同曹操打持久战，然后出奇兵攻曹操虚弱的地方。袁绍不听，认为田丰破坏士气，给他戴上镣铐关押起来，然后尽其兵马在官渡同曹操决战，结果失败。有人对田丰说："当初你的建议是对的，看来这次要被重用了。"田丰说："如果将军的大军得胜，我一定能保全性命；现在将军战败，我是死定了啊。"袁绍回来后，对左右侍从说："我不听从田丰的劝告，终究会被他耻笑。"于是他杀了田丰。

在毛泽东看来，做领导的，见事迟，得计迟，是致命的弱点。成败之举，在于明察要点，然后当机立断。不称职的领导，常常失误于此。1959年3月2日，在郑州召开的中共中央政治局扩大会议上谈到袁绍见事迟，得计迟，推崇郭嘉多谋善断时，毛泽东还以蒋介石在辽沈战役中指挥国民党军队的失误为例。

他认为，蒋介石就是见事迟，得计迟。形势已经出来了，他还没有看见，等看见了又不好得计。比如辽沈战役时他对卫立煌的部队，总是犹豫不决，最后才下决心，强迫他去热河到北京。如果早一点，我们围攻锦州的炮一响就让他马上走，我们就没有办法，只能切他一个尾巴。如果在我们还没有打锦州时，就把沈阳、锦州统统放弃，集中于平津，跟傅作义搞在一起，我们也不太好办。

毛泽东不只是在读史评古人时才批评和反对见事迟、得计迟的领导弱点，他是把它当作现实问题，当作提高干部队伍的基本素质的问题提出来的。避免见事迟，得计迟，提倡看得到、抓得起，这正是毛泽东自己的领袖素质和领导能力及政治风格。同时，他也不希望自己队伍中的领导干部出现袁绍这种短见而刚愎之人。毛泽东读史主要是为了学以致用，历史也是教育干部的好教材。

多谋善断的郭嘉

三国时候，曹操一个有名的谋士，叫郭嘉，二十七岁到曹操那里当参谋，三十八岁就死了。赤壁之战时，曹操想他，说这个人在，不会使我处于这种困难境地。许多好主意就是他出的。

——摘自毛泽东1959年3月2日在郑州召开的中共中央政治局扩大会议上的讲话

世上没有先知先觉，没有什么前知五百年、后知五百年的刘伯温。无非是多谋善断，留有余地。《三国志》里的《郭嘉传》值得一读。郭嘉这个人足智多谋，初在袁绍麾下不得施展。……就跑到曹操那里。曹操说他"每有大议，临敌制变。臣策未决，嘉辄成之。平定天下，谋功为高"。可惜中年夭折，曹操大哭。

——摘自毛泽东1959年7月17日同李锐等人的谈话

1959年，毛泽东在一些重要场合谈论最多的历史人物，并给予很好评价的，恐怕要数三国时曹操的谋士郭嘉了。

他喜欢郭嘉，在于其多谋又善断，且谋断都很准确，再加上其英年早逝，更使人惋惜。作为一代领袖，毛泽东高度评价这位多谋善断的历史人物，自是希望他领导下的各级干部向郭嘉学习，做事要多商量，但不要优柔寡断；要当机立断，但不要武断。这样，领导干部就可以把工作做得更好。

1959年3月2日，在郑州召开的中共中央政治局扩大会议上，毛泽东说郭嘉为曹操出了"许多好主意"。接着，他几乎把《郭嘉传》里郭嘉为曹操出谋划策的故事都讲了出来：

三国时候，曹操一个有名的谋士，叫郭嘉，二十七岁到曹操那里当参谋，三十八岁就死了。赤壁之战时，曹操想他，说这个人在，不会使我处于这种困难境地。许多好主意就是他出的。比如，打不打吕布，当时议论纷纷。那时袁绍占领整个河北和豫北，就是郑州以北，曹操在许昌，吕布在徐州。郭嘉建议先打吕布。有人说，打吕布，袁绍插下来怎么办？郭嘉说，袁绍这个人多端寡要，见事迟，得计迟，不要怕，袁绍一定不会打许昌。于是曹操就去打吕布，把吕布搞倒了。如果不先打吕布，如果吕布跟袁绍联合起来同时攻击，曹操就危险了。郭嘉这个计策很成功。然后又去打袁绍。袁绍渡了黄河，在郑州与洛阳之间曹操打胜了。接着引出是不是去打袁绍的两个儿子袁谭、袁尚的问题。郭嘉说：不要打，我们回师，装作打刘表，把军队摆到许昌、信阳之间，他们一定要乱的。果然，曹操的军队一搬动，几个月，两兄弟就打起来了。袁尚把哥哥包围在山东平原（德州），哥哥眼看要亡党、亡国、亡头，就派了一个代表叫辛毗的，跑到曹操这里来求救。曹操去救，乘势夺取了安阳，消灭了袁尚的部队，袁尚本人跑到辽东去了，然后再去消灭了袁谭。这个计策也是郭嘉出的。在河北冀东追袁尚时，郭嘉又出一计，他说：他不防备，我们轻装远袭，可以得胜。就在这个时候，郭嘉得病，三十八岁就死了。这个人很有名。《三国志·郭嘉传》可以看。

用自己的话把《郭嘉传》的记载完整复述出来，不下功夫反复阅读是很难做到的。

1959年在庐山会议期间，7月11日晚，毛泽东找周小舟、李锐、周惠谈话时，谈到1958年经济计划搞乱了，说"国乱思良将，家贫思贤妻"，这是《三国志》里《郭嘉传》上的话。曹操打袁绍，吃了大败仗，于是想念郭嘉。

《郭嘉传》里没有"国乱思良将，家贫思贤妻"这句话，大概是毛泽东记错了。但曹操在赤壁之战吃了大败仗，想念郭嘉，却是《三国志·魏书·郭嘉传》里是写得很清楚的。据载，曹操在赤壁之战大败后慨叹道："郭奉孝在，不使孤至此。"

毛泽东在1959年为什么反复谈到郭嘉呢？这与总结和解决1958年的"大跃进"和人民公社化运动中出现的问题有关。1959年三四月间，毛泽东连续写了五篇党内通讯，强调要从过去几个月的措施失当这样一个深刻的教训中获取经验，反对"浮夸风"等"左"的错误倾向。

1959年4月，在上海召开的中共八届七中全会上，毛泽东又着重谈到做工作要多谋善断、留有余地等问题。据薄一波回忆，毛泽东在会上推荐大家读《郭嘉传》时，专门作了解释。他说，多谋善断这句话，重点在"谋"字上。要多谋，少谋是不行的。要与各方面去商量，反对少谋武断。商量又少，又武断，那事情就办不好。谋是基础，只有多谋，才能善断。谋的目的就是为了断。要当机立断，不要优柔寡断。毛泽东还说，应当根据形势的变化来改变计划。反对党内一些不良倾向，也要当机立断。

多谋善断，具体到干部作风上，就是要善于思考问题，善于做工作。一方面，要善于与各方面的人包括与自己意见相反的人商量事情，到群众中去调查，听取各种意见。这就是"多谋"，是一种民主作风。另一方面，又要能够正确集中来自各方面的意见，不失时机地作出判断与选择，这就需要提高马列主义水平，需要胆略和魄力。这就是"善断"。

1959年3月2日，毛泽东在郑州召开的中共中央政治局扩大会议上还说，现在他是借郭嘉的事来讲人民公社的党委书记、县委书记以及地委书记们，要告诉他们，不要多端寡要、多谋寡断。谋要多，但是不要寡断，要能够当机立断；端可以多，但是要抓住要点。

"智"在中国文化里占有很高的地位，古人言"智信仁勇"，"智"已经化为一种德行，上升到道德的高度，有智者方可谋大事、成大业，居于领导岗位更是这样。正是鉴于此，毛泽东才希望干部中多出几个郭嘉式的人物。

◯ 梁武帝：运去英雄不自由

时来天地皆同力，运去英雄不自由。

——摘自毛泽东读李延寿《南史·梁本纪》
的批语

此时梁武，犹知军机。

——摘自毛泽东读李延寿《南史·曹景宗
传》的批语

梁武帝萧衍，原为南北朝时期齐朝的雍州刺史，镇守襄阳。齐朝的东昏侯萧宝卷凶狂暴虐，杀死萧衍的哥哥萧懿，萧衍因而起兵攻陷齐都建康，迎立萧宝融为帝，被封为梁王。后萧衍灭齐，建立梁朝。南北朝是中国历史上一个动乱的时代。在南朝宋、齐、梁、陈几朝的频繁更替中，梁武帝执政四十八年，在位时间最长。

　　梁武帝有些像后来的唐玄宗，前期精明，后期糊涂。对这样的历史人物，毛泽东比较关注。

　　毛泽东在《南史·梁本纪》中，有许多圈画和批注。梁武帝登位后，除军事、经济上有建树外，还"制造礼乐，敦崇儒雅"。但他后期"留心俎豆，忘情干戚，溺于释教，弛于刑典"，最终因宗室子弟相互倾轧残杀，错误地接受北魏侯景的降服，引狼入室，导致梁室覆灭。开国创业、贵为天子的梁武帝，竟卑微屈辱地饿死于侯景的囚室。对此记述，毛泽东用红铅笔批注："时来天地皆同力，运去英雄不自由。"毛泽东还在"忘情干戚""弛于刑典"两句旁画着密圈，在书页的天头上画了三个大圈。"时来天地皆同力，运去英雄不自由"，是唐朝诗人罗隐《筹笔驿》中的诗句，毛泽东信手拈来用以评价梁武帝，同样表达了他对梁武帝悲剧的感慨。

　　早期的梁武帝有比较清醒的政治头脑，也很有魄力，毛泽东对此内容多有圈画。《南史·梁本纪》记载，当梁武帝的哥哥萧懿为齐所害，他起兵讨齐时，有人劝他把齐和帝接走，免得别人"挟天子以令诸侯"，自己被动。他不听，说："若前途大事不捷，故自兰艾同焚；若功业克建，谁敢不从？岂是碌碌受人处分！"毛泽东在这段所在页的天头上画着三个圆圈，每句都加了旁圈。梁武帝还清醒地觉察到齐朝的政权被某些地方官员所把持的弊端，他说：这些地方官员"皆口擅王言，权行国宪"，"政出多门，乱其阶矣"。毛泽东在前两句旁画着曲线，后两句旁画着密圈，在天头上画着三个大圈，流露出赏识之意。

梁武帝很有军事才能，在《南史·梁本纪》及同时代的其他人物传记中，关于他善用兵的事例，多有记载。毛泽东在这些地方也有不少圈画和批注，十分注意。

《南史·梁本纪》记载，梁武帝在襄阳起兵时，齐派大军镇压。他派人离间齐军，说："用兵之道，攻心为上，攻城次之；心战为上，兵战次之。"毛泽东在此页的天头上画了三个大圈。梁武帝在争夺郢城的战斗中，及时在加湖打击齐的援军，梁"众军乘流齐进，鼓噪攻之"，很快取胜。毛泽东在这段记载所在页的天头上批注："打援。"

齐在援救郢城的同时，派人镇守江州，为之助威。梁武帝对诸将说："夫征讨未必须实力，所听威声耳。今加湖之败，谁不詟服。……我谓九江传檄可定也。"毛泽东在这段旁加了曲线。后郢城求降，镇守江州的陈伯之"犹惧"，"乃束甲请罪"，证实了梁武帝用兵的预见性和善于决策。

《南史·曹景宗传》记载，梁武帝天监五年（506年），徐州刺史昌义之被魏军围困，梁武帝派曹景宗去解围，指令他在某地与另一援军会合后，共同行动。曹景宗想自己邀功，竟单独前进，却不料遇到暴雨，淹死不少人，只得退回。梁武帝得知这一消息后说："此所以破贼也。景宗不进，盖天意乎？若孤军独往，城不时立，必见狼狈。今得待众军同进，始可大捷矣。"毛泽东在此加了旁圈，在天头上批注："此时梁武，犹知军机。"

早期的梁武帝，政治头脑清楚，目标明确，也颇知军机，故帐下韦睿、曹景宗、陈庆之一班英才辈出。但其晚年却败得一塌糊涂，竟饿死于叛臣侯景的囚室。原因是他一心向佛，以佛陀心肠来施行领导行为，对亲贵大臣的种种不法恶行放纵宽容。

　　《南史·梁本纪》记载，在梁武帝死前五年，大臣贺琛针对时弊给他写了一份奏折，提出：官吏搜刮民脂民膏，老百姓生活极端困苦；上层统治阶层的生活穷奢极欲，浪费十分严重；权臣作威作福，专找别人的罪过；朝廷大兴土木，民众服役不得生养。贺琛建议他对官吏"宜严为禁制，导之以节俭，贬黜雕饰，纠奏浮华"。贺琛提出的这些情况本是实际存在的，建议也很中肯。但梁武帝对他秉公陈述的奏折却根本听不进去，反而口授敕书，一一反驳，痛加斥责。他说："我做皇帝四十多年，一直能听取好的意见，最恨昏聩。你贺琛在朝为官，不应和地位低下、品格卑鄙的人一样讲话。"毛泽东在这段记载所在页的天头上批注："此等语，与孙权诘陆逊语同。"孙权是三国时吴国的国君，陆逊是他手下继周瑜、鲁肃、吕蒙之后的统兵大将。陆逊上书孙权，劝他"施德缓刑，宽赋息调"，孙权不接受，一一反驳。

　　梁武帝在反驳贺琛时，还说自己生活简朴，勤于政事，以身作则，不和女人同居已三十多年，住处除一张床外，别无装饰摆设，不饮酒，不听音乐，不分昼夜、废寝忘食地处理国事，腰围都瘦了二尺等，这还不是起带头作用吗？毛泽东在这一段所在页的天头上批注："萧衍善摄生，食不过量，中年以后不近女人。然予智自雄，小人日进，良佐自远，以至灭亡，不亦宜乎。"

梁武帝还斥责贺琛，说贺琛说当今做官的都通过向皇帝奏事，谋求进取，但也不能因噎废食，不让他们这样做呀！否则岂不"专听生奸，独任成乱"吗？毛泽东在此处又批注："'专听生奸，独任成乱'，梁武有焉。"毛泽东对梁武帝的批注大意是说：一个好皇帝，艰苦朴素、独善其身固然很难得，但若听不进好人的意见，不能兼听则明，那就会被小人包围，导致失败，梁武帝就是一个典型的例子。

　　梁武帝是明白人，但却自护其短，英雄末路，大抵如此，时运不济，并非全是天意，亦是自造。梁武帝由盛而衰，根本上是不再有远大的进取目标，从"天地皆同力"到"英雄不自由"，也就势所必然。

我党干部应学韦睿作风

躬自调查研究。

将在前线。

我党干部应学韦睿作风。

——摘自毛泽东读李延寿《南史·韦睿传》的批语

《南史·韦睿传》，是毛泽东批注最多的一篇历史人物传记，韦睿是毛泽东直接号召中国共产党的领导干部向他学习的少数几个历史人物之一。

韦睿是梁武帝时期的名将。从萧衍起兵后，韦睿初任豫州刺史，曾率军破北魏军，取合肥。随后韦睿又与曹景宗救钟离，又大败魏军。他体弱不能骑马，乘板舆督战，善抚士卒，而军法严明。魏人对其颇畏惧，称其为"韦虎"。他"多建策，皆见用"，深受梁武帝器重，是梁武帝征讨四方、平定天下的得力助手。

《南史》作者李延寿在记叙韦睿死时，对其生平行为特点进行了概述：

> 睿雅有旷世之度，莅人以爱惠为本，所居必有政绩。将兵仁爱，士卒营幕未立，终不肯舍，井灶未成，亦不先食。被服必于儒者，虽临阵交锋，常缓服乘舆，执竹如意以麾进止，与裴邃俱为梁世名将，余人莫及。

毛泽东很爱读《韦睿传》，在《南史》该卷开始的天头上，用粗重的笔迹画了四个圈，标写道："梁将韦睿、裴邃传。"在《韦睿传》文内，他更是密加圈点，批注达二十五处之多。

前面引文提到，《南史·韦睿传》对韦睿总的评价是，他胸怀宽大，待人慈爱仁惠，居官多有政绩。韦睿在军中体恤士兵，临阵指挥镇定自若，进退有度，与裴邃同为梁世名将，其他人没有比得上的。对于这段评价文字，毛泽东深为赞同，批注道："我党干部应学韦睿作风。"

所谓作风，包括思想作风、工作作风和领导作风。那么，党的干部应该学习韦睿的哪些方面的作风呢？从毛泽东的批注来看，包括以下一些方面。

一是学习韦睿"躬自调查研究"的求真务实之风。公元505年，韦睿领兵攻打北魏时，亲自环绕围栅察看敌情。毛泽东在"睿巡行围栅"处加了旁圈，并批道："躬自调查研究。"似犹嫌不足，毛泽东又在"躬自"两字旁加了圈，以强调"亲自"之意。在此之前，韦睿先委派右军司马胡景略进攻北魏占领的合肥，但久攻不下。韦睿到后，即亲自查看地势。在"睿案行山川"处，毛泽东同志再次批道"躬自调查研究"。韦睿能够每战必胜，与他在战前总是亲自调查敌情和地形密切相关。

二是学习韦睿"有前无却"的勇往直前之风。公元506年，韦睿受命率部解钟离之围，昼夜兼程赶赴前线。部下劝他缓行，韦睿认为情况危急，怎能缓行呢。对韦睿的临危不惧，敢于以寡敌众的气概，毛泽东甚为赞赏，将他与刘秀、周瑜相提并论，批道："敢以数万敌百万，有刘秀、周瑜之风。"有一次，韦睿派人驻守淝水，魏军击破城池，逼近韦睿驻地，诸将劝他退避，他说："将军死绥，有前无却。"韦睿命令部下取出伞扇旌旗并竖在堤下，表示毫不动摇的意志。毛泽东对此十分欣赏，批注"以少击众"，还特意对这四字加了旁圈。

三是学习韦睿"机不可失"的果断决策之风。读到传记中叙述韦睿准备攻击从魏城跑出来的数百人时，毛泽东写下"以众击少"的批语。韦睿的部下曾以没有准备而劝阻他，但韦睿认为这些人是守城的骁勇之辈，如能击败，其城自克。毛泽东在这里画了三个圈，批注"机不可失"。众将依然犹豫，韦睿持节施令，毛泽东逐字旁圈，批注"决心"。攻城的胜利结果说明，韦睿的分析和决断是正确的。公元508年，韦睿统领各军支援安陆（今湖北省安陆市），以防魏军南袭。他下令加高城墙，扩展护城河，建筑高楼。众人认为这是示弱的表现，韦睿解释说："不是这样，作为将领应当有胆小的时候。"毛泽东对他的做法表示肯定，并援引历史战例加以称赞："此曹操语。夏侯渊不听曹公此语，故致军败身歼。"魏军听说韦睿筑城以待，立即退兵，韦睿不战而胜。

四是学习韦睿"劳谦君子"的勤勉率下之风。韦睿是一个很敬业的将领。他善于治军，常常白天接待宾客，夜晚通宵达旦研读军书；他安抚部下，常恐不及，所以投奔应募之士争先归附。在这一段，毛泽东逐字加了旁圈，并作了"劳谦君子"的四字批语。韦睿身体羸弱，作战不能骑马，却坚持乘坐板舆，亲临阵前激励士兵。"魏军凿堤，睿亲与争。"毛泽东在此处又逐字加了旁圈，两次写下"将在前线"的批语，表示对他身先士卒的领兵作风的称赏。

五是学习韦睿"不要私斗"的讲求团结之风。韦睿十分注重部将的团结合作，他担心前线将帅胡景略与赵祖悦不和，难免招致祸端，便亲自劝说胡景略，晓以利害，希望他与赵祖悦之间"两虎不要再私斗"。毛泽东在此处批注"干部需和"，赞扬了韦睿善于团结部下的作风。在共同击退魏军的邵阳之战后，曹景宗与韦睿玩掷骰子游戏，韦睿赢了，却故意让给曹景宗。毛泽东对此批道："使曹景宗胜。"曹景宗好计较个人功劳，韦睿却总是躲在后面，毛泽东有感于韦睿的度量和胸怀，认为"曹景宗不如韦睿远矣"。

六是学习韦睿"不事贪财"的廉洁仁厚之风。《韦睿传》中说到，一次魏军城破，俘虏万余，并缴获不少军用物资，但对缴获的物资，韦睿丝毫不取。毛泽东对此批道："不贪财。"韦睿后来辞官回家，把历年所得俸禄均分给亲朋故友，家中没有多余的财产。毛泽东称赞他廉洁仁厚，批注"仁者必有勇"。

韦睿有儒将之风范，有武人之胆略，有仁者之雅量，能攻善守，识大局，顾大体，不争功，不恃宠，为南朝将领第一也。梁武帝半生功业皆仰仗韦睿，毛泽东对他赞誉有加，对他的评价，已超过史家之笔。自古以来，但凡以文人掌兵者，莫不追求这种境界，但由于个人素质的差异，能近似者已稀，况如韦睿者乎？

○ 才干与志节：从唐代两位大臣想到的

　　贾生《治安策》以后第一奇文。宋人万言书，如苏轼之流所为者，纸上空谈耳。

　　傅说、吕望，何足道哉。马周才德，迥乎远矣。

　　——摘自毛泽东读《新唐书·马周传》的批语

　　"命系庖厨"，何足惜哉，此言不当。岳飞、文天祥、曾静、戴名世、瞿秋白、方志敏、邓演达、杨虎城、闻一多诸辈，以身殉志，不亦伟乎！

　　——摘自毛泽东读《新唐书·徐有功传》的批语

读二十四史，毛泽东对那些才德兼备的干臣，总是欣赏有加。

《新唐书·马周传》记载，马周早年是中郎将常何的家客，替常何向唐太宗写了一份奏折，"为条二十余事，皆当世所切"，被唐太宗发现了这一人才，步步擢升，成为唐太宗的股肱之臣。在《旧唐书·马周传》的天头上，毛泽东还用粗重的笔迹写着："马周，年四十八。"在《旧唐书》《新唐书》的《马周传》中，毛泽东有许多圈圈点点，又批又注，对马周极为赞赏。

《新唐书》作者之一欧阳修在《马周传》后评论说，马周由"一介草茅"，得到唐太宗的赏识和提拔，"然周才不逮傅说、吕望，使后世未有述焉，惜乎"。傅说，是商朝的历史人物。相传他本是奴隶，武丁王在傅岩这个地方发现他，提拔他为宰相，后来他协助武丁王大治于天下。吕望，俗称姜太公，因先祖受封于吕，从其封改姓吕，名望。他年老隐居，经常垂钓于渭水之阳，文王出猎时发现他，立为师。他智勇双全，协助周武王灭纣，有殊功。欧阳修认为，马周虽自比为傅说和吕望，但才能不及他们，所以后世很少记述他的事迹。毛泽东不同意欧阳修对马周的这种评价。在欧阳修这段话的天头上，毛泽东批注："傅说、吕望，何足道哉。马周才德，迥乎远矣。"毛泽东认为马周的才德，远比傅说、吕望高得多。

《旧唐书》《新唐书》记载，马周很有才能和胆识，"机辩明锐，动中事会，裁处周密"，在"贞观之治"中，有许多建树，"时誉归之"，被称为苏秦、张仪、终军、贾谊一类的人物。

毛泽东高度评价马周，主要缘于马周在贞观六年（632年）给唐太宗的那封著名奏折。在《新唐书》这一段所在页的天头上，毛泽东批注："贾生《治安策》以后第一奇文。宋人万言书，如苏轼之流所为者，纸上空谈耳。"贾生是指西汉的贾谊，他写的《治安策》被毛泽东评价为"全文切中当时事理，有一种颇好的气氛""是西汉一代最好的政论"。毛泽东认为马周的奏折是《治安策》后的"第一奇文"，这种评价是极高的。他认为马周的奏折是宋代的一些洋洋大论所不可企及的，其"奇"之所在，就是切中时弊。马周的奏折向唐太宗提出的问题和建议：

一是建议唐太宗节俭治国，力戒奢侈，关心百姓的疾苦。毛泽东在《旧唐书》《新唐书》的这一部分密加圈点，在"节俭于身，恩加于人"处逐字加了套圈，天头上连画三个大圈。马周尖锐地指出，现在京师及益州诸处，"皆过靡丽"，而老百姓所服的徭役太重，"颇嗟怨""陛下少处人间，知百姓辛苦，前代成败，目所亲见"。在这些地方，毛泽东字字都加了旁圈，在天头上画了三个大圈。他对马周从国家前途着想，敢于尖锐地反映政治中的敏感问题，不粉饰太平，很为赞赏。

二是希望唐太宗注意到百姓苦乐决定国之兴亡。马周说："自古以来，国之兴亡，不由积蓄多少，在百姓苦乐也。"这个观点，在封建社会中是很难得的。毛泽东在此处天头上画了三个圈，逐字加了旁圈。马周举例说，隋朝虽有洛口贮仓米，东都织布帛，西京库金银，当李密（隋末农民起义军瓦岗军的领袖）、王世充（本为隋将领，后反叛）起来造反，这些都成了帮助造反者的财物。毛泽东对这段文字逐字加了旁圈。

三是建议唐太宗分封诸王、功臣要得当，要加强郡县基层的人选。马周认为对诸王和功臣，不可"树置失宜，不预为节制"。他还建议加强郡县的人选，强调说："臣闻天下者，以人为本。必也使百姓安乐，在刺史、县令耳。县令既众，不可皆贤，但州得良刺史可矣。"在这些地方，毛泽东也是逐字加了旁圈。

"贞观之治"是唐朝的鼎盛时期。马周居安思危，看到当时政治上的种种弊端和隐患，他提出的建议具有清醒的洞察力和卓越的政治家远见。这是他被毛泽东称道的重要原因。

如果说马周强于才干，那么，武则天时期的徐有功则是位坚守信念、公正执法的典型。

毛泽东对《旧唐书》和《新唐书》中的《徐有功传》都有很多圈画，并写有一条较长的批注。在《新唐书》的封面上有毛泽东手书的目录，而《徐有功传》的篇名下，画着引起注意的曲线，这可能是他为了再次阅读或便于查找而做的标志。

《旧唐书》《新唐书》分别称赞徐有功"为政宽仁，不行杖罚""为政仁，不忍杖罚"。毛泽东在这两处都逐字加了旁圈，还在后一句的句末画了一个大圈套着一个小圈，天头上连画三个大圈套小圈。这种读书标记，在文内还有多处，有加重和特别强调的意思，是毛泽东在其他圈画、批注中较少见到的。传记中有关徐有功秉公执法、不徇私情的许多事迹，毛泽东多有圈点，十分重视。

武则天称帝后，惧怕大臣不服和谋反，信用酷吏佞臣周兴、来俊臣等人，重赏鼓励告密者。一时冤狱遍起，人人震恐，莫敢正言。徐有功无所畏惧，"数犯颜争枉直，后厉语折抑，有功争益牢"。毛泽东在《新唐书》的这一段，逐字加旁圈，每句末都加了套圈。

润州刺史窦孝谌妻庞氏，被诬陷判死。徐有功了解到庞氏无罪，为之申辩，自己却被判庞氏死刑的人弹劾，说他包庇罪人，应获死罪。有人哭着把这个消息告诉他。"有功曰：'岂吾独死，而诸人长不死邪？'安步去。"毛泽东在两篇传记的这段记载中，都逐字加了旁圈，每句末都加了套圈，还在其中一篇传记的天头上画着三个大圈。《新唐书》接着这一段，是武则天质问徐有功，问他为什么最近断案多有差错，徐有功回答说："失出，臣小过；好生，陛下大德。"武则天听后默然，因而免去庞氏的死刑，同时也将徐有功免职为民。对徐有功的这段回答，毛泽东逐字加了旁圈，句末加了套圈。

为一件案子，徐有功曾经和武则天当面争执起来，武则天大怒，"左右及卫仗在廷陛者数百人，皆缩项不敢息。而有功气定言详，巋然不桡"。毛泽东对这一段每句后加了套圈，有的逐字加以旁圈，天头上画着三个套圈。

徐有功执法不徇私情，曾被人弹劾入狱。后来，弹劾他的人犯事下狱。徐有功为他往来奔走，澄清事实，营救其出狱。有人问徐有功：他陷你于死地，为什么还要救他？徐有功回答说："尔所言者私忿，我所守者公法，不可以私害公。"毛泽东对此逐字加旁圈，句末加套圈。

徐有功耿直公正的品格，不计得失、不畏权贵、守法护法、为法献身的精神，令人肃然起敬。毛泽东读这篇传记时，也十分动情。徐有功在一次被弹劾罢官又被起用时，他给武则天写了一份奏折，大意是说，生活在山林的鹿，很难逃脱被猎杀、成为人们厨房里俎头肉的不幸命运。徐有功以鹿自喻，预见到自己必然为守法护法而死于非命的悲剧命运。毛泽东在这些话旁，每字都画了三角标记，在天头上写了前面引述的那段批语。

但毛泽东不同意徐有功"命系庖厨"的说法，认为为执法护法而死，以身殉志，是很伟大的。毛泽东由此想到了岳飞、文天祥、瞿秋白、方志敏、邓演达、杨虎城、闻一多等人，他们都是有气节的英雄。由此看来，他把有心理准备以身殉志的徐有功看得很高尚。

毛泽东推崇有才干的马周和有节操的徐有功，大概也透露出他对当代领导干部的一种期许和期待。

○ 《资治通鉴》：看出历代兴衰治乱本末

　　《资治通鉴》这部书写得好，尽管立场观点是封建统治阶级的，但叙事有法，历代兴衰治乱本末毕具，我们可以批判地读这部书，借以熟悉历史事件，从中吸取经验教训。

　　　　　　——摘自毛泽东1954年冬同吴晗的谈话

　　司马光可说是有毅力，有决心噢。他在48岁到60多岁的黄金时代，完成了这项大工程。当然，这段时间，他政治上不得志，被贬斥，这也是他能完成这部书编写的原因呢。

　　中国有两部大书，一曰《史记》，一曰《资治通鉴》，都是有才气的人在政治上不得志的境遇中编写的。

　　　　　　——摘自毛泽东1975年同孟锦云的谈话

毛泽东读二十四史，其实是广义的说法。为了配合读二十四史，他时常阅读《资治通鉴》《续资治通鉴》《纲鉴易知录》，宋、辽、金、元各朝纪事本末等史书。在这些书中，先看哪一本，后看哪一本，他也有一定套路，这从他1962年读几本史书的顺序中透出些端倪。1962年9月20日，他要《宋史》，工作人员送去了《宋史》和《宋史纪事本末》。11月23日，他要其他各朝纪事本末。11月24日，他又要《续通鉴纪事本末》。由此推测，这段时间毛泽东可能是在研读《宋史》。在读《元史》的时候，他明确地说，看完《元史》，再看《通鉴纪事本末》，而后读《续通鉴纪事本末》。读二十四史和读"通鉴""本末"，在毛泽东看来是一体的，能起互补之效。

除二十四史外，宋代司马光写的《资治通鉴》，是毛泽东最喜爱读的一部史书。晚年，他曾同工作人员孟锦云说过，这部书他读了17遍。在毛泽东故居书房里，既有这部书的线装本，也有1956年古籍出版社标点整理后的平装本，这个平装本正是毛泽东提议标点整理的。这两种《资治通鉴》里，都有他圈点、批画的手迹。

《资治通鉴》是一部编年体通史，上起周威烈王二十三年（前403年），下至五代后周世宗显德六年（959年），共300余万字。该书除忠于正史以外，又用稗官野史、奏议、笔记、文集、墓志、谱录诸种书籍300余种，是现存最大的编年体通史。司马光在该书的进表中，说其宗旨在于"鉴前世之兴衰，考当今之得失，嘉善矜恶，取是舍非"，所以"专取关国家盛衰，系生民休戚，善可为法，恶可为戒者"。这就是毛泽东说的，"叙事有法，历代兴衰治乱本末毕具"。

毛泽东在青少年时代，就认真读过以其他形式编印的《资治通鉴》。1912年春天，毛泽东考进湖南全省高等中学校。他的历史知识储备和对历史的兴趣，使教师感到惊奇。国文教员胡汝霖特地将自己的一部《御批通鉴辑览》借给他看。《御批通鉴辑览》就是《四库全书》里的《御制评鉴阐要》一书的另一个书名。当年，乾隆皇帝原来决定要出一部司马光《资治通鉴》的删节本，定名为《通鉴辑览》。

对于青年毛泽东来说，这部书起到了一个借书给他看的教师没有预料到的效果。1936年，毛泽东同斯诺谈往事，这样说起这事："我读了《御批通鉴辑览》以后，得出结论，还不如自学更好。我在校六个月就退学了，订了一个自修计划，每天到湖南省立图书馆去看书。"

我们不知道的是，当时使毛泽东感兴趣的，究竟是《资治通鉴》中写的那些史迹还是乾隆的批语。毛泽东正式读《资治通鉴》全本，是在湖南省立第一师范学校学习期间，1964年9月7日同湖南省委负责人谈话时，他专门确认过此事。毛泽东对《资治通鉴》的兴趣终生不减，直到晚年，1975年5月30日同芦荻谈话时，还强调："有些稗官野史由于不是官修的，有时倒会写出点实情。所以，二十四史要读，《资治通鉴》要读，稗野史、笔记小说也要读。"

毛泽东认为《资治通鉴》"叙事有法"，除了指它"历代兴衰治乱本末毕具"外，更主要的是认为它突出了历代治乱之根本所在，即"治国就是治吏""上梁不正下梁歪"。为此，毛泽东很欣赏司马光以周威烈王二十三年为起始点写此书。他晚年同身边工作人员的谈话中，曾评论司马光从这一年开始写此书的原因，他说，这一年，中国历史上发生了一件大事，或者说主要是司马光认为发生了一件大事。这年，周天子命韩、赵、魏三家为诸侯。这一承认不要紧，使原先不合法的三家分晋变成合法的了。司马光认为这是周室衰落的关键。"非三晋之坏礼，乃天子自坏之也"。选择这一年这件事为《资治通鉴》的首篇，真是开宗明义，与《资治通鉴》的书名完全切题。下面做得不合法，上面还承认，看来这个周天子没有原则，没有是非，当然非乱不可，这叫上梁不正下梁歪，任何国家都是一样的，你上面的敢胡来，下面凭什么老老实实？这叫事有必至，理有固然。

　　看来，问题常常是出在上面。但是，在封建社会不可能有一种机制保证上梁不歪，这才是其痼疾所在。在1975年同孟锦云的谈话中，毛泽东明确指出这点，说中国的皇帝很有意思，有的皇帝很有作为，有的皇帝简直就是个糊涂虫，可那是没有办法的事。皇帝是世袭啊，只要老子是皇帝，儿子再糊涂也得当皇帝。这也怪不得他，生下来就是皇帝嘛。还有两三岁就当皇帝，当然要闹笑话，他那个皇帝好当得很，什么事都有人替他办。毛泽东又说，中国历史上有三岁的皇帝，但没见过三岁的娃娃拉着车满街跑，六岁也不行。你说当皇帝与拉车哪个更难啊？皇帝糊涂，当然大臣们就胡来，就拼命地搜刮老百姓。老百姓不服就要镇压，那方法残酷得很。《资治通鉴》上就有这样的记载。当时有一种刑罚，把人的肚子割开，拖着犯人的肠子走。暴政到了这种程度，老百姓忍无可忍了就造反，镇压不下去，就完蛋。

　　历代兴衰治乱的重要道理，似乎就在这里。

毛泽东读《资治通鉴》，还留下一些批注。他很关注诸葛亮治理政治的经验教训。《资治通鉴》卷六十七记载，三国时期，蜀国的法正报复心强，睚眦必报，很多人对他不满。有人向诸葛亮反映情况，但诸葛亮解释说，法正是一个有能力的人，能帮助蜀国抵挡来自曹操和孙权的攻势，是蜀国不能缺少的人。读至此，毛泽东批注："观人观大节，略小故。"

《资治通鉴》卷七十一记载，诸葛亮重用马谡，出军祁山，以马谡督军在前，可是马谡"违亮节度，举措烦忧，舍水上山，不下据城"，最终被打败，马谡因此被收监下狱，最后被杀。毛泽东读至此批注说："初战，亮宜自临阵。"《资治通鉴》卷七十二记载，诸葛亮又一次北伐亲自出征，与张郃大战于木门。毛泽东又批注："自街亭败后，每出，亮必在军。"

《资治通鉴》卷一百四十记载，南北朝时，北魏孝文帝定都洛阳后，急于进攻南方的齐朝。当时，获罪谪戍边疆的人，多有逃亡，孝文帝因此制定一条制度：一人逃亡，全家都要服劳役。时任光州刺史的崔挺上书进谏，孝文帝采纳了，随即取消了这个制度。崔挺进谏中提到的司马牛、桓魋、柳下惠、盗跖，都是春秋时的人物。司马牛是孔子的弟子，他的哥哥桓魋本为宋国的大夫，后叛乱。柳下惠是鲁国大夫，以善于讲究贵族礼节著称，他的弟弟盗跖却被贵族们视为"天下大盗"。崔挺引用这两对兄弟善恶各异的事例，是为了说明一人犯法累及全家是不对的，毛泽东同意崔挺的主张。可崔挺进谏的前提是"天下善人少，恶人多"，这是毛泽东不同意的。他在这句话旁，用红铅笔画了一条粗重的着重线，在天头上又用黑铅笔写了"此古人一贯谬论"的批注。

1975年5月30日，毛泽东在同芦荻的谈话中讲道：

搞文学史的人，一定要好好地读历史，要认真地读《资治通鉴》、二十四史，但要用马克思主义的立场、观点和方法读，否则就读不好，弄不清历史发展的头绪。要明白，所谓正史，那是指合乎封建统治阶级要求的"正"，所以，书里，总是给统治阶级制造迷信，说许多天命、符瑞之类骗人的鬼话；所以书里要"为尊者讳"，并把反抗他们的起义农民群众骂作"匪"。其实，有些稗野史由于不是官修的，有时倒会写出点实情。所以，二十四史要读，《资治通鉴》要读，稗野史、笔记小说也要读。

看来，读《资治通鉴》，了解"历代兴衰治乱本末"，关键是要有正确的立场、观点和方法。

○ 李自成：农民起义悲剧的镜鉴作用

　　《永昌演义》前数年为多人所借阅；近日鄙人阅读一过，获益良多。并已抄存一部，以为将来之用。作者李健侯先生经营此书，费了大力，请先生代我向作者致深切之敬意。此书赞美李自成个人品德，但贬抑其整个运动。实则吾国自秦以来二千余年推动社会向前进步者主要的是农民战争，大顺帝李自成将军所领导的伟大的农民战争，就是二千年来几十次这类战争中的极著名的一次。……此书如按上述新历史观点加以改造，极有教育人民的作用，未知能获作者同意否？

　　——摘自毛泽东致李鼎铭的信（1944年4月29日）

你的《甲申三百年祭》，我们把它当作整风文件看待。小胜即骄傲，大胜更骄傲，一次又一次吃亏，如何避免此种毛病，实在值得注意。倘能经过大手笔写一篇太平军经验，会是很有益的；但不敢作正式提议，恐怕太累你。……我虽然兢兢业业，生怕出岔子，但说不定岔子从什么地方跑来；你看到了什么错误缺点，希望随时示知。

　　——摘自毛泽东致郭沫若的信（1944年11月21日）

毛泽东不光读古人写的史书，也常读同时代人写的历史著述。1944年，他同时读到两种关于李自成起义及其失败的书——《永昌演义》和《甲申三百年祭》，一个他"抄存一部，以为将来之用"，一个他"当作整风文件看待"。这是为什么？

《永昌演义》是描写李自成事迹的历史章回小说。"永昌"是李自成自立为帝时的年号。作者李健侯，陕西省米脂县人，和李自成是同乡。他六易其稿，于1930年12月定稿，但一直没有出版。小说共40回，36.6万字。作者对李自成的崇敬之情溢于言表，但全书带有明显的宿命论色彩，以"成则为王败则寇"来叹惜李自成的命运。

1944年，时任陕甘宁边区政府副主席的李鼎铭先生（也是米脂县人）将《永昌演义》转呈给毛泽东阅评，毛泽东很重视这部小说，特意抄存一部，以备将来之用，并于1944年4月29日给李鼎铭写了前引那封信，谈了自己的观点。

李自成是毛泽东很喜欢的一位农民起义领袖。早在1926年6月在广州农民运动讲习所为学员讲授"中国农民问题"课程时，毛泽东便明确指出"李自成是代表农民利益的"。1938年在关于保卫工作的一次讲话中，毛泽东谈起历史上的农民起义时说，历来的造反领袖，后来都腐化了，做了皇帝的都不好了，但李自成始终是好的，老百姓都称赞他，因为他代表农民利益向地主阶级造反。

在读了《永昌演义》后，毛泽东不同意作者只赞美李自成的个人品德，却贬抑整个农民起义运动的观点，建议作者用"新历史观点"修改此书。这里所说的"新历史观点"，就是"吾国自秦以来二千余年推动社会向前进步者主要的是农民战争"。

毛泽东的信由李鼎铭转给李健侯不久，李健侯应邀来到延安，毛泽东奖励给他200元边币，还让他当了边区参议员。新中国成立后，毛泽东又建议李健侯任陕西省文史馆研究员，同时修改《永昌演义》。但李健侯尚未完成修改工作，便于1950年病故。

　　如果说，毛泽东当时看重《永昌演义》，是因为作者把李自成当作正面历史人物来描写而引起了共鸣，那么他同时看重《甲申三百年祭》（简称《甲申》），则是因为其不仅体现了毛泽东所希望的"新历史观点"，称李自成领导的是"规模宏大而经历长久的农民革命"，同时深刻指明，李自成农民起义即使成功，"他的代表农民利益的运动早迟也会变质"。

　　《甲申》是郭沫若为纪念明末农民起义300周年而写的，连载于重庆《新华日报》1944年3月19日至22日副刊上面，约19000字。全文分析李自成领导的农民起义军几起几落，攻入北京推翻明朝最后又陷于失败，结果只待了48天便失败退出北京的过程和原因，着重叙述起义军攻入北京后一些领导人腐化并发生宗派斗争的情形，得出一条很重要的历史经验：一切以革命为宗旨的阶级或社会集团，在胜利的情况下要防止骄傲。

　　毛泽东从《新华日报》上读到该文，立即看出它关于李自成功败垂成教训的叙述，及其在历史转折关头对中国共产党的警醒作用，遂批示延安《解放日报》全文转载。1944年5月，延安新华书店总店又出版了单行本。

　　1944年5月20日，毛泽东在关于时局的讲话中，再次说道："我党在历史上曾经有过几次表现了大的骄傲，都是吃了亏的。……全党同志对于这几次骄傲，几次错误，都要引以为戒，近日我们印了郭沫若论李自成的文章，也是叫同志们引为鉴戒，不要重犯胜利时骄傲的错误。"

1944年6月7日，中共中央宣传部和中央军委总政治部联合发出通知并明确指出，《甲申》"是反对骄傲的"，"我们全党，首先是高级领导同志无论遇到何种有利形势与实际胜利，无论自己如何功在党国、德高望重，必须永远保持清醒与学习态度，万万不可冲昏头脑，忘其所以，重蹈李自成与戈尔洛夫的覆辙"。

1944年8月下旬，周恩来从延安托专人给重庆的郭沫若带去延安印发的《甲申》和《屈原》（郭沫若著的历史剧）单行本。郭沫若收到后当即给毛泽东、周恩来等一一致函，感谢他们的鼓励和鞭策。这就引出了1944年11月毛泽东给郭沫若的回信，信中说，把《甲申》"当作整风文件看待"。原因是无论历史上的农民起义军，还是中国共产党的历史经历，"小胜即骄傲，大胜更骄傲，一次又一次吃亏，如何避免此种毛病，实在值得注意"。

毛泽东如此看待《甲申》，确实有强烈的现实考虑。《甲申》发表的1944年，中国人民的抗日战争正处于胜利的前夕，而经过13年抗战，中国人民确实存在着一种潜在的希望早日获得胜利以松一口气的思想苗头和厌战情绪。《甲申》所述李自成起义军进北京后，若干首领生活腐化，不注意巩固边防、不讲究政策和策略、脱离群众、忘记潜在的危险等，对即将迎接抗战胜利的中国共产党来说，无疑敲起了警钟，起到了防患于未然的作用。

毛泽东在1944年11月21日的信中，还提议郭沫若写一篇太平军经验教训的文章，而洪秀全、杨秀清领导的太平军在攻入南京建立天朝后，几乎是犯了和李自成同样的错误：生活腐化、内部不和、脱离群众。

毛泽东和《甲申》的故事还没有完。

1949年春，夺取全国胜利和建立新中国已成定局，毛泽东最为忧虑的，依然是党内容易出现的骄傲自满情绪和革命到头的思想。在中共七届二中全会的讲话中，他说得很透彻："因为胜利，党内的骄傲情绪，以功臣自居的情绪，停顿起来不求进步的情绪，贪图享乐不愿再过艰苦生活的情绪，可能生长。"他强调："我们必须预防这种情况。"

这个时候，他头脑中的镜鉴，依然是李自成。1949年3月23日离开西柏坡前往北京时，毛泽东就甩出一句名言："今天是进京'赶考'。退回来就失败了。我们决不当李自成。"

⊙ 近人独服曾文正

涤生（曾国藩）日记，言士要转移世风，当重两义：曰厚曰实。厚者勿忌人；实则不说大话，不好虚名，不行架空之事，不谈过高之理。

心知不能行，谈之不过动听，不如默尔为愈。

——摘自毛泽东《讲堂录》（1913年10月至12月）

愚意所谓本源者，倡学而已矣。惟学如基础，今人无学，故基础不厚，时惧倾圮。愚于近人，独服曾文正，观其收拾洪杨一役，完满无缺。使以今人易其位，其能如彼之完满乎？

——摘自毛泽东致黎锦熙的信（1917年8月23日）

毛泽东出生的时候，曾国藩已经去世21年了，曾国藩在他的眼里自然属于一个历史人物。近代中国人尤其是湖南人，从权贵政要、志士仁人到青年学子，大多佩服曾国藩的治学为人和带兵处事。从李鸿章、张之洞到袁世凯、蒋介石，无不对其顶礼膜拜，尊为"圣哲"；从梁启超到杨昌济，从陈独秀到毛泽东，也无不表示过推崇师法，受过他的种种影响。

　　曾国藩在19世纪五六十年代，带领湘军同太平军作战，取得最后胜利，从而声名赫赫，死后得到"文正"这一谥号。清王朝称他"学有本源，器成远大，忠诚体国，节劲凌霜"。其政治立场和作为，自是站在历史进步的反面，但他毕竟是个很复杂的、有着多种身份的人，他在很多方面都留下了自己的影响，所谓"道德文章冠冕一代"，他可以称为中国封建统治阶级的最后一位精神偶像。

　　1913年，毛泽东进入湖南省立第四师范学校读书后，对他影响较大的国文教员袁仲谦和被奉为楷模的修身课教员杨昌济，都服膺曾国藩。杨昌济在《达化斋日记》（1915年4月5日）中，提到毛泽东这个得意门生，以为他出身农家，"而资质俊秀若此，殊为难得。余因以农家多出异材，引曾涤生、梁任公之例以勉之"。

　　基于这些影响，毛泽东在青年时代狠下过一番功夫读曾国藩的著作。后人辑曾国藩所著之诗、文、奏章、批牍、书信、日记等，编为《曾文正公全集》，其中的《曾文正公家书》《曾文正公日记》有各种版本流行于民间。对这两本书，毛泽东是读过的。他当年读过的《曾文正公家书》，系光绪年间传忠书局的木刻本，现韶山毛泽东纪念馆里尚收藏有该书的第四、六、

七、九卷，每卷的扉页上都有毛泽东手书的"咏芝珍藏"。

曾国藩的家书及日记中的一些见解和观点，可以在《讲堂录》中看到。毛泽东显然是把它们当作格言抄记下来，用以激励自己治学、修身。《讲堂录》中有的是摘其重要句子，有的是概括大意，有的是毛泽东自己的发挥，也有的是一字不差地原文摘录。这反映了毛泽东的读书习惯，可能是记录老师的讲述，或者是自己凭记忆所写。

除1913年的《讲堂录》外，在毛泽东的早期文稿中，也时常出现有关曾国藩的文字。例如，毛泽东1915年8月致萧子升的信中写道："尝诵程子之箴，阅曾公之书，上溯周公孔子之训，若曰惟口兴戎，讷言敏行，载在方册，播之千祀。"他把曾氏列入圣哲之位，推崇讷言敏行的修养之道。

毛泽东第一篇用铅字发表的论文，是1917年4月发表在《新青年》杂志第三卷第二号上的《体育之研究》，其中说："曾文正行临睡洗脚、食后千步之法，得益不少。"看来，毛泽东在锻炼身体方面，也有师法曾国藩之处。

1920年6月23日，毛泽东在《湖南改造促成会复曾毅书》中说道："呜呼湖南！鸷熊开国，稍启其封。曾、左吾之先民，黄、蔡邦之模范。（今）一蹶不振。"在这里，毛泽东把曾国藩、左宗棠和黄兴、蔡锷并列为湖南近代史上值得后人效法的楷模。

毛泽东在《讲堂录》里，记了不少对曾国藩的评价之语，如"宋韩范并称，清曾左并称。然韩左办事之人也，范曾办事而兼传教之人也"。所谓办事，是指建立事功；所谓传教，是指建立和传播思想学说以影响当代和后世。毛泽东认为，正如在宋朝范仲淹要高过韩琦一样，在清代曾国藩要高过左宗棠，范仲淹和曾国藩是"办事而兼传教之人"，也就是说他俩不仅建立了事功，而且文章和思想都可以为后世取法。

曾国藩之所以能成为这样的人物，与他洞悉"大本大源"的治学之道颇有关系，毛泽东也很注意这一点，认为"得大本大源，则心有定向而不致摇摇无着"。毛泽东在1917年8月23日致黎锦熙的信中，着重阐述了他对"大本大源"的探索和认识，其中描述不知"大本大源"之人，"如墙上草，风来两边倒，其倒于恶，固偶然之事，倒于善，亦偶然之事"。姑不论当年毛泽东所探究的"大本大源"与曾国藩的在内容上是否相同，但这种重视"本源"的思想方法可说是相通的。

通过阅读曾国藩的家书、日记以及一些文章，思考其人一生的事业，毛泽东在1917年8月23日致黎锦熙的这封信中提出了这样一个看法："愚意所谓本源者，倡学而已矣。惟学如基础，今人无学，故基础不厚，时惧倾圮。愚于近人，独服曾文正，观其收拾洪杨一役，完满无缺。"这时他对曾国藩的倾倒真是无以复加了。

令青年毛泽东佩服并引为"大本大源"证据的"收拾洪杨一役"，即指曾国藩镇压太平天国战争。其时，太平军已成燎原之势。曾国藩率湘军出湖南，不过两万人，战争中也吃了不少败仗。但是，战争的结局，湘军获胜，太平军失败，是许多因素造成的。在这场大战争中显出曾国藩过人之处的，最重要的一点，是他找到了一个恰当的动员口号。洪秀全用来动员群众的，是他从西方传教士那里道听途说得来的天主教教义，再由他加以中国化而成的"拜上帝教"，这在中国并没有根基。同时

"孔孟诸子之书尽行禁除"，即《诗经》亦须经"天王删定"始能读。曾国藩看准了他的敌人的这一个弱点，就从这里大做文章。

曾国藩以保卫名教做号召，动员士大夫阶层和"乡野老实之人"参军参战。治军最重视精神教育，曾国藩以传统的封建文化纲常伦理陶冶维系军心，以忠义血性、亲子师友关系用将带兵，将军、政、财权合一，开近百年军阀专制的先河。同时，曾国藩仿照戚继光练兵成法，习劳忍苦，层层统属，一扫清朝八旗、绿营旧制陋习，终于赢得镇压太平天国战争的胜利。一场起义农民与封建统治阶级的战争，竟然被曾国藩说成是一场维护名教即保卫中国传统文化的战争。

毛泽东成为一个马克思主义者以后，是看到了这一点的。1926年，他在广州第六届农民运动讲习所讲课时说，洪秀全起兵时，反对孔教，提倡天主教，不迎合中国人的心理，曾国藩即利用这种手段，扑灭了他，这是洪秀全的手段错了。这时的毛泽东是站在同情太平天国革命的立场上，为太平天国总结历史教训的。直到晚年，毛泽东还说过，曾国藩是地主阶级中很厉害的人物。

○ 采通识最多的地理方志

地理者，空间之问题也，历史及百科，莫不根此。研究之法，地图为要；地图之用，手填最切。地理，采通识之最多者也，报章杂志皆归之。报章杂志言教育，而地理有教育之篇；报章杂志言风俗，而地理有风俗之章。政治、军事、产业、交通、宗教等等，无一不在地理范围之内。今之学者多不解此，泛泛然阅报章杂志，而不知其所归，此所谓无系统者也。

——摘自毛泽东致萧子升的信（1915年9月6日）

明朝那个江苏人，写《徐霞客游记》的，那个人没有官气，他跑了那么多路，找出了金沙江是长江的发源。"岷山导江"，这是经书上讲的，他说这是错误的，他说是"金沙江导江"。同时，我看《水经注》作者也是一位了不起的人。他不到处跑怎么能写得那么好？这不仅是科学作品，也是文学作品。

　　——摘自毛泽东1958年1月28日在最高国务会议上的讲话

毛泽东读史，特别强调要和读地理方志结合起来。因为不熟悉地理方志，许多史实便不甚了了。这当然与他作为军事家、政治家的胸怀有关，也与他一生喜好游历山川的个性有关。

毛泽东从年轻时代起，就养成了联系地理方志来读史的习惯。在1915年9月6日致萧子升的信中，他详谈各种学科的学习方法时，便特意强调，"地理，采通识之最多者也""历史及百科，莫不根此"。很明显，地理书被他当作治学的根本。

毛泽东青年时代最爱读的地理书，是清代顾祖禹撰写的《读史方舆纪要》这部百万言的大书。此书偏重于军事地理，专论山川险隘，攻守形势，据历史事迹以推断得失成败的原因。这些对他后来的戎马生涯大有益处。

新中国成立后，为了读二十四史时方便查找历史地名的方位，毛泽东还提出编辑一本《中国历史地图集》。据谭其骧回忆，1954年冬，有一天毛泽东和吴晗谈起《资治通鉴》标点本一事，讲到读历史不能没有一部历史地图书籍放在身边，以便随时检查历史地名的方位。吴晗想起清末民初杨守敬编绘的《历代舆地图》，一朝一册，凡见于诸史《地理志》的州县一般全部上图，正符合毛泽东提出的配合读史的需要。因此，吴晗向毛泽东建议在标点《资治通鉴》的同时，也应把杨守敬编绘的地图予以改进，绘制出版。毛泽东赞许他的意见，改绘杨守敬所绘地图的工作经吴晗推荐，由谭其骧负责。绘制《中国历史地图集》是一项长期艰巨的工程，该书在1982年才开始正式出版，全书共8册，为研究中国史书提供了一部详尽的地图集。

1958年3月成都会议期间，山西省委书记陶鲁笳向毛泽东汇报说："山西同北京商量，为了解决工农业缺水问题，我们有一个共同的雄心壮志。想从内蒙古的清水河县岔河口引黄河水二百个流量，一百个流量经桑干河流入官厅水库，一百个流量流入汾河。科技人员经过勘查，已提出了初步设想。"

毛泽东表示同意，然后说："我们不能只骂黄河百害，要改造它，利用它。其实黄河很有用，是一条天生的引水渠。"他还笑着幽默地说："你们的设想算什么雄心壮志！不过是继承古人的遗志而已。你们查查班固《汉书·沟洫志》，汉武帝时就有一个人建议从包头附近引黄河水经过北京，东注之海。"他接着说："可以设想，引用黄河水，把桑干河修成一条运河；也可以设想，把山西的汾河也变成运河；还可以设想，用黄河水在内蒙古改造沙漠，那才叫雄心壮志。"

把历史、风俗、传说同地理紧密结合在一起的书种，便是地方志。方志书可谓"一方之总览"，一方之"百科全书"，也属"采通识之最多者"，能起到"资治、教化、存史"的作用。

1929年红军打下兴国县城，毛泽东在县图书馆一住下，就开始专心致志地读《兴国县志》。在瑞金时，毛泽东拿到了清代续修的一部八卷集的《瑞金县志》，虽然残缺一卷，但他却如获至宝，挑灯夜读。

战争年代，因为毛泽东喜欢这些书，所以每到一处，身边的人都为他去寻找历史、地方志一类的书籍。因为走的地方多了，地方志搜集得越来越多，为了减轻挑夫的负担，他只得利用战争的间隙抓紧时间阅读，读完就忍痛扔掉。直到新中国成立后，他仍不忘被扔掉的地方志书，经常提及它们。

新中国成立后，毛泽东在1958年成都会议上提倡在全国编修地方志。他多次外出视察，每到一地，总要开出一批书单，其中就少不了地方志书。在汕头，他索读《汕头县志》《潮州府志》，还问有汕头，是否有汕尾；到无锡，对当地的风土人情、名胜古迹了如指掌，原来他到无锡的当晚就浏览了《无锡县志》。1958年3月，毛泽东首次到成都主持中央工作会议。3月4日下午一到成都，他立即要来《四川省志》《蜀本志》《华阳国志》认真阅读，之后又要来《都江堰水利述要》《灌县志》等地方志书，就连《武侯祠志》也读了，还在书上批、画、圈、点。会议期间，他亲自挑选唐、宋、明三朝诗人写的有关四川的一些诗词，连同《华阳国志》一并印发给与会者。

1959年夏，毛泽东登上庐山准备主持召开中共八届八中全会，上山后稍事休息就要借《庐山志》读。工作人员借来了民国时期吴宗慈修的《庐山志》，毛泽东看了目录后又要求把吴宗慈编的《庐山志续志稿》也借来。毛泽东在看完之后对工作人员侃侃而谈："庐山的山名由来，众说不一。有人说是周文王时由匡俗兄弟在山中结庐而居，周文王去访，只见空空草庐一座。又有人说是周威烈王去访，人去庐存。这两者传说相隔数百年，后人以讹传讹，我们现在就不能这样办，对历史的态度要严肃，不能含糊嘛。"

毛泽东对周小舟等人说："你们是秀才，请你们查一查，研究一下。这部续志很好，对现代历史有参考价值。蒋介石的庐山谈话都记录下来了，当时梁实秋有意迟到，名单最后是梁实秋。此人在会后两天迟迟登山，他虽然是资产阶级学者，也有爱国的一面，在学术上有才华，对人要一分为二嘛！我欢迎他进步的一面。"接着，他又讲了一个典故，说是历史上朱熹到南康军（今江西）走马上任，当地属官们轿前迎接，他下轿开口就问《南康志》带来没有，搞得大家措手不及，面面相觑。这就是"下轿伊始问志书"的传说，至今广为流传。

毛泽东读志书如此认真仔细，以至于有时他了解的地方人文情况甚至比那些长期在地方工作的干部还多。他曾对长期在江西工作的一位同志说，江西铅山有个费丞相墓，可以查《铅山县志》。后来那位同志果然在书上找到了，毛泽东讲的和县志记载的一字不差。

《水经注》和《徐霞客游记》是两部地理奇书。北魏郦道元的《水经注》以水道为纲，详细记述所经地域的地理情况、建置沿革、名胜古迹、历史事件、民间传说、风土景物，内容丰富。明朝的徐霞客毕生从事旅行，从22岁起到病逝前半年，他几乎年年外出游历，足迹遍及明朝境内16个省区，晚年有计划、有系统地对自然奥秘进行考察和研究，后人将他保存下来的旅行记录整理成《徐霞客游记》。

毛泽东称道这两部书，"不仅是科学作品，也是文学作品"，主要是因为书中的研究结论，是他们亲身游历和实地考察的结果。

毛泽东不止一次推荐过《徐霞客游记》，还说过"我想学徐霞客"的话。1959年4月5日在上海召开的中共八届七中全会上，他说："如有可能，我就游历黄河、长江，从黄河口子沿河而上。搞一班人，地质学家、生物学家、文学家，只准骑马，不准坐车，骑马对身体实在好，一直往昆仑山，然后到猪八戒的那个通天河，翻过长江上游，然后沿江而下，从金沙江到崇明岛。我有这个志向……我很想学徐霞客。徐霞客是明末崇祯时江苏江阴人，他就是走路，一辈子就是这么走遍了，主要力量用在长江。《徐霞客游记》可以看。"

为了实现这个愿望，他让中央警卫局在北京西山组建了一支秘密骑兵大队，以备考察之用。由于形势很快发生变化，这件事最后虽然没有实现，却证明毛泽东壮游天下之志，他的调查求实之心，愈老弥笃。

出版后记

　　2017年，《毛泽东读书笔记精讲》出版后，受到读者重视。该书有四卷，部头大了些。每篇的体例，又分成"原文""毛泽东的读书笔记和谈话""精讲"三个部分，有些学究味道。于是，有读者建议，能不能再通俗点，方便更多的人了解毛泽东的读书生活和读书方法。出版社的要求，尤其诚恳。

　　于是，编者在原书的基础上，选择可读性强、富有启发性的事例，采用叙事文风，重新改写，同时增加一些新的材料和一篇谈毛泽东读书方法的前序，形成这本《书山有路——毛泽东的学用之道》。在本书编写过程中，中央党史和文献研究院的钟波先生做了大量工作，使本书得以顺利完成。

　　特此说明。

编者

2021年8月